U0449975

本书为国家社科基金重大项目"'一带一路'战略实施中的宗教风险研究"阶段性成果（项目编号为16ZDA168）

东南亚宗教研究丛书

当代东南亚宗教与政治

郑筱筠 ◎ 主编

中国社会科学出版社

图书在版编目（CIP）数据

当代东南亚宗教与政治 / 郑筱筠主编 .—北京：
中国社会科学出版社，2024.4
（东南亚宗教研究丛书）
ISBN 978－7－5227－3178－0

Ⅰ.①当… Ⅱ.①郑… Ⅲ.①宗教–研究–东南亚
②政治–研究–东南亚 Ⅳ.①B928.33 ②D733

中国国家版本馆CIP数据核字（2024）第043141号

出 版 人	赵剑英
责任编辑	田　文
责任校对	冯英爽
责任印制	张雪娇

出　　版	中国社会科学出版社
社　　址	北京鼓楼西大街甲 158 号
邮　　编	100720
网　　址	http://www.csspw.cn
发 行 部	010－84083685
门 市 部	010－84029450
经　　销	新华书店及其他书店
印　　刷	北京君升印刷有限公司
装　　订	廊坊市广阳区广增装订厂
版　　次	2024 年 4 月第 1 版
印　　次	2024 年 4 月第 1 次印刷
开　　本	710×1000　1/16
印　　张	18.5
插　　页	2
字　　数	316 千字
定　　价	118.00 元

凡购买中国社会科学出版社图书，如有质量问题请与本社营销中心联系调换
电话：010－84083683
版权所有　侵权必究

作者简介

（以作者姓氏字母拼音排序）

曹振明　西北大学，副教授
段立生　中山大学，教授
范若兰　中山大学，教授
范正义　华侨大学，教授
高志英　云南大学，教授
何文庆　厦门大学，博士研究生
黄永锋　厦门大学，教授
蒋　晓　德宏职业学院，助教
李守雷　昆明学院，讲师
马居里　云南大学，教授
马文婧　中央民族大学图书馆，助理研究员
沙丽娜　云南民族大学，助理研究员
吴秋野　中央文史研究馆，副研究员
谢昀展　玉林师范学院，讲师
徐绍仙　泰国清莱皇家大学，教师
徐祖祥　云南民族大学，教授
杨　莉　天津社会科学院，副研究员
杨少娣　中国社会科学院大学，博士研究生
尹若曦　云南民族大学，博士研究生

郑筱筠　中国社会科学院世界宗教研究所，所长、研究员；中国宗
　　　　教学会，会长
周　娅　云南大学，副研究员
Alexander Horstmann　哥本哈根大学，副教授
Chengpang Lee　新加坡国立大学，博士研究生

目 录

序 …………………………………………………………… 郑筱筠 1

第一编 东南亚各国的宗教政策与管理模式

关于中国—东盟命运共同体建设过程中的
　　宗教变量作用之思考 ………………………… 郑筱筠 3
伊斯兰党与马来西亚政局走向分析：
　　以 2018 年大选为中心 ………………………… 范若兰 17
新加坡宗教治理模式研究 ……………………… 杨　莉 38
宗教治理与国家整合
　　——以泰国伊斯兰教为中心的考察 ………… 马文婧 60
浅析马来西亚政府的宗教管理与宗教政策 …… 谢昀展 73

第二编 宗教文化交流与中国—东南亚民心相通

红头船在中泰交往中的地位和作用 …………… 段立生 89

等嘎村基督教的跨境传播与景颇族丧葬习俗的

　　重构 ………………………………… 尹若曦　徐祖祥　96

基督教在缅甸傈僳族社会中的功能变迁研究……… 高志英　沙丽娜　111

人类命运共同体视角下的贝叶文化及其遗产价值

　　——以巴利语系佛教写本的价值分析为中心……… 周　娅　131

被遗忘的纽带：慈济基金会在四个东南亚国家传播的

　　协同进化框架 ………………… Chengpang Lee 著　杨少娣 译　142

第三编　东南亚宗教的多元交汇

民间信仰与中华文化在马来西亚的传播……………… 范正义　161

唐卡：藏传佛教与内地佛、道及世俗文化交流的

　　艺术结晶 …………………………………………… 吴秋野　173

马来西亚道教与民间信仰探略……… [马来西亚] 何文庆　黄永锋　191

从儒佛道三教看中越文化关系 ………………………… 曹振明　206

第四编　地方社会的宗教生活

瑞丽勐力新村景颇族的宗教生活研究………… 马居里　蒋　晓　217

基督教在红河流域花腰傣社会的发展史………… 李守雷　徐绍仙　241

伊斯兰教跨国宣教运动的本土化：泰国南部的

　　塔布利吉·贾马阿达瓦宣教团与穆斯林

　　社会 ………………… Alexander Horstmann 著　杨少娣 译　263

Contents

Preface .... Zheng Xiaoyun 1

Chapter I
Policies and Management Models of Religions in Southeast Asian Countries

Reflections on the Role of Religious Variables in the Construction of China
 ASEAN Community with a Shared Future .... Zheng Xiaoyun 3

Analysis on the Trend of the Islamic Party and the Political Situation in Malaysia:
 Centered on the 2018 General Election .... Fan Ruolan 17

A Study on the Governance Model of Religions in Singapore .... Yang Li 38

Religious Governance and National Integration: Study Centered on Islam in
 Thailand .... Ma Wenjing 60

On Management and Policies of Religions of Malaysian
 Government .... Xie Yunzhan 73

Chapter II
Religious Cultural Exchanges and People-to-people Bond Between China and Southeast Asia

The Significance and Role of the Red Boat in China Thailand
  Exchanges .... Duan Lisheng 89

Cross-Border Spread of Christianity of Dengga Village and the Reconstruction
  of the Funeral Customs of Jingpo People .... Yin Ruoxi, Xu Zuxiang 96

A Study on the Functional Changes of Christianity in the Society of Lisu People
  in Myanmar .... Gao Zhiying, Sha Lina 111

Palm-leaf Culture and Its Heritage Value from the Perspective of the Community
  of Human Destiny: Centered on the Value Analysis of Pali Buddhist
  Texts .... Zhou Ya 131

The Forgotten Bonds: A Coevolutionary Framework of the Diffusion of Tzu Chi
  in Four Southeast Asian
  Countries .... Chengpang Lee, Translated by Yang Shaodi 142

Chapter III
Pluralistic Intersection of Religions in Southeast Asia

Folk Religions and the Spread of Chinese Culture in Malaysia—An Analysis of
  the Operation Logic from Tradition to Modernity .... Fan Zhengyi 161

Thang-ga: An Artistic Result of the Exchange between Tibetan Buddhism and
  Buddhism in Mainland China, Taoism and Secular Culture .... Wu Qiuye 173

On Taoism and Folk Religions in Malaysia .... He Wenqing, Huang Yongfeng 191

On China-Vietnam Cultural Relations from the Perspectives of Confucianism,
  Buddhism and Taoism .... Cao Zhenming 206

Chapter IV
Religious Life in Local Society

A Study on the Religious Life of Jingpo People in Mengli New Village, Ruili .... Ma Juli, Jiang Xiao 217

Development History of Christianity in Hua Yap Dai Society in the Red River Basin .... Li Shoulei, Xu Shaoxian 241

The Inculturation of a Transnational Islamic Missionary Movement: Tablighi Jamaat al-Dawa and Muslim Society in Southern Thailand.......................... Alexander Horstmann, Translated by Yang Shaodi 263

序

郑筱筠

作为一个具有浓郁宗教传统的地区，东南亚是当今世界经济发展最具活力和潜力的区域之一。东南亚宗教与社会发展的趋势，必然会影响到世界经济与政治发展的秩序和格局。其中，不论是在历史中还是在当下，东南亚宗教与政治之间都呈现出深度关联，是一个需要宏观考察、细致研究的重要课题。

从东南亚政治发展进程看，东南亚各国形成了各自独具特色的政治发展格局。在经济全球化的时代，虽然目前部分东南亚国家对外深陷大国博弈的战场，对内面临领导人交接、民主政治转型、民族冲突等多重矛盾，但西方国家的很多制度和模式在东南亚地区是很难推行或复制的。东南亚各国始终在积极探索，寻求自身独特的发展道路。东南亚宗教的变迁演化也深刻嵌入这一进程中。

要探究东南亚宗教与政治的关系，必须深入东南亚政治、经济、社会、文化发展的整体进程和结构中。东南亚各国的政治、经济、社会、文化进程与宗教都有着非常密切的关联，宗教深深地融入政治、经济、社会、文化发展结构中，形成了深层嵌合的结构体系。东南亚大部分国家都是多元政治力量、多族群与多宗教复杂交织的，宗教的跨国关联又使这个复杂的关系网络在不断建立平衡时又被不断打破。尤其是近几十年来，国际经济资本、全球政治对东南亚国家的政治、宗教的影响和外部"干预"，使得东南亚政治宗教化、宗教政治化的特征在各国的政治、经济、社会发展进程中尤为凸显。与此同时，东南亚各国内部以及各国之间的政治与宗教之关系又始终呈现为均衡与博弈的格局。宗教作为一个变量，在不同程度上影响着东南亚各国政治、经济、文化和社会发展进程。因此，要实现东南亚地区和谐有序发展，必须深入研究东南亚宗教与政治的关系，稳妥地发挥宗教的作用。

就学术研究而言，东南亚宗教与政治研究已呈现多元融合的发展趋向，展现出广阔的发展空间；与此同时，东南亚宗教研究的学术共同体也在日益成熟、日益扩容。摆在读者面前的这本《当代东南亚宗教与政治》汇聚了学术界对当代东南亚宗教与政治议题的最新研究成果，也充分体现出东南亚宗教研究这一学术共同体的多元性、包容性与丰富性。本书立意高远，视野广阔，围绕东南亚各国的宗教政策与管理模式、宗教文化交流与中国—东南亚民心相通、东南亚宗教的多元交汇、东南亚华人的跨文化实践、地方社会的宗教生活等多元议题，从多学科、多视角、多元方法探讨东南亚宗教与政治、经济、社会、文化发展进程的关系，立体地呈现出东南亚宗教与政治的深刻关联。

近年来国际形势风云变幻，新冠疫情的复杂性对于世界各国的影响远远超出了疫情本身，给全世界人民带来深重灾难的同时，也使国际形势日益复杂严峻。而东南亚地区的地理位置使东南亚各国在世界政治、经济、文化、军事格局中的重要地位日益凸显，中国和东南亚各国也更为迫切地需要携手应对当前百年未遇之大变局。在这一背景下，梳理和总结东南亚发展进程中处理宗教与政治关系的历史经验和多元路径，细致探究当代东南亚宗教与政治之间的深层关联，是对东南亚宗教与政治的基本态势和发展方向进行全局性把握和精准研判的重要前提。在此基础上，进一步聚焦宗教与政治议题背后的文化交流进程，深入发掘中国与东南亚地区在历史价值观、人文精神和文化传统等维度的内在联系，生动呈现中国与东南亚地区既深度关联又和谐共存的多元文化价值观和发展理念，有助于我国与东南亚各国守望相助、共同协商，通过合作对话解决地区问题，有助于推动我国与东南亚各国共同应对新冠疫情与世纪变局相叠加带来的风险和挑战，有助于夯实我国人民与东南亚各国人民民心相通的人文基础，在多维层面推动构建命运共同体。这是学界开展东南亚研究的应有之义，也是本书聚焦东南亚宗教与政治这一议题、回应时代之需的根本旨归。

2021 年 12 月 1 日

第一编　东南亚各国的宗教政策与管理模式

关于中国—东盟命运共同体建设过程中的宗教变量作用之思考*

郑筱筠

2020年11月15日,包括我国在内的15个国家签订《区域全面经济伙伴关系协定》(RECP),这一协议构想是2012年由东盟10国发起,邀请中国、日本、韩国、澳大利亚、新西兰等6国共同参加,旨在通过削减关税及非关税壁垒,建立统一市场的自由贸易协定。经过多年的努力,这一协议的最终签署标志着世界上人口数量最多、成员结构最多元、发展潜力最大的区域自贸体形成,对于世界各国的影响意义重大。对此,我们更需要从国际发展格局角度,全方位地来看待东南亚社会的发展,探讨东盟国家联盟作为一个共同体的特殊地位和意义,研究影响《区域全面经济伙伴关系协定》有效实施的一些可能性因素,推动我国与东盟构建命运共同体,有效推动《区域全面经济伙伴关系协定》的实施。

---

* 本文为国家社科基金重大项目"'一带一路'实施中的宗教风险研究"(16ZDA168)、国家社科基金重大项目"'一带一路'沿线东南亚国家宗教治理经验及治理模式研究"(16AZJ001)、中国社科院国情调研院级基地项目"中国(云南)与越南跨境民族经济社会文化研究"、中国社科院重大规划项目"中国与周边国家关系研究"专项(2020—2024)阶段性成果。

一　加快构建中国—东盟命运共同体有助于夯实《区域全面经济伙伴关系协定》的实施基石

东盟是东南亚地区以经济合作为基础的政治、经济、安全一体化合作组织，并建立起一系列合作机制。2013年10月2日至5日，习近平主席对印度尼西亚和马来西亚进行国事访问，这是印度尼西亚国会首次邀请外国元首莅临演讲，这表达了印度尼西亚人民对中国领导人的特殊敬意。习近平主席在阐述中国—东盟关系时，提出了"携手建设中国—东盟命运共同体"的倡议，强调要坚持讲信修睦、合作共赢、守望相助、心心相印、开放包容，使双方成为兴衰相伴、安危与共、同舟共济的好邻居、好朋友、好伙伴。虽然目前中国与东盟国家出现一些分歧，但研究其在历史发展进程中的历史经验和文化交流模式有助于共同协商、和谐合作解决地区问题。这对推动中国—东盟命运共同体构建至关重要。

东盟作为一个特殊的共同体在发展过程中，形成了自己的宗旨和运作机制。东盟的核心价值体现在三个方面。一是共同协商，注意各方的舒适度。东南亚国家之间差别大，内部矛盾多。东盟自成立之初就致力于以协商方式推动地区联合，为各国的发展创造一个舒适的环境，实现共同繁荣。二是和谐共处。东盟将自己定位为一个"国家的和谐体"。和谐对东盟而言就是坚持尊重各国的独立、主权、平等，不干涉成员国的内政，坚持和平解决争端，不威胁使用武力。这是东盟团结一致的根本保证，也是近年来东盟持续发展进步的主要保障。三是对话合作。20世纪90年代以来，东盟构建了多个以东盟为中心的多边机制及此区域合作机制促进成员国合作及与周边大国的对话。当今的时代是一个深度全球化的时代，全球化对于东盟各国的意义呈现为两个方面：全球化既蕴含显性的政治、经济、科学技术、社会发展层面的现实运动，也必然蕴含隐性的文化理念层面的碰撞、冲突、互动与对话。这是东盟各国都必须要面对的现实。因此，在此核心价值观的基础上，东盟各国如何在显性运动层面和隐性运动层面保持高度的"自转"和"公转"的一致性，也是极其考验其应对能力和智慧的。

就我国而言，当今世界正经历百年未有之大变局，如何把握机遇，应对挑战，构建高质量的发展格局是新时代的发展要求。2020年是中国—东盟自由贸易区建成的第10个年头，但近年来国际形势风云变幻，新冠疫情的复杂性对于世界各国的影响远远超出了疫情本身。不少国家为了转移国内的压力，纷纷趁机挑起一些国际事端，使得国际形势日益复杂严峻。而东南亚地区的地理位置使东南亚各国在世界政治、经济、文化、军事格局中的地位非常重要。它不仅对中国重要，对世界各国的国际发展战略来说，都是非常重要的。对此，美国调整自己的全球发展战略，高调重返亚太，在2019年初推出"印太"战略，其他国家也纷纷调整自己的发展战略，凸显自己在东南亚地区的影响力。2020年10月19日，根据新加坡《联合早报》报道，印度方面宣布印度、美国和日本计划在孟加拉湾举行的"马拉巴尔"海上军事演习，邀请澳大利亚加入，这意味着美国、印度、澳大利亚、日本开始形成印太地区的国家军事联盟。值得注意的是，2020年11月15日包括我国在内的15个国家签订《区域全面经济伙伴关系协定》（RECP），这一协议构想是2012年由东盟10国发起，邀请中国、日本、韩国、澳大利亚、新西兰等6国共同参加，旨在通过削减关税及非关税壁垒，建立统一市场的自由贸易协定。经过多年的努力，这一协议的最终签署标志着世界上人口数量最多、成员结构最多元、发展潜力最大的区域自贸体形成，对于世界各国的影响意义重大。对此，我们更需要从国际发展格局角度来看待东南亚社会的发展，来考虑东盟国家联盟作为一个共同体的特殊地位和意义。其中，构建中国—东盟命运共同体有助于进一步夯实《区域全面经济伙伴关系协定》的实施基础。

二 宗教在东盟各国历史发展进程中的变量作用不容忽视

如何在构建命运共同体的过程中，注重历史价值观、人文因素和文化传统的内在联系,尊重彼此之间的文化价值观和发展理念,是我国与东盟在构建友好稳固发展关系的重要途径。在历史发展进程中,宗教因素对东盟各国的社会文化发展格局有重要的影响。因此,研究宗教对东盟及东盟各国的社会文化发展的变量作用不容忽视。

全球化对宗教的变量作用有重要的影响效应。这是东盟各国政治与宗教关系格局平衡与否必须要面对的一个现实,也是东南亚宗教发展的机遇和挑战。这是东南亚宗教在全球政治和经济格局进行调整过程中必须要面对的双刃剑。一方面,全球化的进程拉近了世界各国的距离,文化的交流和互动使各种形式的理论和文化思潮在激烈的撞击中有可能达成共识,甚至有的宗教在传播过程中,会借鉴邻国经验,让自己与同类宗教的价值取向趋同;而另一方面,这样的趋同性会使宗教与生存地的底色传统发生分离现象。如果宗教不能抗拒这样的"离心力",而一味地追求全球化的"向心力",那么最终就会失去自己在本地区的发展优势。因此,正确地认识全球化时期的东南亚宗教是非常重要的。[①]

(一)全球化时代的多元性特征与宗教的多维度传播对东南亚各国在宗教分布格局及其发展变化层面的影响

东南亚宗教众多,在历史发展进程中形成了多元分布特征。在东南亚上座部佛教文化圈内,信仰南传佛教的国家主要集中在缅甸、泰国、老挝、柬埔寨、斯里兰卡等,其有约1亿人信仰南传佛教。东南亚伊斯兰教在全球伊斯兰教格局中正在从边缘逐渐走向核心,经过数百年的发展,现在伊斯兰教已经成为东南亚地区最主要的宗教之一,并在一些国家和地区深刻地影响着人们的政治、经济和文化生活,成为国家政治经济发展、民族团结和社会稳定的重要因素。据统计,东南亚的穆斯林人口大约有2.2亿,约占全球穆斯林的20%,占本地区总人口的40%。[②]其中,印度尼西亚是世界上穆斯林人口最多的国家,有2亿穆斯林,而马来西亚和文莱,都有过半人口是穆斯林。菲律宾和泰国的南部人口

---

① 郑筱筠:《机遇与挑战:全球化时代的东南亚宗教》,载郑筱筠《东南亚宗教研究报告》,中国社会科学出版社2017年版。

② "Islamic Asia", *Time Weekly*, Oct.3, 2002, pp.24-25.

也主要是穆斯林,数量虽然很有限,但却常引起国际瞩目。此外,中南半岛的越南、老挝、柬埔寨等国,也有人口比例不大的穆斯林群体。然而,"在伊斯兰教历史的总体框架中,东南亚仅有边缘的意义,事实上,伊斯兰教到达该地区后,是在多种语言和文化传统的环境里得到发展的,从而显得较为分散。"①

"近年来东南亚地区基督教的传播较为活跃,随着 20 世纪 70 年代以后出现的东南亚国家移民欧美各国的几次移民热潮的出现,东南亚国家的移民开始改信基督教或伊斯兰教。近年来这些移民反过来又将基督教或伊斯兰教传入了自己的祖籍国,其宣传的一些理念为东南亚各国年轻一代所接受。甚至在新加坡和马来西亚,一些年轻人因接受了西方的现代教育理念和宗教观念,对于华侨华人传统的民间信仰意识淡薄,转而信仰基督教或伊斯兰教,加快了基督教和伊斯兰教在东南亚地区的传播速度。目前,伊斯兰教成为东南亚地区信仰人数最多的宗教,其次是佛教,第三位就是基督教。这固然与东南亚各国政府长期实施的政治主张、宗教政策有关,但这与宗教的全球化过程中,东南亚人民对于宗教理念价值的认同有一定的联系。"②

进入 21 世纪后,宗教仍是东南亚国家人民重要的精神支柱,宗教伦理依然是人们不可或缺的社会行动准则。但在全球化背景下,当代东南亚宗教与时俱进,出现了新的发展特点。这主要表现为:

第一,随着人口流动的频率加快和绝对数量的增加,宗教发展进一步跨区域化。如果说原来南传上座部佛教在东南亚地区形成了具有鲜明地域性特征的南传上座部佛教文化圈的话,那么这一文化圈的界限正在被超越。南传上座部佛教向外传播,很多欧美人都甚至成为南传佛教的信徒,而基督教、伊斯兰教原有的国际联系也进一步增强。

第二,宗教传播形式多样化。在过去,宗教传播主要是以地缘关系、亲缘关系、族群关系为传播平台,但随着电视、互联网、智能手机

---

① A. H. Johns, "Islam in the Malay World", in Israeli and Johns, eds., *Islam in Asia*, Volume 4, Westview Press, 1984, p.115.
② 郑筱筠:《"一带一路"沿线国家宗教热点问题研究》,《思想战线》2019 年第 6 期。

在城市和乡村的普及，网络空间成为宗教传播的一个新平台，甚至边远地区的乡村信徒都可以直接通过自媒体、新媒体形式来接受禅修指导或者参加活动。宗教传播的时空关联不仅扩展为多层面的，而且在虚拟世界中的时空距离缩小到几乎为零。

第三，传统宗教的复兴和新兴宗教运动的出现相互交替。东南亚各国宗教在现代化思潮和全球化运动的推动下，在当代出现了新的宗教复兴格局。一些传统的宗教派别强调对传统的回归和戒律的严格遵循，如南传上座部佛教在泰国严格恪守传统戒律，严格实行托钵制度和布萨羯磨制度。但一些新的佛教运动也出现了，如泰国法身寺、静无忧运动，在其传播过程中，与时俱进，形成了适应现代社会发展的新兴佛教运动。这些新旧佛教运动在一段时间会交替存在，成为佛教发展过程中的独特发展格局。又如，东南亚华人宗教在保持传统的民间信仰宗教文化的同时，也逐渐形成了德教等新兴宗教现象。随着互联网技术的发展，新的宗教运动开始进入网络空间，成为新的传播形态。

（二）全球化时代的超越性特征对东南亚各国宗教分布格局及其发展变化的影响

在历史发展进程中，东南亚各国宗教政治化、政治宗教化特征凸显。对此，东盟作为一个文化共同体如何处理"一与多"的关系，这是考验一个东盟共同体与多个东盟成员国之间如何处理其宗教的差异性与多样性、种族多元与文化丰富性之差异的逻辑起点。

全球化的超越性特征在宗教系统中表现尤为明显，影响较深远，它既带来了世俗化运动，但同时提升了社会各界对宗教，尤其是宗教界人士的道德标准和行为要求，这也为原教旨主义提供了一定的市场。有些原来仅仅在某一国家和地区有影响的宗教在全球化运动中，已经超越了国界，跨领域地发挥其教化作用，因此要使得自己的宗教具有权威性，就必须以极高的道德权威和神圣性认同来提升地位。这无疑给固有的宗教传统带来了压力，影响了传统宗教在未来的发展，而且这还会随着全球化进程空间的缩短而更加凸显。在此过程中，为了寻求对话，或者说为了"在信仰中重拾传统"，一些新的宗教运动会逐渐出现，并在全球范围内产生影响。例如缅甸的帕奥禅修运动、玛哈内希禅修系统，泰国的阿姜查禅修运动等禅修体系在世界各国的流行，就成为代表当今东南亚佛教发展的一种新兴潮流。①

以泰国为例。首先，泰国是一个以佛教文化为主的国家，而南部穆斯林的伊斯兰文化与泰国的主体文化存在较大的差异，它沿袭了马来人的语言、宗教和文化，属于马来文化世界。所以他们尽管在版图上属于泰国政府，且泰国政府虽长期实行民族同化政策，但很难使他们与泰国的主体民族形成民族认同，这也是泰国南部问题长期不能得以解决的根源之所在。其次，泰国经济的发展不平衡造成南部经济的贫困，泰国政府的民族同化政策以及长期对穆斯林文化的忽视，容易形成泰国南部的宗教风险。

诸如此类的例证表明，宗教与政治的均衡性发展对于东南亚地区的社会稳定是非常重要的。但随着外部的经济资本注入，东南亚国家脆弱的经济生态体系如果不迅速完成转型，就有可能加大该国社会阶层的分化，导致东南亚国家内部的政治与宗教的均衡性发展之关系结构发生变化，进而引发各领域的风险。对于东南亚国家而言，社会的成熟与发展并不是靠简单的经济制度转型就可以完成的，它还要求文化等方面的成熟与发展。对于宗教来说，在全球经济社会对东南亚政治、经济、文化等领域发生影响作用的时候，宗教既以自身的规律不断发展，与此同时，面对全球经济、政治的影响，宗教也对此做出一系列的反应，这就是宗教应对。

总体而言，经济全球化进程为东盟带来发展机遇。但东盟内部各国的社会制度、发展水平等因素导致的人文环境的不确定性、新兴经济体、发展中国家的发展短板，以及东南亚地区存在大国的国际性竞争问题等因素使得这一领域的发展充满诸多变数。东盟内部的大部分国家都是多元政治力量、多族群与多宗教复杂交织的，宗教的跨国关联又使这

---

① 郑筱筠：《当代东南亚宗教现状、特点及发展战略》，载郑筱筠主编《东南亚宗教与社会发展》，中国社会科学出版社 2013 年版；郑筱筠：《佛教的发展、变异与新兴宗教之关系》，载金泽、陈进国主编《宗教人类学》第 6 辑，社会科学文献出版社 2015 年版。

个复杂的关系网络在不断建立平衡时又被不断打破。国际经济资本、全球政治对东南亚国家的政治、宗教的影响和外部"干预",使得东南亚政治宗教化、宗教政治化的特征在各国的政治、经济、社会发展进程中尤其凸显。宗教的变量作用在外部力量的非常规"干预"下,某些因素会发生不同于以往的非均衡变化,某些因素会与政治经济因素相互放大,形成突发事件。而宗教的超越性因素又使一部分宗教团体和信众"淡出"政治经济的竞争与博弈,从另一种特殊的角度对政治经济文化产生影响。无论如何,宗教因素对政治经济的影响在东南亚地区都呈现出日益放大的趋势。可以说,在全球社会发展进程中,东南亚宗教和政治之关系在博弈与非均衡的发展状态中被日益放大。[1]因此,在建构中国—东盟命运共同体的过程中,宗教的变量作用是不容忽视的。

三 研究宗教的变量作用,稳步推动中国—东盟命运共同体建设

宗教是一个不断扩容的动态发展过程,宗教因素对东盟的政治、经济、文化共同体联盟的影响无疑具有变量作用,宗教的影响不是一成不变的。与此同时,宗教现象从来不是孤立的,它(或它们)总是在社会经济文化的大的历史进程中演变的。所以,我们在思考宗教因素在构建推动中国—东盟经济一体化建设、中国—东盟命运共同体中的作用时,既要看到宗教因素受到东南亚这个区域各个国家政治经济发展的制约,又要看到宗教因素对东盟各国政治、经济、文化和社会发展进程不同程度的影响。因此,要从不同的层面切入,对其进行深入分析,稳步推动中国—东盟共建命运共同体。

第一,在推动中国—东盟命运共同体的理念框架下,可以从文化交流层面来完善区际利益平衡机制。

---

[1] 郑筱筠:《均衡与博弈:经济全球化进程中的东南亚宗教与政治》,《中央社会主义学院学报》2018 年第 5 期。

很多学者在充分肯定东盟地区论坛作为亚太地区最为重要的区域性安全机制之一时，也分析了它的成功经验与失败教训。"就成功经验而言，一是东盟地区论坛采用先易后难的合作方式，不仅尊重各国主权平等，而且充分照顾各成员国的舒适度；二是该论坛通过合作安全理念社会化，成功地将其成立初期的反对者变为支持者；三是该论坛所代表的开放性安全机制相较于排外式安全机制，更符合大多数国家的安全利益需求，在很大程度上代表着未来安全机制发展的方向。就失败教训而言，一是东盟的能力难以支撑东盟地区论坛进一步维护地区安全的愿望，在信任措施建设实践、非传统安全问题治理实践，尤其是预防性外交实践方面，都难以取得实质性突破；二是该论坛激励机制、约束机制和惩罚机制的缺失限制了其制度效力的提升，进而制约了其在地区安全维护中作用的进一步发挥"，由此得出的结论是"东盟地区论坛的发展已经步入瓶颈期，如何应对各种挑战已成为其成败得失的关键所在"。[①]

这三点成功经验和两点失败教训的分析是非常切中要害的，但是在我们看来，如果在考察东南亚的地区形势、地区发展和地区安全时，再加上宗教这个因素，可能不仅仅是让我们对建立健全区域性安全机制这一话题的理解更为全面，而且通过将宗教因素加入形势分析、对策设计和制度安排，可能会使区域性安全机制更为有效。对此，有些学者已有触及。比如，针对在全球化的进程中，宗教极端主义也有可能"搭车"扩展自己的边界的现象，兰州大学中亚研究所所长杨恕的分析和建议就较有启发。他在简述中国周边国家宗教情况的基础上指出，对中国和"一带一路"安全威胁最大的是宗教极端主义，主要涉及东南亚、南亚和中亚三个地区。他提出了较好的主张，即，"我国的应对原则应当：一是不要将周边国家的宗教问题特殊化和泛化。虽然周边国家的宗教形势较为复杂，但它们不是因为'一带一路'的提出而产生，更不是直接针对'一带一路'。二是尽量避免介入一国宗教争端。整体来看，绝大部分宗教问题都是一国内政问题或国家间冲突问题。三是秉持可合作安

---

① 李晨阳、赵丽、杨飞：《论东盟地区论坛的实践功用和理论意义》，《国际观察》2020年第6期。

全的理念。这有助于为我国在与谁合作、在什么问题合作等问题上提供思路，从而使我国在国际安全合作上更具针对性和目的性。"①

在经济全球化的时代，由于东南亚地区特殊的区位特色，东盟各国的宗教、政治之关系始终处于博弈与均衡发展的状态中，因此，常常存在不稳定的情况。对于东南亚的认识决不能固态化，它始终处于不断地动态发展之中。东南亚因其在世界政治、经济格局中的重要地位，而被很多国家关注，并施加影响。目前东南亚地区的稳定与否取决于主导控制权问题，这一地区也因此将出现多极化的格局。在东南亚政治、经济社会发展过程中，宗教不仅仅是个自变量不断地创新和发展的过程，它本身还成为因变量，由于受到大环境的制约，它总是以不同方式和不同程度地动态发展。对此，我们在推动中国—东盟命运共同体的理念框架下，可以从文化交流层面来完善区际利益平衡机制，寻找"最大公约数"，夯实人文交流基础，稳步推动交流对话，共建中国—东盟命运共同体。

第二，研究宗教的变量作用，要深入研究其存在的对话的深度、广度和持久度，夯实交流对话的人文基础。

就东盟国家而言，东南亚各国如何处理好经济全球化发展进程中政治与宗教的关系，对于东南亚国家，乃至国际社会来说都是非常紧迫和现实的问题，化解或降低政治风险、经济风险、宗教风险以及其他地缘文化因素的相互影响，将有助于国际社会秩序的稳定和发展，也有助于经济全球化的有序发展，更可以让东南亚国家在全球经济社会发展、地缘政治关系中发挥自己的作用，这就是博弈与均衡性发展的力量的体现。这就需要在塑造共识、培育共识、扩展共识方面加大投入，让更多的社会力量（包括诸宗教社团）参与进来。

英国政治学者安德鲁·海伍德（Andrew Heywood）认为："共识通常被视为政治的真正要义。因为政治至少在某种意义上是一种特殊的解

---

① 邹雷：《宗教因素在"一带一路"建设中的重要性不可忽视——第二届"一带一路背景下的宗教与中国周边外交"学术研讨会综述》，《中国民族报》2017年10月31日。

决冲突的非暴力方式。"但在深入的讨论中，我们会看到政治共识是分层的。位于最高层级的是政治身份（political identity）共识，涉及"我们是谁"问题；位于中间层级的是政治制度（political institution）共识，涉及"我们应当如何共同生活"问题；位于基底层级的是公共政策（public policy）共识，涉及"我们即将做些什么"问题。① 而在这三个层面中，都少不了宗教的身影。在构建中国—东盟命运共同体的进程中，我们不能忽视宗教的客观存在及其在长期历史中积聚的社会能量，这种社会能量既可能是建设性的，也可能是破坏性的。因为就具体宗教而言，它总是内向凝聚的，内聚性强，而对外则多少不一地具有某种排他性。当一个地区内的诸宗教在跨国的凝聚力过于强大而对国内其他宗教的排斥也过于强大时，就有可能出现宗教之间在经济层面或文化层面的冲突，乃至引发政治上的冲突，深深地撕裂社会，也会在人们心里造成久久不能抚平的创伤。

具有强大凝聚力的社会是形成地区社会治理能力与良好治理结构的重要基础。美国著名社会学家爱德华·希尔斯（Edward Shils）认为，社会凝聚力是由三个基本要素组成的：第一，统一的市场，一个具有强大凝聚力的社会必然是消除了内部贸易壁垒的统一市场。在统一市场中的分工与交换不仅构成社会的经济基础，而且随着时间的推移，也会构成统一共同体的文化与社会心理基础。第二，共享的文化与信仰，包括宗教信仰、民族认同以及形形色色的文化认同。这些精神因素是构成统一共同体的基础。所谓统一的社会，最基本的要素在于社会成员认同自己作为共同体一员的身份，愿意为共同体的存亡兴盛承担成员的责任。第三，统一而有效的权威结构与社会结构，其中既包括政治权威结构，也包括社会结构与社会组织。② 在这三重结构中，宗教在第一板块（统一的市场）的作用是间接的，而在第二板块（共享的文化与信仰）和第三板块（统一而有效的权威结构与社会结构）的作用则是直接的。对

---

① 参见孔新峰《政治制度共识与国家治理现代化》，《中国井冈山干部学院学报》2016年第4期。
② 参见孔新峰《政治制度共识与国家治理现代化》，《中国井冈山干部学院学报》2016年第4期。

此，在中国—东盟命运共同体的建设中，在处理各教关系时，要强调中华传统文化中的"和谐"理念、讲信修睦理念，这样才能行稳致远。

中国早已与东南亚国家形成了相对成熟的区域、跨区域、次区域的多层次经贸合作机制，尤其是自2013年习近平主席提出"一带一路"倡议以来，更是积极开展与东南亚国家全方位的政治、经济、文化等领域的合作。东南亚各国的经济特征各不相同，但都属于新兴的经济体国家、发展中国家，正处于经济结构的现代化转型过程中。对于中国与东盟而言，命运共同体建设的关键是"齐心协力"，即共同构建和平安宁的环境，共同创造发展利益，共同传承和谐发展的文化，这是中国与东盟国家的根本利益所在。目前，我国已经相继与老挝、缅甸、柬埔寨共同推进中老命运共同体、中缅命运共同体和中柬命运共同体。因此，要深入研究其对话的深度、广度和持久度，夯实交流对话的人文基础。

经验表明，在全球化和多极化发展的国际社会中，我们应该着力打造深层的文化交流合作机制。通过多方交流合作机制，让世界了解中国，让中国了解世界，在平等包容的对话模式中，让中国文化走向世界。同时，还应看到，我们可以通过与世界各国一起共同举办活动，正确地宣传我国的各项方针、政策，寻找契合点，坚持以科学的可持续发展途径，进一步推动地域性和跨地缘的国际文化交流平台。就"一带一路"区域而言，以孟中印缅经济走廊为例，在这一领域中，中国佛教与印度、东南亚佛教文化有内在的文化联系纽带，双方交流较多，民间交往历史悠久，挖掘这一资源，历史上已经形成以天然的地缘、族缘、亲缘和教缘为纽带的文化区位带，如果善加引导，可以同我国与东盟国家在长期的经贸往来中早已形成的经济区位优势形成互补，进一步推动命运共同体的文化交往，促进民心相通。此外，基督教、伊斯兰教、道教、民间信仰等都一样，如果加以正确的引导，建立有助于命运共同体建设的文化交流机制，将有助于推动人类命运共同体建设。

值得注意的是，在我国与东盟共建命运共同体的过程中，在建立各种经济、外交合作机制的同时，在次区域或微区域合作的过程中，我们应该前瞻性地看到宗教因素有可能产生双刃剑效应。对此，需辩证地看待民族宗教的社会作用，一方面，我们可以争取发挥民族、宗教的积极作用，努力建构我国主导的文化区位力量，以文化区位与经济区位形成互补机制，推动经济发展。另一方面，贯彻总体国家安全观，统筹发展和安全，降低或化解其风险。

第三，多途径地积极参与全球治理，参与建立全球治理机制，参与制定全球相关领域治理规则。

参与制定全球相关领域治理规则，形成交流机制，有助于构建中国—东盟命运共同体。除了积极参与全球气候治理、国际反恐联盟等活动，有效参与全球宗教风险治理也是一个有效途径。[①] 我们要注意到，近年来，随着各种国际势力在世界版图内的活动及其影响，"一带一路"沿线各国的宗教也呈现出复杂的发展格局，宗教的变量作用在一定外力作用下会产生宗教风险，甚至会引发"蝴蝶效应"，乃至出现宗教极端暴恐事件，对各国政治、经济和社会的稳定造成了一定的影响。[②] 在长期的历史发展进程中，由于生活的地域、文化背景、政治经济和社会发展不同，世界各国不可避免地出现了族群与宗教的不同分布和信仰板块。但是，族群与宗教层面的差异并非冲突发生的主要原因。族群是在历时性过程中逐渐形成的，具有鲜明的社会性和群众性特点，在不同的区域板块有不同的文化特点。因此，有不同族群的差异性存在。宗教差异本身并非冲突的原因，在某种程度上，它成为各国政治、经济斗争、资源分配和利益争夺的工具，现在更成为西方国家搅动全球政治、经济、文化、社会稳定的战略资源。[③]

以治理全球性宗教极端活动为例，由于全球化时代地缘政治的复杂性，地理位置的复杂性，恐怖组织活动的国际性等因素，使得"一带一路"沿线国家安全形势具有复杂性、多样性、多边性、国际性等特征。例如，国际伊斯兰的复兴运动在一定程度上对泰国、缅甸的穆斯林分离运动起到催化作用。目前，东南亚伊斯兰教在全球伊斯兰教格局中存在

---

① 郑筱筠：《全球风险时代的宗教治理之思考》，《中国宗教》2020年第5期。
② 郑筱筠：《"一带一路"实施中的宗教风险研究》，《世界宗教研究》2016年第6期。
③ 郑筱筠：《"一带一路"沿线国家民族宗教热点问题研究》，《思想战线》2019年第6期。

正从边缘逐渐走向核心的情况。原来东南亚的伊斯兰教传统上属于温和型的伊斯兰教，但现在随着中东反恐形势的严峻，很多恐怖主义势力逐渐开始转移到东南亚地区，使得东南亚地区的伊斯兰教发生变化。尤其是近年来随着中东地区 ISIS 极端组织的活动及其建国理念的煽动，很多宗教极端主义分子常常经由东南亚进入中东，去参加恐怖主义活动。现在，很多恐怖主义分子又返回到东南亚地区活动。在东南亚各国出现的一系列暴力恐怖事件，已经越来越显示出伊斯兰极端势力在恐怖活动方面的国际性特征。近年来，缅甸穆斯林与佛教徒的冲突、泰国南部穆斯林与佛教徒的冲突，也日益出现国际性特征，为东南亚各国政府处理这类冲突带来了较大的困难。[①] 此外，菲律宾的宗教极端主义活动也日趋严重，对此，菲律宾专门通过了《反恐法》，打击恐怖活动。东盟其余各国也逐渐探索适应本国国情的反恐机制。因此，就中国—东盟命运共同体建设而言，我国可以与国际社会精诚合作，建立全球治理相关领域的规则，参与全球治理，倡导全球共同的安全观念，研究其规律和特点，建立全球预警机制，建立国际反恐联盟，做到未雨绸缪。

综上所述，就中国与周边国家关系而言，在经济全球化的进程中，中国—东盟命运共同体的构建意义重大。与此同时，宗教作为一个变量，在不同程度上影响着东盟各国政治、经济、文化和社会发展进程。在全球化时代，均衡与博弈始终是东盟各国政治与宗教关系格局的状态。因此，我们在推动构建中国—东盟命运共同体的理念框架下，贯彻总体国家安全观，统筹发展和安全，探索从文化交流层面来寻找完善区际利益的一种平衡机制，正确稳妥地发挥宗教的积极作用，寻找文化交流的"最大公约数"，夯实人文交流基础，稳步推动交流对话，推进中国—东盟经济一体化建设，共建中国—东盟命运共同体，这也将有助于《区域全面经济伙伴关系协定》的有效实施。

---

① 郑筱筠:《"一带一路"沿线国家民族宗教热点问题研究》，《思想战线》2019 年第 6 期。

伊斯兰党与马来西亚政局走向分析：
以 2018 年大选为中心

范若兰

2018 年马来西亚的第十四届大选是改写该国历史的一次大选，在野党希望联盟推翻了执政 60 多年的国民阵线，第一次上台执政，马来西亚也第一次实现了政党轮替。主导此次大选的主要有三股势力，即国民阵线、希望联盟和伊斯兰党，国民阵线和希望联盟是主要的对垒方，而伊斯兰党则是至关重要的第三方，造成联盟的分化组合，成功分散马来人选票，影响大选结果。伊斯兰党在马来西亚政治格局变化中占有非常重要的地位，也是马来西亚族群政治、伊斯兰政治走向的重要变量。

目前，关于马来西亚 2018 年大选及其后续发展的研究，主要集中在希望联盟政府的施政、中马关系等方面，[①] 对伊斯兰党关注不够。本文主要聚焦伊斯兰党从 2018 年大选前到 2019 年的活动，探讨其对马来西亚政治格局变化的影响。

---

① 黄仁元、李娜：《马来西亚政治在选举权威主义体制崩溃后的可能性：以 2018 年第 14 届议会选举为中心》，《南洋资料译丛》2018 年第 6 期。刘勇：《大选后马来西亚政治新变化》，《国际研究参考》2019 年第 1 期。张淼：《马来西亚大选后的经济形势及对我国在马投资的影响》，《亚太安全与海洋研究》2018 年第 5 期。

一　选前：反对党阵营重组与三足鼎立的形成

2018年大选前，反对党联盟经历了令人眼花缭乱的分化组合，而伊斯兰党是造成这一切的根源。

（一）人民联盟的解体

2008年大选被称为"政治大海啸"，执政党国民阵线惨胜，夺得议会140席，反对党夺得82席，三个主要反对党都表现出色，公正党赢得31席，成为议会中第一大反对党，行动党赢得26席，伊斯兰党赢得23席，这是马来西亚有史以来反对党赢得的最好战绩，而执政党国民阵线第一次失去控制议会三分之二议席的能力。[1] 如此好的成绩使反对党看到"变天"的希望，行动党、伊斯兰党和公正党决定联合起来，进一步推动两线制，推翻国民阵线政权。2008年4月1日"人民联盟"成立，三党在宪法、公正、自由、经济等议题上达成共识，伊斯兰党不提伊斯兰教国，而是像其他反对党一样，致力于追求公正清廉的政治环境。在2013年大选中，人民联盟铆足了劲儿，要变天，但没有成功，共获得89席，得到51.4%的支持率，其中行动党最为辉煌，赢得38个国会议席，公正党赢得30个国会议席，伊斯兰党获得21席。国民阵线只有48.6%的支持率，但因为选区划分不公，仍获得国会133个多数议席，保住执政权。[2]

2008年和2013年大选马来西亚虽然没有"变天"，但国民阵线的表现不尽如人意，得票率低于人民联盟，而且未能控制国会三分之二以上议席，如果人民联盟继续团结合作，会对国民阵线持续造成威胁。

但是，人民联盟中的民主行动党和伊斯兰党存在根本性矛盾，行动党的终极目标是建立一个世俗、多元和民主的马来西亚，伊斯兰党的终极目标是建立一个以《古兰经》和圣训为基础，实行伊斯兰教法的伊斯

---

[1] 范若兰、李婉珺、[马]廖朝骥：《马来西亚史纲》，世界图书出版公司2018年版，第257页。
[2] Results of the 2013 Malaysian general election by parliamentary constituency, http://en.wikipedia.org/wiki/Results_of_the_2013_Malaysian_general_election_by_parliamentary_constituency.

兰教国。人民联盟的合作基础十分脆弱，"伊斯兰党的性质决定伊斯兰教国是其终极目标和理想，它不会放弃这一目标，所以伊斯兰教国问题就好像埋在人民联盟脚下的一颗地雷，不知何时会爆炸，导致人民联盟的解体"。①为了避免人民联盟因伊斯兰议题出现矛盾或争端，人民联盟最高理事会于2011年9月28日发表联合声明，承认《1993年吉兰丹伊斯兰刑事法》和《2003年登嘉楼伊斯兰刑事法》都是在人民联盟成立前通过的法律，指出人民联盟不会要求伊斯兰党放弃其目标，但人民联盟三党将优先实践人民联盟的共同政策纲领，所有涉及人民联盟的政策及实施都必须在三党同意后方可实行。

但是，2015年伊斯兰党不顾人民联盟协议，开始重提伊斯兰议题。

2015年3月，伊斯兰党执政的吉兰丹州议会通过《吉兰丹伊斯兰刑事法修正案》，原《刑法》规定偷窃、抢劫、通奸、诬人通奸、饮酒、叛教都是犯罪，要受到惩罚。《修正案》删除了"非穆斯林可自行选择是否要在伊刑法下受审"的条文，换言之，该法如果实施，只适用于丹州穆斯林。②但是，马来西亚非穆斯林，尤其是华社及华基政党强烈反对落实此刑法。行动党指责伊斯兰党此举背信弃义，该党秘书长林冠英警告伊斯兰党主席哈迪阿旺，"如果他只是为了用伊斯兰刑事法，来保住自己在伊党6月党选的主席地位，却不惜在民行党背后插刀、出卖人民联盟，以及出卖之前所签署的人民联盟协议，该党不会放过他"。③3月25日，民行党宣布停止与伊斯兰党主席哈迪阿旺共事。

伊斯兰党并不在意盟友的反对。为了能使伊斯兰刑法在吉兰丹付诸实施，哈迪阿旺于2015年4月向国会提出动议，要求修改并扩大"355法令"中的刑事管辖权。2016年5月，哈迪阿旺首次将个人法案提交下议院。该个人提案取消了对伊斯兰法庭原有刑事管辖权的限制，如果

---

① 范若兰：《对立与合作：马来西亚华人政党与伊斯兰党关系演变》，《东南亚研究》2010年第4期，第66页。
② 《丹州通过伊刑法 人民联盟陷瓦解危机》，联合早报网，2015年3月20日。http://www.zaobao.com/news/sea/story20150320-458835.
③ 《指用伊刑法保伊党主席地位 林冠英称民行党不放过哈迪》，联合早报网，2015年3月24日。http://www.zaobao.com/news/sea/story20150324-460287.

法案通过,伊斯兰党可以在吉兰丹州议会通过相关法案,将伊斯兰刑法的刑事管辖权授予宗教法庭,吉兰丹州也就可以真正实施伊斯兰刑法。① 哈迪阿旺提交个人法案以及下院接受该法的行为,引发非穆斯林政党和社团的强烈反对,行动党也痛批伊斯兰党违背人民联盟最高理事会的协议,未经三党认可就自行提出伊斯兰议题,摧毁了人民联盟合作的基础。行动党领袖林吉祥指出:"人民联盟现在正面对着存亡危机的挑战,这严厉的挑战不是伊刑法,而是在哈迪领导下的伊斯兰党是否准备遵守诺言,维护三党定下的共同纲领及协商运作原则。如果人民联盟的共同纲领及协商运作原则可以被三党的任何一方随意摧毁,那人民联盟继续存在的基础也随之被摧毁了。"②

伊斯兰党不满行动党对其党主席和落实伊斯兰刑法的攻击,2015年6月6日,伊斯兰党代表大会决定与行动党断绝政治合作关系,但仍留在人民联盟。2015年6月16日,行动党宣布接受伊斯兰党与其断交的决定,并称人民联盟已经瓦解。

为什么伊斯兰党要挑起行动党和华社最不能接受的伊斯兰刑法议题?伊斯兰刑法是行动党的底线,坚持实施此法就意味着与行动党决裂。正如谢诗坚所言:"伊党的结盟才会是胜利的一方,反之伊党的脱盟将是失败的一方。"③ 而且,华社一贯坚决反对伊斯兰党所主张的伊斯兰教国和伊斯兰刑法,而且一向不投票给该党,④ 后来伊斯兰党不再提建立伊斯兰教国理念,改提"福利国"理念,加上与行动党和公正党结盟,华人才投票给它,并使其在2008年和2013年大选中获得较好成绩。如果不与行动党结盟,伊斯兰党势必失去华人支持。

---

① 傅聪聪:《"355法案"与马来西亚政坛的结构断裂》,《世界知识》2017年第10期。
② 林吉祥:《那些年,哈迪违反人民联盟合作的事件》,《当今大马》2015年5月19日。https://www.malaysiakini.com/news/298906.
③ 谢诗坚:《伊斯兰党一错再错?》,《南洋商报》2017年5月8日第9版。
④ 范若兰:《对立与合作:马来西亚华人政党与伊斯兰党关系的演变》,《东南亚研究》2010年第4期。范若兰:《马来西亚华人与伊斯兰党关系——吉兰丹州个案分析》,《华侨华人历史研究》2011年第1期。范若兰:《马来西亚华人社会与伊斯兰党关系简析》,《世界民族》2012年第1期。

伊斯兰党之所以不惜毁盟也要实施伊斯兰刑法，与下列因素有关：（1）因为伊斯兰刑法是其建立伊斯兰教国的组成部分，而建立伊斯兰教国是伊斯兰党的目标，正如哈迪阿旺在谈到伊斯兰刑法时指出，"伊斯兰党要以神权治国的目标非常坚定，为达目的可以更改策略，但绝不会改变目标"。① 伊斯兰党将落实伊斯兰刑法放在首位，在1990年执政吉兰丹州后，就于1993年通过伊刑法法案，但因为该法违背联邦宪法而没能真正执行。② 伊斯兰党并没有将夺取联邦政府执政权放在首位，一方面，这个希望太渺茫；另一方面，即使真能入主联邦政府，但假如是与行动党结盟，仍不可能实施伊斯兰刑法，所以伊斯兰党不惜与行动党决裂，也要实行伊斯兰刑法，因为这是它真正的、最重要的目标。（2）人民联盟内部对一些非宗教议题也存在分歧。2014年雪州大臣风波，哈迪阿旺指责公正党收买该党两名雪州议员。此外，在地方选举问题上，伊斯兰党与行动党发生严重分歧，行动党主张恢复地方选举，③但伊斯兰党反对，认为这会加深城乡鸿沟，造成社会不稳定，甚至可能导致"5·13"种族流血冲突重演。④ 伊斯兰党认为自己在人民联盟受到行动党和公正党的束缚，难有大的作为，不少伊斯兰党党员认为该党在2008年和2013年大选中受到其他两个成员党利用，所得国会席位并不多，反而该党的伊斯兰目标有所淡化。（3）伊斯兰党并不想退出人民联盟，也不想人民联盟解体，它是想延续原来替代阵线的模式，⑤与行动党决裂，迫使行动党退出人民联盟，它可以更好操纵没有了行动党的人民联盟。伊斯兰党主席哈迪阿旺认为，只要伊斯兰党与公正党还在，人

---

① 《伊刑法虽仍处司法阶段 伊党主席：以神权治国目标坚定》，联合早报网，2015年10月19日。http://www.zaobao.com/news/sea/story20151019-538963。
② 马来西亚宪法规定州一级的伊斯兰法院只能受理判处三年以下徒刑的民事和刑事案，而《伊斯兰刑法》远远超出了上述规定，甚至还包括死刑，因此要实行《伊斯兰刑法》，必须修改宪法，而修改宪法要获得议会三分之二以上的赞成票，在国民阵线和行动党坚决反对该法的情况下，修改宪法是不可能的。
③ 马来西亚于1976年废除地方选举，此后地方政府官员都是由州政府直接委任。
④ 《马民行党与伊党因地方选举课题再现分歧》，联合早报网，2015年1月24日。http://www.zaobao.com/news/sea/story20150124-438787。
⑤ 2001年行动党宣布退出替代阵线，公正党和伊斯兰党仍继续留在替阵中。

民联盟就会继续存在，行动党没有资格决定人民联盟的存亡。既然伊斯兰党和公正党都未宣布退出人民联盟，因此人民联盟并未瓦解。①（4）2015年2月伊斯兰党精神领袖聂阿兹去世，使得党内保守派势力上升。聂阿兹长期主政吉兰丹州，坚持反对与巫统合作，主张留在人民联盟。聂阿兹去世，使伊斯兰党担心在未来的大选中失去丹州，因而提出丹州伊斯兰刑法修正案，以争取马来人支持，毕竟，据一项民调显示，92%的丹州人都同意落实伊斯兰刑法。②

伊斯兰党落实伊斯兰刑法的举措严重分裂了人民联盟，也分裂了自己。伊斯兰党内存在开明派和保守派之争，保守派主要来自吉兰丹、登嘉楼、吉打等州，以农村中下层为主，支持建立伊斯兰教国，实行伊斯兰刑法；开明派主要来自西海岸各州，以专业人士为主，主张多元族群和睦相处，反对实行伊斯兰刑法，他们大都是因为安瓦尔事件而对巫统极度不满，加入伊斯兰党，使得伊斯兰党党员从1999年之前的45万人，一下激增到80万人。开明派和保守派对于该党目标有较大分歧，"一方渴望赢取布城，另一方则只想保住哥打鲁；一方准备与其他在野党联手，在来届大选推翻腐败僵化的巫统政权以振兴国家，另一方则打算跟巫统合作实行伊刑法；一方将马来西亚视为一个包容多元民族或宗教信仰的国家，另一方则把马来西亚看作一个只有单一民族或宗教的实体"③。随着聂阿兹的去世，伊斯兰党保守派势力抬头，在2015年6月伊斯兰党党选中，开明派全军覆没，从主席、署理主席到三个副主席等高职全由保守派囊括，18个中委职位，开明派只赢得一席。④受到排斥的开明派另起炉灶，于2015年9月建立国家诚信党（Parti Amanah

---

① 《伊党主席：与公正党仍未表态　民行党无权定人民联盟存亡》，联合早报网，2015年6月20日。http://www.zaobao.com/news/sea/story20150620-493707.

② 《民调：92%丹州人同意落实伊刑法》，联合早报网，2015年4月4日。http://www.zaobao.com/news/sea/story20150404-464636.

③ 刘镇东：《解读伊党党选的关键》，《当今大马》2015年6月4日。https://www.malaysiakini.com/news/300741.

④ 《马国伊党中央党选　开明派全军覆没》，联合早报网，2015年6月6日。http://www.zaobao.com/news/sea/story20150606-488397.

Negara，简称诚信党），成员大部分是伊斯兰党前党员，主席莫哈末沙布原是伊斯兰党署理主席，他在诚信党成立仪式上指出，伊斯兰是包容、没有歧视的宗教，而诚信党将是一个以开明态度捍卫伊斯兰的政党。①

（二）希望联盟的建立

行动党单方面宣布人民联盟瓦解后，公正党主席旺阿兹莎坦言人民联盟已无法运作，该党会寻求与其他政党、非政府组织、团体及有影响力的个人合作，打造新的政治联盟，以在来届大选中抗衡国民阵线。②公正党希望新联盟包括尽可能多的政党，以壮大反对党力量，多次表明欢迎伊斯兰党等所有立场相同的反对党共组新人民联盟。伊斯兰党也表示其仍是人民联盟一员，但坚决反对诚信党加入人民联盟。而行动党主张建立新联盟，且坚决反对伊斯兰党进入新联盟，行动党领袖林吉祥表示："反对党已开始筹组新政治联盟，这个新联盟将会摒弃伊斯兰党。这是由于该党之前违反人民联盟共同政策纲领而导致人民联盟合作破局，因此新的反对党联盟将不包括伊党。"③民行党组织秘书陆兆福也表示："民行党立场始终如一，我们与伊党已没有合作空间。"他认为即使没有伊党，新人民联盟仍可通过壮大民行党、公正党和诚信党而拉拢更多马来选票。④

经过多次协商，2015年9月22日，公正党、行动党和诚信党组成名为"希望联盟"（简称希盟，Pakatan Harapan）的新反对党联盟，取代已经名存实亡的人民联盟，希望联盟不包括伊斯兰党。2016年1月希望联盟签署协议，三党领袖同意摒弃1999年沿用至今的"异中求

---

① 《国家诚信党成立　近日与民行党公正党商组新人民联盟》，联合早报网，2015年9月18日。http://www.zaobao.com/news/sea/story20150918-527909.
② 《旺阿兹莎：公正党寻求新合作机会　人民联盟瓦解或催生新联盟》，联合早报网，2015年6月18日。http://www.zaobao.com/news/sea/story20150618-492924.
③ 《伊党不接受诚信党　新人民联盟难产》，联合早报网，2015年9月9日。http://www.zaobao.com/news/sea/story20150909-524431.
④ 《新人民联盟将何时成立？旺阿兹莎与各反对党下周二商议》，联合早报网，2015年9月19日。http://www.zaobao.com/news/sea/story20150919-528276.

同"原则，规定：（1）希盟的任何决定必须建立在所有政党共识之上；（2）三党在任何选举中都必须共同推举一名候选人出战，确保希盟能以一对一的形式对抗国民阵线；（3）若有任何盟党多次违反任何条文，其他盟党有权一致通过将该党"踢出"联盟，以避免过去伊斯兰党在人民联盟"窝里反"的情况。①

2016年6月马哈蒂尔建立土著团结党，这个从巫统分裂出来的小党，如果单打独斗，不可能撼动国民阵线，必须与其他反对党结盟。而希盟因安瓦尔尚在狱中，缺乏有号召力的领袖，也因为与伊斯兰党决裂，不能得到更多马来人选票，很难实现推翻国民阵线的目标。希盟需要与土团党结盟，借助马哈蒂尔的号召力吸引马来人选票，因而双方抛弃前嫌，2016年12月，土团党宣布加入希盟。2017年3月希盟正式接纳土团党，签署《公民宣言》，安瓦尔为希盟的"共同领袖"，旺阿兹莎为希盟主席，马哈蒂尔为总主席。希盟也公布未来的总理人选，如果获胜，马哈蒂尔任总理，旺阿兹莎任副总理，两年后由安瓦尔接任总理。

希望联盟完全将伊斯兰党排斥在外，伊斯兰党表示，它不与行动党和诚信党合作，但根据该党代表大会通过的决议，公正党依然是伊斯兰党的"政治伙伴"。②公正党一些领导人也一直试图拉拢伊斯兰党，但双方合作空间越来越小，2017年4月30日，伊斯兰党代表大会正式宣布与公正党断绝所有政治合作。

（三）和谐阵线的建立

伊斯兰党与行动党决裂，人民联盟解体，巫统开始拉拢伊斯兰党。2015年12月，纳吉布在第69届巫统大会开幕式上公开向伊斯兰党示好："我们对伊党不再与其他反对党在一起感到欣慰，也愿以开放的心态向伊党献议建立合作关系，根据伊斯兰教义来建立马来西亚。"③巫统

---

① 《三大反对党组成 马国"希望联盟"成立》，联合早报网，2016年1月10日。http://www.zaobao.com/news/sea/story20160110-569095。
② 《公正党民行党诚信党合作 马三大反对党合组"希望联盟"》，联合早报网，2015年9月23日。http://www.zaobao.com/news/sea/story20150923-529649。
③ 《伊党婉拒巫统组联盟邀请》，联合早报网，2015年12月11日。http://www.zaobao.com/news/sea/story20151211-558484。

三度放行给哈迪阿旺提呈的伊斯兰法庭修正法案私人动议，被人们认为是巫统与伊斯兰党合作的表现。2017年10月巫统的宣传主任安努亚慕沙透露，巫统已授权党主席纳吉布与伊斯兰党谈判，以在来届全国大选中寻求组成选举联盟，共同应对可能发生的"马来人海啸"。①

纳吉布之所以对伊斯兰党频频示好，与其深陷一个马来西亚发展有限公司（1MDB，一马公司）丑闻有关。通过放行哈迪阿旺提呈修改"355法令"的个人动议，纳吉布可转移人们对一马公司及其他腐败丑闻的关注，②还可增强巫统作为伊斯兰捍卫者的形象，这是"纳吉布又一记一石多鸟的高超政治操作"。③此外，在即将举行的大选中，以巫统为首的国民阵线面临严峻挑战，华人基本上不支持国民阵线，马来人的选票又因土团党加盟希望联盟而可能流失不少，巫统需要与伊斯兰党合作，以稳固马来人选票。

但伊斯兰党对与巫统结盟并不积极，两党理念不同，再加上历史积怨，伊斯兰党多次明确表示："伊斯兰党对巫统的立场是不会与巫统结盟。"④尤其是在纳吉布深陷一马公司丑闻之际，伊斯兰党更不想与巫统谈合作，因为这是自找麻烦，其声称在下届大选之前都不会与巫统展开政治合作，也不会结盟。⑤

伊斯兰党虽然不想与巫统结盟，但它确实需要盟友，这从它愿意

---

① 《巫统授权纳吉布 寻求与伊党大选结盟》，联合早报网，2017年10月13日。https://www.zaobao.com/news/sea/story20171013-802524.

② 一马公司2009年成立，2015年7月被《华尔街日报》及揭弊网站"砂拉越报告"爆料称，一马公司的两家子公司先后将逾7亿美元汇入纳吉布的私人银行户头。美国司法部随后提出多项诉讼，要求法庭充公被指挪用一马公司的资金。纳吉布坚称一马公司的资金没有被滥用，也一再否认他涉及滥权、贪腐、盗用公款和洗钱等的指控。其实马来西亚政治人物，包括巫统领袖，不少人都曾深陷贪污丑闻，但一马丑闻涉及的金额之高、层面之广，以及其复杂性都是前所未有的。在国内引起在野党穷追猛打，在国外，美国、新加坡、瑞士等国家都采取了调查及司法行动，这一连串的事件令许多向来对巫统深信不疑的马来选民开始动摇。

③ 《转移焦点各取所需 巫伊两党搅动伊刑法浑水》，联合早报网，2016年6月12日。http://www.zaobao.com/news/sea/story20160612-627972.

④ 《伊党保守派也分裂 与巫统合作仍不平坦》，联合早报网，2015年6月12日。http://www.zaobao.com/news/sea/story20150612-490703.

⑤ 《伊党：下届大选前 不会与巫统展开政治合作》，联合早报网，2016年1月10日。http://www.zaobao.com/news/sea/story20160110-569099.

留在人民联盟，迟迟不与公正党断绝关系可以看出。但希望联盟完全排除它，伊斯兰党落得形单影只，急于寻找新盟友。2016年3月，伊斯兰党宣布和国民团结党（IKATAN）正式结盟，组成"第三政治势力"，联盟取名"和谐阵线"（Gagasan Sejahtera）。哈迪阿旺指出，和谐阵线是为对现有政治感到厌恶的选民提供的另一选项，与希望联盟和国民阵线抗衡。2017年10月，伊斯兰阵线（Berjasa）及爱国党（PCM）加入和谐阵线，以第三政治势力在来届大选上阵，对抗国民阵线和希盟。但和谐阵线中除伊斯兰阵线实力较强外，其他都没有实力。

至此，马来西亚各政党联盟重新组合基本完成，从原来的两个阵线——国民阵线和人民联盟，变成三个阵线——国民阵线、希望联盟和和谐阵线。政党联盟的分化与联盟重组高度关联，伊斯兰党执意实行伊斯兰刑法导致人民联盟分裂，从它分裂出来的诚信党与行动党和公正党组成希望联盟，而它自己则与其他小党组成和谐阵线。可以说，伊斯兰党在两个新联盟的形成中扮演了关键角色。

在第14届大选之前，马来西亚政坛三足分立之势已完成，这是不平衡的三足，国民阵线和希盟势均力敌，和谐阵线相对弱小。在即将到来的大选中，不平衡的三足所进行的三角战，伊斯兰党又扮演何种角色？

二 选中：不对等的三角战

马来西亚2018年大选拉开帷幕，主要对垒方是国民阵线与希盟，双方势均力敌，伊斯兰党也全力杀入，选战成为三角战。

国民阵线为执政党，在选战中有优势也有劣势。其劣势是长期执政所带来的贪污腐败、裙带关系、族群矛盾等制度性痼疾，使绝大部分华人对国民阵线政府不满，不愿投票给国民阵线；而纳吉布的一马公司丑闻，及征收6%的消费税，对马来人冲击较大，引起马来人普遍不满；加之马哈蒂尔从巫统分裂出去，另组土团党并加入希望联盟，势必冲击巫统的马来人票仓。面对这些不利局面，国民阵线利用身为执政党的优势，一方面对选民大派"糖果"，如发放一马人民援助金；另一方面重新划分选区，这是国民阵线在历次选举中立于不败之地的利器。2018年3月29日马来西亚国会通过选举委员会提交的选区重新划分报告，以有利于国民阵线为原则进行重新划分，多达12个国会选区和28个州选区易名，当中属于希望联盟的议席就占了9个国会议席和21个州议席，还有98个国会选区边界重新划分，使有关选区的选民人数出现大幅变动，其中反对党选区受影响最大，因此这次选区重划被批评为只对国民阵线有利。①

希望联盟全力参战，力求政权轮替。其优势是身为在野党，可以猛攻国民阵线政府的劣势，可以有针对性地提出竞选承诺：一旦希盟赢得第14届全国大选，将在执政百日内完成七项目标，这包括废除消费税、稳定油价、专注减轻人民负担、全面启动改革程序、从基层开始肃贪、成立一马发展公司丑闻皇家调查委员会以及复兴联邦土地发展局等。②2018年1月，希望联盟宣布参加西马地区国会165个议席的竞选，并分配好各政党参选的议席：土团党52席，公正党51席，行动党35席，诚信党27席。③希望联盟获得绝大部分华人、大部分印度人还有部分马来人的支持，公正党能争取城市马来人选票，土团党能与巫统竞争乡村马来人选票，诚信党则与伊斯兰党竞争东海岸马来人选票。所以，希盟是与国民阵线势均力敌的竞争对手。

相比之下，伊斯兰党是三足中最弱的一足，它与人民联盟分裂后，不可能获得华人的支持，也较难获得城市马来人和西海岸乡村马来人的支持，只是在东海岸马来民众中有较高的支持度。此外，和谐阵线本来就弱，而且选战刚开打，"和谐阵线"又再分裂，泛马伊斯兰阵线（Berjasa）因不满伊斯兰党霸占所有胜算选区，决定停止与其合作，宣

---

① 《选民人数大变动 被批只利于国民阵线 马来西亚国会争议声中通过选区重划报告》，联合早报网，2018年3月29日。https://www.zaobao.com/news/sea/story20180329-846465。
② 《确定领导层并公布"百日新政"希盟若执政由安瓦尔任总理》，联合早报网，2017年7月15日。https://www.zaobao.com/news/sea/story20170715-779135。
③ 《希望联盟共识》，《当今大马》2018年1月7日。https://www.malaysiakini.com/news/407862。

布退出和谐阵线。①伊斯兰党实际上是以一党之力对抗多个政党联合的国民阵线和希盟。

　　伊斯兰党自称代表马来西亚"第三势力",对国民阵线和希盟左右开弓,批评他们一个不会管理国家财政,加重人民生活负担(国民阵线);一个曾通过私营化政策造成朋党问题(希盟中的马哈蒂尔)。哈迪阿旺指称:"政府太注重出口,自己国内反而没有受惠。还有消费税,这不应该是征税的方式,因为这涉及所有人,包括富人和穷人。伊斯兰的方法是只向富人、大企业等征税,不加重大部分人民的负担。"他称赞伊斯兰党注重领袖的人品,包括诚信与廉正,所以伊党虽然执政吉兰丹州多年,也曾执政登嘉楼州,但至今仍保持零贪污纪录。②伊斯兰党甚至自称"造王者",当马来人选票分别投向国民阵线和希盟时,伊斯兰党所获的马来选票就是关键力量,它与哪方合作,哪方就会胜出。有分析者指出,马来人选票使巫统、伊斯兰党及希盟"三分天下",巫统几十年都无法动摇伊斯兰党在东海岸马来乡村的基本盘,这些伊斯兰党铁票不会投给巫统,但也肯定不会投向希盟,因此无论土团党、公正党还是诚信党都无法分到这杯羹。这也是伊斯兰党自称"造王者"的底气。③

　　2018年4月28日,马来西亚第14届大选拉开战幕,提名参选国州议席的候选人多达2333名,全国727个国州议席有655个陷入多角战,在国会议席方面,只有29席是一对一对垒,其他193席是多角战,州议席方面共有464个(占92%)议席是多角战。主要对垒政党是国民阵线、希盟和伊斯兰党。伊斯兰党在本届大选中全线出战,共竞选156个国席和390个州席,是竞选最多国州议席的单一政党,比巫统还多,巫统共竞选120个国席和344个州席。希望联盟里则是公正党竞选最多

---

① 《一成员党退出 伊党"和谐阵线"闹分裂》,联合早报网,2018年4月30日。https://www.zaobao.com/news/sea/story20180430-854855。
② 《一个管理不当 一个制造朋党 伊党对国民阵线和希盟左右开弓》,联合早报网,2018年5月4日。https://www.zaobao.com/news/sea/story20180504-855954。
③ 《掀"马来海啸"? 分析:巫统伊党希盟仍三分天下》,联合早报网,2018年4月26日。https://www.zaobao.com/news/sea/story20180426-853798。

议席，包括78个国席和144个州席。多个选区都上演国民阵线、希盟和伊斯兰党的三角战，如吉打州的浮罗交怡、霹雳的安顺和红土坎、柔佛的亚依淡和居銮、森美兰的芙蓉、彭亨的文冬、吉隆坡联邦直辖区都、敦拉萨镇，以及雪兰莪的安邦等。①

5月9日是大选投票日，选民热情极高，投票率高达82.32%。②当晚揭晓选举结果，希望联盟获得国会113个席位，国民阵线获得79席，伊斯兰党获得18席（参见表1）。希盟获得多数国会议席，成功赢得大选，这是马来西亚独立以来第一次出现在野党赢得大选，第一次实现政党轮替，执政60多年的国民阵线被赶下台。

表1 2018年大选主要政党国会和州议会议席及得票率

单位：个，%

政党		国会席位	得票率	州议席	得票率
国民阵线	巫统	54	20.74	149	24.77
	马华	1	5.37	2	4.58
	民政党	0	1.06	0	1.32
	国大党	2	1.37	3	1.00
	土保党	13	1.81	—	—
	人联党	1	1.01		
	团结党	1	0.48	6	0.69
	人民团结党	1	0.10	1	0.08
	沙民统	1	0.47	5	0.37
	民进党	2	0.49	—	—
	砂人民党	3	0.49	—	—
	总和	79	33.39	166	32.81

---

① 《马国大选多角战参选人数破纪录》，联合早报网，2018年4月29日。https://www.zaobao.com/beltandroad/news/story20180429-854749.

② https://www.thestar.com.my/news/nation/2018/05/11/ec-says-voter-turnout-82-percent/.

续表

政党		国会席位	得票率	州议席	得票率
希望联盟	公正党	47	16.81	67	12.46
	行动党	42	17.23	101	17.43
	土团党	13	5.90	24	6.21
	诚信党	11	5.38	34	6.96
	总和	113	45.32	226	43.06
和谐阵线	伊斯兰党	18	16.74	90	19.52
	总和	18	16.74	90	19.52
其他	沙阵总和	1	0.55	2	0.61
	其他政党（总和）	8	2.49	21	2.84
	独立人士	3	0.58	0	0.13
总计		222	99.07	505	98.97

资料来源：《2018年大选成绩总览》，星洲网，http://www.sinchew.com.my/ge14/result?type=all。

在州政权方面，希望联盟同样大胜，获得雪兰莪、槟城、柔佛、吉打、森美兰、马六甲、霹雳、沙巴等州政权，国民阵线只剩下玻璃市、彭亨、砂捞越三州政权，伊斯兰党则赢得吉兰丹州、登嘉楼州政权。

此次大选结果出乎人们意料。大选之前，绝大部分专家和学者预测都是国民阵线仍将赢得大选，依据主要是：选区重新划分通常对国民阵线有利；乡村马来人支持国民阵线；反对党联盟分裂，分散了马来人选票，对巫统有利，这主要指伊斯兰党与人民联盟分裂，使得支持在野党的马来选票分散到希盟和伊斯兰党，据国家教授理事会2018年2月的民调，如果本届大选巫统和其他在野党陷入三角战，巫统的多数票会大幅增加，因为在野党支持者的选票将一分为二。[①]

专家们对马来选票分散的估计是准确的，但他们没有预测到的是选民，尤其是马来选民希望"变天"的程度，也低估了马哈蒂尔对马来选民的号召力。如前文指出，纳吉布深陷一马公司贪腐案，加剧了国民阵

---

① 《马来政治版图五分天下 巫统继续笑傲群雄？》，联合早报网，2018年3月18日。https://www.zaobao.com/news/sea/story20180318-843559。

线政府贪污腐败的事实，而征收6%的消费税，使民众生活困难，尤其是马来人生活更加艰难。但马来人一向视巫统为"保护人"，担心反对党上台会使自己失去保护，而不愿投票给反对党。现在马哈蒂尔成为反对党希盟的领袖，他执政时以强硬姿态维护马来人利益，使乡村马来人相信，由他当总理，马来人的利益仍会得到保护，这使得部分乡村马来人也愿意投票给希望联盟。

马来选民刮反风，其选票投向三分，即国民阵线、希盟和伊斯兰党，而华人选民则一面倒支持希盟。为了推翻国民阵线政府，许多选区出现弃保效应。①在国民阵线、希盟、伊斯兰党三角战的国会议席选区，不支持国民阵线的选民投票给希盟，不投票给伊斯兰党，伊斯兰党除了在吉兰丹、登嘉楼和吉打外，在其他州都全军覆没，弃保效应明显。在州选举方面，雪兰莪、马六甲和柔佛的选民放弃伊斯兰党，雪兰莪伊斯兰党从2013年的15席降至2018年的1席，柔佛伊斯兰党从4席降至1席，马六甲伊斯兰党从1席降至0席；在吉兰丹和登嘉楼，选民则放弃希盟，希盟从2013年的1席降至2018年的0席。可见，"选民确实展现了强大的改变意愿，而且为了把希盟拱上台，多数州的选民在国会议席和州议席的选票上都比较谨慎，尽可能让希盟或伊党上台。"②

当马来选民也希望变天时，一向对国民阵线有利的选区划分成为埋葬国民阵线的坟墓。灵感中心执行总监希索慕丁表示，"随着马来选票分裂为三，国民阵线在那些拥有75%或以下马来选民的国会议席受到负面冲击"。事实上，选区划分"这项策略原来并没有考虑到最大马来政党——巫统的分裂、土团党的诞生，以及马哈蒂尔领导希盟的因素"。所以，"当支持巫统的马来选票分裂，则国民阵线不会再得到太大的增值。"③

---

① 弃保效应指的是在选战中出现执政党甲对垒反对党乙和丙时，选民因为渴望变天，为了确保乙执政，投票时必须放弃丙，而把选票都投给乙。
② 《马国为何变天》，联合早报网，2018年5月14日。https://www.zaobao.com/forum/views/opinion/story20180514-858795。
③ 《民调：若临阵冲进，希盟能取半岛百席执政》，《当今大马》2018年5月8日。https://www.malaysiakini.com/news/423678。

2018年大选能够实现变天，希盟和马哈蒂尔扮演关键角色，伊斯兰党的角色不如它自己期望的那么重要，但它成功搅起的三角战，确实分裂了马来人选票，大约30%的马来人投给希望联盟，30%投给伊斯兰党，40%投给国民阵线。与此同时，95%以上的华人选票投给希盟，①而华人占选民的29%左右。事实表明，当马来人选票三分时，华人选票至关重要，华人才是此次大选的"造王者"。伊斯兰党搅起的三角战，最大受害者是国民阵线，其次是它自己，最大赢家是希盟，马来选票三分，华人不支持国民阵线和伊斯兰党，伊斯兰党只能在东海岸获得支持，赢得18个国席，以及吉兰丹和登嘉楼州的执政权。

三 选后：伊斯兰党与巫统合作

希盟政府获胜后，立即进行百日新政，组建国政顾问团，特赦安瓦尔，组建内阁，任命林冠英为财政部部长；成立特别调查团彻查一马公司案，对前总理纳吉布夫妇提起诉讼；进行廉政建设，要求正副部长和国会议员必须公开申报财产；取消消费税；不限制新闻自由；等等。从2018年6—8月进行的一份民调显示，华人对新政府的满意度最高，达74%，其次为印度人的65%，马来人的满意度最低，只有52%，这显示希盟想争取马来选民的支持，还必须多多努力。②

巫统和伊斯兰党同为在野党，又同为马来人政党，现在为了共同对付希盟政府，开始进行合作。

1. 合作反对签署《消除一切形式种族歧视国际公约》

2018年10月，希盟政府宣布将在明年初签署及批准《消除一切形式种族歧视国际公约》（简称《公约》）等六项联合国主导的人权相关公约，遭到不少马来人的反对，认为会损害马来人及穆斯林的权益，"担

---

① 《马国大选民调：95%华人选民支持希盟 马来选票三分天下》，联合早报网，2018年6月15日。https://www.zaobao.com/forum/views/opinion/story20180615-858894.

② 《民调：六成满意表现 希盟支持率仍超过五成》，联合早报网，2018年9月1日。https://www.zaobao.com/news/sea/story20180901-887469.

心签署《公约》是否影响宪法关于国语、马来人权利、君主立宪，以及伊斯兰作为联邦宗教等条文"。巫统、伊斯兰党及马来右派团体也强烈反对，批评《公约》抵触联邦宪法的马来人特权条款，并扬言在12月8日举办大型抗议集会，还号召马来穆斯林参加这个反对《公约》的大集会。

压力之下，总理办公室11月24日宣布，希盟政府将捍卫宪法而不签署《公约》，当天的内阁会议也同意不签署。据一位了解内阁决定者表示："政府不签《公约》是担心失去马来选民支持，这也可能成为巫统和伊斯兰党未来攻击政府的筹码。"[①]

但巫统和伊斯兰党计划的12月8日集会并没有取消，不过集会性质从抗议大会改为"胜利与感恩集会"。巫统和伊斯兰党主席都出席了这次集会，显示出在捍卫马来人权益上的高度团结。

2. 选举合作

2018年7月双溪甘迪斯州议席补选，伊斯兰党未参加此次补选，意在避免与希盟和国民阵线的三角战，避免分散选票，以确保希盟无法胜利。此次选举中伊斯兰党并未明确与巫统合作，只是基于"只要不是希盟赢"的原则，不参战双溪甘迪斯补选。[②]

巫统心知肚明，也投桃报李，宣布退出随后举行的斯里斯蒂亚州议席补选，为伊斯兰党让路。当时雪州无拉港补选提名，由马华公会候选人上阵，巫统领袖并未到乌拉港为盟友马华公会助阵，反而到斯里斯蒂亚声援不是盟友的伊斯兰党。而伊斯兰党领袖首次现身马华公会竞选活动现场，呼吁伊斯兰党支持者投票支持马华候选人陈志忠，这是过去从未有过的事，伊斯兰党表示这么做是出于认同马华公会的"监督与制衡"理念，才为其助选。[③]双补选中伊斯兰党与国民阵线的默契合作，

[①] 《慕尤丁：严禁借ICERD煽风点火》，联合早报网，2018年11月25日。https://www.zaobao.com/news/sea/story20181125-910579。

[②] 《"只要不是希盟赢"，伊党弃战SK补选以聚反票》，《当今大马》2018年7月22日。https://www.malaysiakini.com/news/435353。

[③] 《雪州无拉港补选 伊党破天荒为宿敌马华拉票》，联合早报网，2018年9月6日。https://www.zaobao.com/news/sea/story20180906-888770。

开启了双方合作选举的模式。

2018年10月波德申国会议席补选，希盟候选人是安瓦尔。伊斯兰党最初没打算派出候选人，表示愿意助巫统一臂之力。伊斯兰党主席哈迪阿旺指出，该党在这一选区拥有众多党员和支持者，可以协助巫统进行这场补选。他甚至提出，"我们把这当成是联合演习的机会，如果各国间可举行联合军演，那我们也可进行联合演习。"① 当国民阵线不参加选举后，伊斯兰党派出候选人迎战安瓦尔。尽管安瓦尔胜选没有悬念，但伊斯兰党得票也较大选时有所增加，表明伊斯兰党主打的宗教及种族牌仍有市场。

2019年1月金马仑国会议席补选，希盟和国民阵线都高度重视此次选举，各派出候选人，加上另外两名独立候选人，展开激烈角逐。伊斯兰党动员支持者投票给国民阵线候选人，党主席哈迪阿旺与巫统代主席莫哈末哈山同台助选，两人形容行动党是"穆斯林的敌人"，呼吁现场超过1000名民众别投给行动党。② 选举结果为，国民阵线候选人南利莫哈末以3238张多数票击败希盟候选人马诺佳兰，为国民阵线取得第14届全国大选后的首场补选胜利。此次大选是国民阵线在大选过后的第一次胜选，意义重大。分析员陈亚才指出，过去几场补选及这次的金马仑国席补选，都是巫统及伊斯兰党合作的"实验"，金马仑补选成绩显示巫伊合作是有效及可行的，③ 也表明马来选票开始回流国民阵线。

2019年3月，雪兰莪的士毛月州议席补选，士毛月属于马来区，选民结构为马来人占68%、华人占16.7%及印族占13.8%。④ 巫统派出候选人与希盟对决。伊斯兰党与巫统召开数次联合记者会，宣布两党合

---

① 《巫统若上阵PD抗希盟，伊党承诺助一臂之力》，《当今大马》2018年9月14日。https://www.malaysiakini.com/news/443177.
② 《聂奥玛以说理抗伊党，"投票别只看候选人宗教"》，《当今大马》2019年1月21日。 https://www.malaysiakini.com/news/461070.
③ 《分析：金马仑败选显示希盟仍未掌握马来选票》，联合早报网，2019年1月28日。https://www.zaobao.com/news/sea/story20190128-927597.
④ 《夺士毛月州议席 国民阵线补选二连胜》，联合早报网，2019年3月3日。https://www.zaobao.com/news/sea/story20190303-936449.

作，支持巫统拿下这个州议席。选举结果为，巫统候选人胜出，这是继金马仑国会议席补选后国民阵线的第二次胜利。国民阵线两次胜利的关键都是马来人选票回流，也显示了巫伊合作的威力。

2019年4月，森美兰晏斗州议席补选，巫统派出候选人对垒希盟候选人。伊斯兰党决定继续与国民阵线合作，森美兰州伊斯兰党代主席拉菲依指出，这项决定是基于双方之前的共识。选举结果为，巫统候选人以4500多票大胜希盟，这不仅是国民阵线连续三次在补选中击败希盟，也是票差最大的一次。分析员指出，这显示出民众对希盟的不满情绪日益高涨。[①]

3. 全面合作

巫统与伊斯兰党在反《公约》和补选中的有效合作，催生了双方深入合作的愿望。

早在2018年11月，当时的巫统主席阿末扎希就公开呼吁巫统和伊斯兰党合并，共同维护马来人及穆斯林的权益。阿末扎希说："我们（巫统与伊党）互斗是错的，这已经够了。以前有个'老爷爷'（马哈蒂尔），国家独立61年，他领导了22年。他教我们憎恨伊党，憎恨民主行动党，憎恨其他党派。但是如今他却与这些政党亲嘴，我们被欺骗了22年。"但是伊斯兰党主席哈迪阿旺对合并建议反应冷淡，认为现在还不是探讨这个议题的时机。[②]哈迪阿旺强调，伊党和巫统虽然联手参与反《公约》和集会，但两党绝不可能合并，因为伊斯兰党的立党精神是宗教，巫统的立党精神是种族，两党意识形态完全不同。所以"伊党和巫统永远都不会合并成一个政党。……但两党可以合作及谅解"。[③]

当巫统和伊斯兰党在多次补选中合作并取得佳绩后，双方关系也渐入佳境。2019年2月伊斯兰党主席哈迪阿旺的长子、伊党青年团团长

---

① 《国民阵线晏斗补选创三连胜 票数差距最大》，联合早报网，2019年4月14日。https://www.zaobao.com/news/sea/story20190414-948439.

② 《阿末扎希呼吁巫伊合并 哈迪阿旺：时机未到》，联合早报网，2018年11月19日。https://www.zaobao.com/news/sea/story20181119-908741.

③ 《哈迪阿旺：伊党巫统永远不可能结合》，联合早报网，2018年12月8日。https://www.zaobao.com/news/sea/story20181208-914060.

莫哈末卡立尔透露，两党近期将成立联合委员会，确保在未来的选举中合作挑战希盟，不再搞三角战式的自相残杀。他相信，只要巫统和伊党联手，希盟将丢失中央及雪州政权。伊斯兰党总秘书达基尤丁也曾在两党领袖会议中阐明要加速成立联合委员会。"我们会在士毛月补选后详细讨论此事。我们将成为一个强大的阵营，打倒希盟。不会再出现三角战，那无益于伊斯兰。"①

2019年3月，巫统代主席莫哈末哈山与伊斯兰党署理主席端依布拉欣举行联合记者会，宣布巫统与伊斯兰党全面合作，但这不是合并，也不是结盟。莫哈末哈山表示，两党虽不结盟，但会为了马来穆斯林的权益，在以后的补选及大选中全面合作。他形容巫伊的关系是"情侣"，双方从雪兰莪双溪甘迪斯州议席补选时开始"拍拖"，然后在雪州斯里斯迪亚州议席补选"订婚"，现在则进入"结婚"阶段。会上还宣布成立巫统伊斯兰党特别技术委员会，讨论两党接下来的合作形式。②在笔者看来，巫统与伊斯兰党的全面合作更像是"试婚"而不是"结婚"，毕竟，两党没有正式结盟。但无论如何，这是伊斯兰党自1977年退出国民阵线后，巫伊两党40多年来首次正式宣布全面合作。

巫统和伊斯兰党全面合作，对马来西亚政治格局和走向影响巨大。

第一，在下届大选时击败希盟政权，上台执政。马来选民占选民总数超过六成，在2018年大选中，有70%的马来人支持巫统和伊斯兰党，但是因为马来选票分散，使得华人选票成为"造王者"。现在巫统和伊斯兰党全面合作，操弄种族和伊斯兰课题，渲染希盟政府不保护马来人，再加上希盟政绩乏善可陈，大部分马来人可能在来届大选投票给巫统和伊斯兰党，而马来西亚222个国会议席中，有120个选区的马来选民超过五成。这意味着，如果巫伊两党在来届大选中继续合作甚至结盟，将得到大部分马来人选票，上台执政。

---

① 《巫统伊党将成立联委会 未来选举合作挑战希盟》，联合早报网，2019年2月25日。https://www.zaobao.com/news/sea/story20190225-934688.
② 《巫统伊党宣布全面合作打选战 分析员：料冲击希盟政权》，联合早报网，2019年3月6日。https://www.zaobao.com/news/sea/story20190306-937351.

第二，促使希盟政府转向种族课题，种族政治格局难以撼动。希盟的理念是多元种族、平等和宽容，其竞选宣言之一是承认独中统考文凭，上台后曾承诺在 2018 年底承认统考文凭，但遭到马来人、巫统和伊斯兰党的激烈反对，到希盟政府下台时，统考文凭仍未获承认。希盟政府本打算签署《消除一切形式种族歧视国际公约》，但在马来人激烈反对下，马哈蒂尔政府不再签署。事实上，希盟在大选中只获得三分之一马来人的支持，马来人担忧它不保护马来人权益，所以希盟内部已出现"安抚马来人担忧"的声浪，认为改革不能操之过急，以免带来反效果。优先安抚马来人的担忧已成为希盟政府的重要议程，因为马来人的选票能决定希盟能否继续执政。为了争取马来人支持，希盟政府也会操弄种族课题，马来西亚仍然跳不出种族政治的窠臼。

第三，伊斯兰政治化的加深。巫统与伊斯兰党，尽管一个是民族主义政党，一个是伊斯兰主义政党，但两党的意识形态光谱重叠部分较多，如巫统，也坚信伊斯兰，自认是一个"真正的伊斯兰政党"，而伊斯兰党，也坚决维护马来人利益。实际上，马来人与伊斯兰是一体的，因此巫统与伊斯兰党的话语都离不开这两者，只是侧重点有所不同。现在面对马来西亚政治大变局，面对共同的对手希盟，两党的理念坐标都向对方靠近，巫统接受更多伊斯兰，伊斯兰党更多提马来人权益。尤其是随着巫统开明派纷纷退党，两党的全面合作极可能成为"宗教性的政治联盟"，[1] 如果来届大选获胜，必会推动马来西亚伊斯兰政治化的加深。

2020 年 2 月 23 日的"喜来登政变"，马来西亚政坛发生剧变，仅执政 22 个月的希望联盟下台，由多党组成的"人民联盟"执政，伊斯兰党成为执政党之一，它在马来西亚新政局中扮演何种角色？我们将拭目以待。

---

[1] 《马国特稿：巫统掀退党潮 政党或重新洗牌》，联合早报网，2018 年 9 月 30 日。https://www.zaobao.com/news/sea/story20180930-895218。

新加坡宗教治理模式研究*

杨 莉

新加坡全称为新加坡共和国（Republic of Singapore），其国土面积为719.1平方公里，除新加坡岛外，还包含60多个岛屿。截至2018年6月底，新加坡总人口达564万人。[①] 新加坡是一个多族群、宗教和文化的国家，宗教主要有佛教、道教、伊斯兰教、印度教、基督教、天主教、锡克教以及民间宗教，主要族群有华人、马来人、印裔人，少数族群有欧洲人、欧亚混血人、泰国人、缅甸人、日本人、阿拉伯人、犹太人、尼泊尔人和菲律宾人等。

从历史渊源和地理位置来看，新加坡被信仰伊斯兰教的马来族群环绕，虽曾并入马来亚，但其马来族群只是新加坡的第二大族群，其内部最大族群却是华人，其人数为马来人的5倍多，这也导致新加坡在独立前后族群冲突频发。正因如此，新加坡建国之后就确立了为世俗国家和多元宗教和谐相处的宗旨，并依据此制定了一系列的法律条款和管理措施，逐步使得新加坡各宗教、族群能彼此宽容、和谐相处。故此，研

---

* 本文为国家社科基金重大项目"'一带一路'战略实施中的宗教风险研究"（项目编号为16ZDA168）阶段性成果。

① Singapore Department of Statistics, *Yearbook of Statistics Singapore*, 2016.

究新加坡宗教治理的思路和具体措施，有助于提炼这种能促进宗教和谐的治理模式，从而对其宗教治理模式的内在逻辑和现有不足有全面之把握。

一 新加坡宗教治理的历史背景和现状特点

（一）新加坡具有多元宗教的特性

自 1819 年，天孟公阿卜杜尔·拉赫曼和斯坦弗德·莱佛尔斯爵士在这个岛南岸会面，新加坡开埠之始，就有多个宗教在此地传播。如"1819 年，从马六甲泛舟而到新加坡的一名天主教牧师已经拥有一个由 13 名信徒组成的社团，1822 年，建立了第一座英国教会教堂圣安德烈教堂。1841 年，新加坡已有约 500 名天主教教友"。[①]1847 年，新加坡第一座天主教天善牧主教堂建成。1881 年，长老会牧师阁约翰到达新加坡，接手华人教会。到了 1900 年，新加坡长老会总共为 500 位信徒施洗。1901 年，新加坡长老会拥有 7 所华人教会，之后成立了新加坡长老宗大会。1925 年，新加坡已经有 13 个长老会教会和 700 个会友。[②]除了基督教，佛道两教和民间信仰也比较早地在此地传播。如，新加坡的第一座佛教寺院是于 1898 年兴建的惹兰大巴窑的莲山双林寺。1926 年和 1928 年，太虚大师两度到新加坡弘法，他与随行弟子演讲佛法，并编印出版了佛教杂志《觉华》。1927 年，在太虚大师的倡导下，转道法师联合侨领梁润之等人共同发起成立新加坡中华佛教会以及佛教会青年部，是新加坡首个汉传佛教团体。[③]总的来说，新加坡的主要宗教有佛教、伊斯兰教、天主教、东正教、基督新教，还有道教、锡克教、犹太教、印度教等。这里有必要说明的是，中国传统文化中的民间信仰在新加坡被划归入道教。

从历史上看，新加坡有着多元的宗教文化，几大宗教都有较长的传

---

① 曹云华：《新加坡的精神文明》，广东人民出版社 1992 年版，第 137—138 页。
② 张仲鑫：《新加坡华人基督教研究（1819—1949）》，博士学位论文，福建师范大学，2010 年。
③ 黄夏年：《新加坡佛教》，《法音》1991 年第 9 期。

播史，并一直延续至今。据统计，2015 年，新加坡信仰佛教和道教的人数占总人口数的 43.2%，基督宗教信徒占总人口数的 18.8%，穆斯林为 14.0%，而宣称自己无宗教信仰者占总人口数的 18.4%，信仰印度教的信徒占总人口数的 5.0%，信仰其他宗教的占 0.6%。[①]因此，自新加坡独立之后，其多元的宗教文化历史和现状就成为新加坡政府宗教治理所必须要面对的问题。

（二）新加坡族群和宗教具有较高的同一性

新加坡政府在宗教治理方面不仅要面对多元宗教的问题，还要在宗教治理过程中正视宗教和族群具有同一性的现实。新加坡开埠之初就有"海滨人"（Orang Laut）居住在这里，即最早移居而来的马来亚南方人种的后裔。这个时期新加坡也已经有中国人从事种植业，管理他们的是华人甲必丹，而这个华人甲必丹则向天孟公负责。当时在新加坡河西岸实际上有马来人、中国人和马来人的南方人种"海滨人"。[②]所以，新加坡一直是一个多族群聚集之地，主要族群有华人、马来人、印裔人，以及其他少数族群。

如表 1 所示，19 世纪初，马来人为该地区的最大族群，但时至 20 世纪初，华人已经成为新加坡的第一大族群，而始终居于第三位的印裔人所占比例一直较为稳定，总体上在总人口中占不到 10%。

表 1　新加坡各族群人口比例（1824—2019）[③]

年份	华人	马来人	印裔人	其他族群
1824	31.0%	60.2%	7.1%	1.7%
1836	45.9%	41.6%	9.9%	2.6%
1871	57.6%	27.6%	10.9%	4.0%
1891	67.1%	19.7%	8.8%	4.4%

[①] General Household Survey 2015, https://www.singstat.gov.sg/，阅读时间：2020 年 4 月 20 日。

[②] [英]哈·弗·皮尔逊：《新加坡通俗史》，福建师范大学外语系翻译小组译，福建人民出版社 1974 年版，第 4 页。

[③] 引自[新加坡]苏瑞福（Saw Swee-Hock）《新加坡人口结构的变化》，《南洋资料译丛》2008 年第 4 期；Population Trends 2019, https://www.singstat.gov.sg/，阅读时间：2020 年 4 月 20 日。

续表

年份	华人	马来人	印裔人	其他族群
1911	72.4%	13.8%	9.2%	4.6%
1931	75.1%	11.7%	9.1%	4.1%
1947	77.8%	12.1%	7.7%	2.4%
1980	76.9%	14.6%	6.4%	2.1%
1990	74.7%	13.5%	7.6%	4.2%
2000	76.7%	13.9%	7.9%	1.5%
2006	75.2%	13.6%	8.8%	2.4%
2010	74.2%	13.4%	9.2%	3.2%
2019	74.4%	13.4%	9.0%	3.2%

在新加坡，种族与宗教紧密相连。马来人尤其如此，他们99.6%是穆斯林。印度人和中国人也与他们各自的宗教紧密相连——印度人信奉印度教（55.4%），中国人信奉佛教或道教（64.4%）。[①]

对新加坡居民的调查显示，在所调查的信教群体中，有49%的人认为宗教对于民族很重要，而其中的华人有38%的受访者认为重要，而马来人则有88%的受访者认为宗教对于种族很重要，而受访的印裔人有81%这么认为。在关于种族的重要性的调查中，受访者中华人有60%的人认为重要，马来人和印裔人分别有73%和66%认为重要。[②]

可见，在新加坡族群和宗教具有同一性，而且这种同一性在马来人等少数族群中表现得更为明显。值得注意的是，新加坡有18.8%的人信仰基督教，同时无宗教信仰者也占到18.5%。具体来说，族群和宗教具有传统上的对应关系，即佛道教的信仰者大多为华人，而马来人几乎绝大多数信仰伊斯兰教，印度教则是印裔人的传统宗教，然而又有超越族群的基督教徒，这就导致了相对数量的较少的族群更容易将族群和宗教捆绑，同时跨越族群的宗教又有发展和传教的需求。这就使得新加坡

---

① Singapore Department of Statistics, *Yearbook of Statistics Singapore*, 2000.
② Giok Ling Ooi, The Role of the Developmental State and Interethnic Relations in Singapore, *Asian Ethnicity*, Volume 6, Number 2, June 2005, pp.109-120.

在宗教治理的过程中，必须将宗教和族群一起考量。

（三）宗教对新加坡国家建构有较大的影响

新加坡在仓促建国之时，就面临着如何建构国家认同、形成一个新的国族的问题。建立新的国族是在超越原本族群之上形成新的国族，而这一过程的前提是族群的核心和稳定。虽然在1959年6月成立新加坡自治邦，但并未独立建国，其政府政策的制定上也未将国家认同和民族建构纳入治理之中，当地各族群认同的还是祖籍国，而且与原乡的联系也甚为紧密。例如，1963年新马合并以后，马来沙文主义在整个马来西亚有了进一步发展，新加坡巫统在1964年7月组织的马来人大会将这个倾向推到了顶峰。为了给大会造势，在会前发布了名为《新加坡马来人的地位》的文件，要求人民行动党要"保护马来甘榜和马来人保留地；马来人在公共组屋中要享受低租金；在政府和商业机构推行马来语；马来人享有免费交通，免收马来学生的学费和教材费；在各教育层次提供给马来人更多的奖学金；以立法保证马来人就业"。[①]

新加坡的各族群在语言、宗教信仰、民族文化、经济发展水平上也各有不同，使得各族群的关系紧张。在此背景下，宗教的作用尤为凸显。"正如新加坡在20世纪50年代和60年代所表现的，这种强化了的分裂形成了一个潜在的不稳定的社会。对某一特定民族群体的冒犯很容易被解释为对其宗教信仰的反击，反之亦然。"[②]

综上，新加坡自建国之初，其宗教治理的目标之一就是促进族群的和谐相处，同时更根本的目的是建立对于新加坡的国家认同。

二 新加坡宗教治理情况分析

（一）用立法平衡"信仰自由"和"多元宗教和谐"

自新加坡建国之初，就是一个政教分离的国家，不设国教。这是新

---

① 转引自范磊《新加坡族群多层治理结构研究》，博士学位论文，山东大学，2014年。
② Kevin Y.L. Tan, Law, Religion, and the State in Singapore, *The Review of Faith & International Affairs*, Volume 14, Number 4 (Winter 2016), pp.65-77.

加坡宗教治理的总背景，即任何宗教的神圣权力不能凌驾于政府的世俗权力之上。因此，新加坡宪法第15条规定：（1）人人享有信仰、践行和传播宗教的权利。（2）禁止强迫任何人就专门全部或部分地分配给宗教而非个人用途的收入纳税。（3）所有宗教团体享有以下权利：管理自己的宗教事务；为宗教或慈善目的建立和维持机构；以及依法取得、拥有、持有和管理财产。（4）本条规定没有授权实施违反关于公共秩序、公共健康或公共道德的一般法律的行为。

除了宪法中对于宗教的规定之外，新加坡还有其他的法案来处理具体的宗教问题。因为宪法中的规定，在实际中往往需要细则来解读和管理。如宪法第15条（1）规定"人人享有信仰、践行和传播宗教的权利"。然而，在现实中关于这一条款的判罚需要结合其他法律来联合执行，后面有关于此的详述。

在新加坡"信仰自由"和"宗教和谐"之间存在张力。各宗教有发展自身的自由，那么就意味着有传教的自由。一个宗教的发展往往意味着要吸引更多的信徒，甚至是原本有某一宗教信仰的人改宗。然而，这一过程不可避免地会产生宗教间的张力，甚至是冲突。有学者认为，这是"一个零和游戏，A组的收益被视为B组的损失，而B组的成员被'挖走'。这破坏了团体的完整性，削弱了团体的社会影响力"[1]。"在新加坡这样的多宗教环境中，当宗教信仰以一种高度公开和自信的方式表现出来时，我们所有的敏感性都会随之显现出来。一个例子是劝导活动的增加。虽然我们的宪法规定了传播宗教信仰的权利，但当信徒在传教活动中变得过于热心和自以为是，并且不顾其他宗教的感受，以一种咄咄逼人的方式进行传教活动时，就会出现问题。"[2]

故此，在实际执行中，会有多种法律来管理和限制宗教传播和宗教

---

[1] THIO Li-ANN, Contentious Liberty: Regulating Religious Propagation in A Multi-Religious Secular Democracy, *Singapore Journal of Legal Studies*, 2010.
[2] Harmony White Paper, Cmd. 21 of 1989 [MRH White Paper]. Deputy PM Wong Kan Seng's Speech at the ISD Intelligence Service Promotion Ceremony (14 March 2010) at Para. 19, Online: Ministry of Home Affairs 〈http://www.mha.gov.sg/news_details_print.aspx? nid=MTcwNQ==-Q9CJuc52SKk=&tcaid=7〉.

发展的具体行为。"信仰—行动"的区别在于，虽然宗教信仰受到保护，但由宗教信仰推动的、违反新加坡法律的行为却不受保护。即需要对行动和信仰作出明确的区分：宗教信仰得到尊重；然而，以信仰为动机的行动不能损害新加坡的国家利益。[1]因此，信仰自由和宗教言论自由需要考虑广泛的公共秩序问题，包括维护宗教和谐，这是新加坡政治话语的一个主题。面对这一问题，新加坡采用多层面的法律来管理由"信仰自由"可能带来的宗教冲突。

这就需要在宪法之外，有以多方位的具体法律条款来限制和管理因信仰和传播宗教行为可能造成的危害，从而影响新加坡宗教多元和谐的原则。20世纪90年代以前，新加坡政府主要援引《煽动法》（Sedition Act）和《刑事法》（Penal Code）来惩治破坏宗教和谐的轻微犯罪行为。《煽动法》其中规定，"不同种族或不同阶级的人民互相猜疑和敌对"的行为是有煽动性的。2005年三位博客博主针对马来穆斯林社区发表了煽动性言论，这是自1966年以来首次援引《煽动法》。其中两名被判入狱，而另一名被判缓刑。[2]

《刑事法》把涉及宗教的犯罪行为列为刑事犯罪，并对牵涉宗教的犯罪行为和相关处罚做了具体规定："破坏、损害或亵渎任何宗教圣地，或被任何种类的人朝圣的物品，旨在侮辱或任何种类的人的宗教信仰；或明知任何种类的人可能会将此处破坏、损害或亵渎视为对其他宗教信仰的侮辱的，处可长至2年的有期徒刑，或罚金，或两罚并处"，"故意扰乱依法举行的实践宗教信仰或宗教礼仪的任何集会的，处可长至一年的有期徒刑，或罚金，或两罚并处"，"说出任何人听得见的话或发出人听得见的声音，或做出任何人看得见的姿势，或放置任何人看得见的物品，旨在蓄意伤害他人宗教感情的，处可长至一年的有期徒刑，或罚金，或两罚并处"等。《内部安全法》（Internal Security Act）赋予政府

---

[1] Tan, Eugene K.B..2008, "Keeping God in Place: The Management of Religion in Singapore." In *Religious Diversity in Singapore*, edited by Lai Ah Eng, 55–82. Singapore: ISEAS.

[2] Ng Tze Lin, Tania, The Rule of Law in Managing God: Multi-Religiosity in Singapore, *Asian Journal of Public Affairs*, Vol. 3, No. 2.

优先购买权，允许他们拘留可以"以任何损害新加坡安全……或维护公共秩序的方式"行事的人，而无须对其进行审判，这包括宗教种族冲突带来的损害。

新加坡政府通过相关立法对大众传播媒介进行管理，以防有人利用宗教、语言的差异进行危及政府和社会稳定的宣传。这方面的主要法律有：《不良出版物法》《电影法》《新加坡广播公司法》《新加坡广播电视节目法》和《新闻及出版法》等。其中《新加坡广播电视节目法》第四款明确规定，新加坡广播电视节目必须符合"尊重法律、宗教信仰和社会制度"的基本原则，对涉及"鼓励犯罪、破坏公共秩序，或有可能伤害社会和宗教信徒的节目一律不准播出"。对大众传播媒介的管理，有效预防了有碍宗教和谐言论的出现，对新加坡维持民族团结和宗教和谐具有重要意义。①

新加坡具体管理宗教的法规有《社团法》(The Societies Act)。"社团"的定义是"由10人或10人以上组成的俱乐部、公司、合伙企业或协会，无论其性质或目的如何"。这项法案要求所有试图代言、宣传或讨论神学问题的宗教团体都要向社团注册局（Registry of Societies，简称ROS）登记。任何未注册的社团都将被视为非法。这是一项强有力的立法，因为有条款可以禁止注册或解散任何"被用于非法目的，或被用于有损新加坡公共和平、福利或良好秩序的目的"的社团②。这些法律具有威慑作用，并清楚地提醒人们，如果违反这些法律，可能会产生可怕的后果。

1990年，新加坡国会通过了《维持宗教和谐法案》(Maintenance of Religious Harmony Act)。该法案除了将白皮书的建议确立为各宗教团体和教徒必须遵守的法律原则外，还赋予政府内政部长下达限制令（Restraining Orders）的权利。一旦内政部长认定任何宗教团体机构中成员或神父、僧侣、牧师的权利，牧师、伊玛目、官员或其他人员具有

---

① 冯玉军：《新加坡宗教事务的法律治理》，《政法论丛》2013年第3期。
② Ng Tze Lin, Tania, The Rule of Law in Managing God: Multi-Religiosity in Singapore, *Asian Journal of Public Affairs*, Vol. 3, No. 2.

或试图具有以下行为"导致不同宗教团体间的敌视、仇恨、恶意情绪，借宣传信仰任何宗教之名进行推动政治事业或政党事业的活动，借宣传信仰任何宗教激发对新加坡总统或政党的不满，发现有人企图利用宗教危害社会安全、种族宗教和谐的言论"，部长可以发出限制令，限制此人的言论和行动。违反限制令者，地方法院可处两年以下监禁，并处10000新元以下罚款，再犯者可处 3 年以下监禁，并处 20000 新元以下罚款。[1]

与《内部安全法》相比，《维持宗教和谐法案》是处理宗教事务的一种相对宽泛的途径。该法案可以防止宗教紧张气氛蔓延到公共领域，从而消除了煽动或利用宗教激情的机会。

而比这些法律、法案更为宽泛的是新加坡关于宗教和谐的声明和白皮书。1989 年 12 月，新加坡政府发布《宗教和谐白皮书》，并附有内部安全局的一份报告，列举了宗教狂热造成的种种后果。2003 年 7 月，《宗教和谐声明》发布。该声明是 21 世纪新加坡人民的行动准则。为促进准则的实行，拟定该声明的所有宗教群体的代表们组成了跨宗教和谐圈（IRHC）。《宗教和谐声明》的制定与实行，无疑将进一步促进新加坡的宗教和谐相处。

这些不同层面、不同领域针对宗教的立法，将宗教的不和谐行为分解，使得国家有更多的权利从各个领域进行管理，而声明和白皮书成为一种基调，为非政府层面的管理提供了一定的依据。

（二）新加坡宗教法治治理的实践原则

由于新加坡是一个多元宗教国家，因此其对于宗教的管理并不限于界定宗教行为本身，比如宗教传播是宪法保障的，但是宗教传播是否引起危害是由具体的法律来管理。换言之，取缔这些宗教团体并不是基于某些国家法令规定的概念，即某一特定宗教或一套信仰是"正确的"还是"适当的"，而是基于其信徒实践他们的信仰的方式是否合法、

---

[1] 潘明权、马劲：《新加坡宗教印象》，《中国宗教》2002 年第 3 期。

适当。①

关于这一点有一著名案例，以此来说明新加坡宗教治理在法律层面的具体实施办法和主要原则。

20 多年来，一对已婚夫妇试图通过向公众分发材料（其中还包括来自共济会的单张福音书）来履行其传福音使命。这些材料要么被直接放入信箱，要么随后发给从居民通讯录中选出的人。警方根据这些信息，于 2008 年 1 月 30 日"伏击"，目睹了第一名被告人将一叠棕色的信封（包含共济会的单张福音书）丢入一个信箱，警方将其取回。第一名被告被拘留，当他的面搜查他的汽车和房屋。不久后，他和他的妻子被捕。两人都被指控犯有煽动叛乱罪，并被判犯有不良出版物罪，罪名是"散发和持有被视为煽动叛乱和令人反感的出版物，试图在新加坡煽动基督徒和穆斯林之间的敌意"。区域法官 Neighbour D.J. 驳回了他们的辩护，即他们不知道传单的内容，也并不清楚这些内容是令人反感和具有煽动性的。第一个被告被描述为"狂热的新教教徒"，他们都是"聪明和受过教育的人"，"他们应该知道，基督教出版物批评其他宗教可能会促进宗教团体之间的敌意"。两名穆斯林的证词是《骚乱法》指控的依据。两个人都收到了信箱里寄给他们的信，里面有题为《谁是真主？》和《小新娘》的出版物。《内部安全法》认为这些攻击可能激起或煽动种族仇恨，而 Irwan 则向警方报告，认为这些出版物"可能煽动穆斯林和基督徒之间的宗教紧张关系"。《不良出版物法》指控的依据是 Farhati Ahmad 的证词；放到她信箱的传单激怒了她，因为传单里的内容诋毁了伊斯兰教。她认为发送者是一个基督教团体，指出这可能会导致穆斯林和基督教之间的敌意，使其"落入坏人之手"。Neighbour D.J. 注意到她采取了理性的行动，将此事报告

---

① Kevin Y.L. Tan, LAW, Religion, and the State in Singapore, *The Review of Faith & International Affairs*, Volume 14, Number 4 (Winter 2016), pp.65-77.

给警方调查。总的来说，他们是故意把题为《谁是真主？》的传单送给有穆斯林名字的人。①

这个案例本身就说明传教本身是合法的，但是传教的效果如果引起了其他宗教的不满，尤其是具有明知故犯的性质，那么就属于违法行为。上述案例中对于穆斯林的选择，以及两份被点名的传教出版物，都具有明显的针对性，那么其传播宗教的自由受限于传教所引发的后果——造成的违法行为。

另一较为著名的案例是基督教在传教中侮辱了华人传统的佛道两教。这一案例的特别之处在于，相对于伊斯兰教，佛道两教在新加坡的组织形式相对松散，而基督教的传播也是争取华人信众。从统计数据来看，华人的基督教信仰比例相对其他两个族群来说更高，并且这个案例也有其他宗教团体参与界定。

在2009年2月，媒体特意报道了灯塔福音的牧师 Dong Tan 公开发表侮辱佛道教言论，涉及三段在教会网站上发布的视频剪辑，随后在 Facebook 和 Youtube 等其他社交媒体平台上转载。据媒体报道，有人向警察、部长和总统宗教和谐委员会提出投诉。据报道，内政部（MHA）证实，该牧师"对佛教和道教的评论和影射"确实存在。这种通过 ISD 调查处理问题的方式被视为"非常严重"，与警方调查结论一致。

MHA 发言人表示，牧师 Rony Tan 的言论是"非常不恰当和不可接受的，因为它们轻视和侮辱了佛教和道教的信仰"。"它们还会导致佛教、道教和基督教社区之间的紧张和冲突。"新加坡伊斯兰宗教理事会、印度捐助基金理事会、天主教大主教和新加坡全国教会理事会等其他宗教团体的领导人以一致的发言，反对其对其他宗

---

① THIO Li-ANN, Contentious Liberty: Regulating Religious Propagation in A Multi-Religious Secular Democracy, *Singapore Journal of Legal Studies*, 2010, pp.484-515.

教发表不当的评论，并重申对宗教和谐的共同利益。①

宗教信仰自由也被写入新加坡宪法第15条。然而，在多宗教的新加坡，这种权利绝不是绝对的。它从属于第15条第4款的规定，即宗教活动不得"违反任何有关公共秩序、公共卫生或道德的一般法律"。"需要对行动和信仰做出明确的区分：宗教信仰得到尊重；然而，以信仰为动机的行动不能损害新加坡的国家利益。"②这集中体现了国家对宗教多样性和宗教实践的管理方式——只要你不违反任何与"公共秩序、公共卫生或道德"相关的法律，你就可以自由信仰（或不信仰）任何宗教、实践和传播它。

（三）从国家治理向国家、宗教团体互动治理转变

20世纪80年代以前，新加坡是由政府单向主导的管理过程，民众、社会团体，甚至是基层组织都在政府的管理下履行自己的职责，因此空间较小。随着社会的发展和新加坡治理思路的转变，在政府的主导下，社会各主体积极参与到管理中来。在治理模式转变的大背景下，宗教治理也不例外。宗教团体、社会组织逐渐从一个被动参与向主动发声、管理转变。而在该趋势下，社会治理不只是自发的，而且国家也在其中起到了重要的引导和扶持作用。

例如，2013年3月，新加坡文化、社区及青年部设立了总额500万新元的和谐基金（Harmony Fund），支持族群与宗教互信圈（Interracial and Religious Confidence Circle,IRCC）与个人或社区团体合作，通过社区计划来增进跨族群与跨宗教的交流，加强社会凝聚力。截至2014年9月，族群与宗教互信圈的大约1500个成员与800个宗教组织的接触不断加强，至今已把触角伸向92%的宗教团体，比2006年的18%高出许多③。当发现社会上存在不和谐的现象时，公民社会也勇

---

① 《新加坡基督教对诋毁佛教和道教的言论向信众道歉（转载）》，http://bbs.tianya.cn/post-worldlook-479683-1.shtml，阅读时间：2020年4月15日。
② Tan, Eugene K.B.,2008, Keeping God in Place: The Management of Religion in Singapore. Institute of Policy Studies, Lee Kuan Yew School of Public Policy.
③ 《陈振泉：族群宗教互信圈 应积极接触年轻人》，《联合早报》2014年9月7日。

于发声。2014年,有12个新加坡公民社会组织联合发表公开声明,对社交网络上涌现的歧视与排外(xenophobia)情绪表达不安。① 互信圈成立的目的就是要在和平时期培养友谊,建立互信,以及加强宗教与社区领袖之间的联系。时任该部代部长的黄循财指出,"我们希望熟悉各自社区的互信圈成员采取灵活方法来化解各种可能导致种族和宗教摩擦的情况。"②

近几年,新加坡基本已经形成了政府和社会联合治理、互动治理的模式,在促进宗教和族群和谐中各司其职。各宗教团体都积极参与宗教事务的管理,如:

> 2003年,一些回教学者及教师携手组成志愿团体宗教改造小组(Religious Rehabilitation Group,简称RRG),协助辅导和改造受拘留的回祈团成员及其家人,纠正他们解读回教教义方面的错误,并举办公开讲座教育公众,以此提供正确的宗教指导,从而对抗宗教极端主义,维持种族及宗教和谐。宗教改造小组目前有30多名成员,他们所开创的改造模式吸引了全球各地学者前来取经。宗教改造小组主席阿里哈吉(Ustaz Ali Haji Mohamed)指出,经过12年的努力,回祈团的势力已基本瓦解,遭拘留的成员也已走上正途。为防患于未然,宗教改造小组还到各所回教堂及学府与年轻人进行对话,讨论宗教及极端主义等课题,并在哈迪杰回教堂(Khadijah Mosque)设立首个资源中心,让宗教学者研究如何应对极端主义思想,让一般民众接受相关辅导服务。③

现在,政府对宗教的控制已经有下滑迹象。新加坡政府通常通过官方承认的宗教团体代表来管理宗教,但由于其中有些成员不愿意政府领

---

① 《联合发表声明 12 公民组织对种族与排外言论感不安》,《联合早报》2014年5月29日。
② 《培养年轻人领导能力,黄循财盼更多青年加入族群与宗教互信圈》,《联合早报》2013年9月29日。
③ 《李总理:对抗极端思想 宗教改造小组须继续正确引导》,《联合早报》2014年8月20日。

导宗教，团体内部会有裂痕出现。在政府处理宗教事务的标准操作程序中，通常要求宗教领袖与政府进行幕后讨论。纠纷时有发生，但大多数都远离公共领域。"共识"有望达成，因为宗教领袖对针对他们的立法手段无能为力。然后他们会站出来声明支持政府的立场，宗教团体通常会得到安抚。这在过去是可行的；然而，随着信仰者对自己信仰的追求变得越来越无所畏惧，其有效性的迹象似乎正在下滑。[①]

在前面提到的灯塔教会（Lighthouse Evangelism）的陈顺平（Rony Tan）牧师因诋毁佛道教的言论被罚的同年6月，新造教会的黄马可（Mark Ng）牧师，再次发表嘲讽华人道教习俗的言论。[②]可见，在类似的问题上，政府的单一管理并未起到足够的限制作用，而是需要宗教团体内部对这一行为进行管理和限制，才能从根本上减少这种因宗教发展带来的摩擦。

不仅如此，赋予社会上的宗教团体更多管理权利，有助于宗教团体在国家政府和信众间形成缓冲作用，以缓解政府主导的宗教团体在宗教管理上的颓势。例如，在2002年穆斯林女孩是否在学校戴头巾的争论中，就出现了社会宗教团体和新加坡伊斯兰教理事会（MUIS）态度上的分歧。

> 宗教领袖/宗教团体不再能有效地为其成员代言，新加坡伊斯兰教理事会（MUIS）尤其令人担忧这一点，该宗教团体的领导层面临多方面的挑战。2002年戴头巾的争议集中体现了社会内部对戴头巾的宗教解释的分歧。国家政策禁止在公立学校穿宗教服装，因为担心这会加剧宗教分歧。然而，4名小学穆斯林女生的父母坚持她们的宗教权利，并认为国家政策侵犯了她们的宗教信仰自由。新加坡伊斯兰教理事会发表声明支持政府的立场，敦促女孩的父母优先考虑孩子的教育，而不是戴头巾。家长们立场坚定，并得到了新

---

① Ng Tze Lin, Tania, The Rule of Law in Managing God: Multi-Religiosity in Singapore，*Asian Journal of Public Affairs*, Vol. 3, No. 2.
② 《新加坡布道会嘲讽其他宗教习俗 又一牧师遭调查》，http://www.mybuddhist.net/cms/e/DoPrint/?classid=402&id=13711，阅读时间：2020年5月1日。

加坡伊斯兰教教师协会（PERGAS）的公开支持。该协会是一个宗教教师组织，有保守倾向。新加坡穆斯林中的权威人士在这个问题上存在不同意见，新加坡伊斯兰教理事会作为新加坡穆斯林团体的主要领导组织，其信誉受到了严峻的考验。①

实际上，这种分歧可以在社会宗教团体内部进行消解，然后由政府出面引导，这样就不会凸显 MUIS 和其他伊斯兰教团体之间的分歧，导致出现 MUIS 管理效力降低的情况。

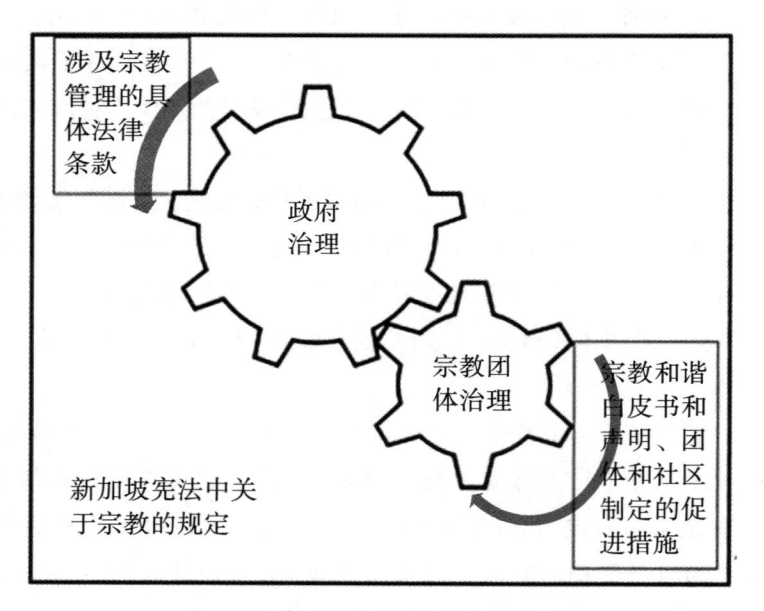

图 1　国家和宗教团体互动治理模式

这一系列的案例说明，在新加坡，国家管理宗教的局限性表现得越来越明显，这种自上而下的治理模式受到多方面的挑战，越来越多的宗教人士和信徒想更自由地表达自己的宗教信仰，然而这种行为有时会影响新加坡政府制定的宗教和谐的原则，因此，这时，宗教团体和社区

---

① Ng Tze Lin, Tania, The Rule of Law in Managing God: Multi-Religiosity in Singapore, *Asian Journal of Public Affairs,* Vol.3, No.2.

的管理力量就显现出来。政府无法代表宗教团体的观点，但是宗教团体可以代表，而且还可以从宗教内部来管理信徒，成为政府和信众之间的一层治理机构。因此，近些年宗教团体在新加坡宗教团体、社区的作用愈发体现出来，而且相较于以往，也更多地表明了自身的态度。政府基于这种情况，也开始更多地借助宗教团体和社区的力量来管理宗教问题。

综上所述，如图1所示，新加坡政府治理和宗教团体治理逐渐形成相互推动和相互促进的互动模式，而政府治理主要依靠立法和根据法律判定的案例，而宗教团体治理的主要依据和思路是宗教和谐白皮书及声明，以及各团体基于宗教和谐原则制定的各种促进办法和措施。然而，无论是政府治理还是宗教团体治理都必须在宪法的规定之下进行。如前所述的头巾案例，政府对宗教的管理也受宗教团体的影响，宗教团体的管理必须符合国家的原则，因此是一个彼此推动、相互调适的关系，最终形成新加坡宗教治理的政府和宗教团体的互动模式。

（四）促进宗教和族群和谐的治理思路

新加坡政府在制定政策之时也多考虑宗教和族群的和谐，如比较典型的是对于组屋建设和管理上的设计。1989年的国家发展部部长Dhana Balan 在接受《海峡时报》记者访问时表示："自20世纪70年代开始（房屋建造速率高），HDB在分配新的住房时即在先到先服务的原则底下，将种族均匀分配到各个新市镇。"[1] 他认为，各个族群互相住在邻近的地方是了解彼此在宗教、语言、文化、传统上差异问题的最好方式，而这也是为什么建屋发展局试图将不同族群的人在家屋地产中混合在一起的原因。[2] 李光耀后来的一段演讲可以说明政府制定该政策的依据和认识，"虽然这一政策刚开始实施时受到一定的阻力，因为这意味着存在较大差异性的不同族群必须要相互迁就和容忍甚至做邻居，但是

---

[1] Straits Times, 1989.01.31.
[2] 叶韵翠：《新加坡组屋政策中的国族政治》，《地理研究》2009年第50期。

这个国家的国民必须学会包容和尊重他人"。①公共建屋协助新加坡转型为一个真正的新加坡社群，"如同公共建屋的名字所指出的，不再有社群聚居的情形。今日生活在建屋发展局地产的社群们确实是一个单一的新加坡社群"②。

除此之外，各宗教团体也采取包容的态度对待其他宗教。如，由新加坡佛教居士林教育基金、伊斯兰教传道协会和道教总会联合设立的"精进奖"助学金，不分种族与宗教，帮助来自本地的多所小学及宗教团体。在389名受惠人群中，有近49%是穆斯林，佛教徒占27%，以此来促进各宗教族群之间的和谐与合作。③宗教联谊会主席马力肯（Noor Mohamed Marican）认为，互联网的普及和新移民都是宗教和谐面对的新挑战，其中新移民有不同的文化背景，总会产生一些误会，因此，宗教联谊会也相应地扩大了面向青年和新移民的宣导活动，提倡相互了解及互敬互重。④

综上所述，新加坡诸多政策的制定和措施的实施都是以宗教和族群和睦为目标，极力增加各宗教间的接触、了解的机会，以期达到各种宗教之间的宽容和理解。

三 新加坡治理模式的内在逻辑和现有不足

（一）新加坡宗教治理模式的内在逻辑

通过上文分析可见，新加坡对于宗教以及与之相关的族群管理以法治建设为主。首先，从国家宪法的层面规定了新加坡为政教分离之世俗国家，但同时也给予了宗教以肯定的地位，规定了国民信仰自由。新加坡在建国之初就充分考量了当时社会的现状，以及宗教和族群的历史

---

① 《李资政：人口成分多元化，对族群分而治之我国无法成为一个国家》，《联合早报》1998年9月28日。
② Straits Times, 1982.01.02.
③ 张育铭：《三宗教社团颁"精进奖"鼓励成绩优异贫寒生》，《联合早报》2014年4月15日。
④ 《李总理：亚洲须正确引导民族主义情绪》，《联合早报》2014年9月21日。

渊源。新加坡建国之时，马来人的数量只有华人人数的六分之一，但是因为新加坡曾经是马来亚的一部分，使得其在制定宗教治理政策之时，会考虑作为少数群体的马来人的诉求。如，宪法第 89 条明确规定："始终不渝地保护新加坡少数民族和少数宗教集团的利益，应是政府的职责。"同时，1968 年，为"协助新加坡的伊斯兰教组织规范他们的宗教事务和管理伊斯兰教教法"，新加坡政府成立了伊斯兰教理事会（The Council of Muslim Religion）。为确保各宗教团体的利益，1970 年新加坡政府又成立了隶属总统的"少数民族团体权力委员会"。① 根据新加坡宪法的补充条款规定，该委员会的主要职责是核查政府和国会是否出现侵犯民族或宗教利益的情况。

这种对少数族群和伊斯兰教的关照，并非是为了给予其类似国教的地位，而是为了平衡占人口 70% 左右的华人和马来人之间的利益，以减少华人和马来人的冲突，从根本上指向宗教和族群的和谐平等。

新加坡法治是在社会本位价值观指导下、在宪政框架内运行，以详尽完备的法律体系为基础，以严格平等的执行为主要特征的东方式法治。②

其次，采取积极的措施来促进宗教和族群之间的和谐相处。如在公屋的问题上，通过对申请人的族群进行筛选，避免同一族群的聚集，增加不同族群之间的了解和互动。根据新政策的规定，在建屋发展局所兴建的公共组屋当中，马来人在一个邻区中所允许的最大住屋比例为 22%，在一栋大楼内所允许的最高住屋比例为 25%，华人则分别为 84%、87%，印度人或其他族群分别为 10%、13%。③ 可见，这一比例基本上是按照新加坡各族群的人口比例来制定的。总的来说，新加坡制定了很多相关法律和措施来促进各族群和宗教之间的了解和融合，以此希望减少不同的文化、宗教、族群所带来的隔阂。

---

① 冯玉军：《新加坡宗教事务的法律治理》，《政法论丛》2013 年第 3 期。
② 梁爽：《新加坡政府的治理模式及其价值探析》，硕士学位论文，龙江大学，2012 年。
③ 叶韵翠：《新加坡组屋政策中的国族政治》，《地理研究》2009 年第 50 期。

再次，用多维度、多层面的法律对宗教事务进行管理。例如，用《煽动法》《不良出版物法》《电影法》《新加坡广播公司法》《新加坡广播电视节目法》和《新闻及出版法》等法律来规范和管理可能由宗教引起的不安定事件和族群冲突。而在具体操作层面上，是用行为的效果进行判定，即这些行动是否会带来负面的结果，从而造成社会的不稳定，以及不同宗教间的敌对情绪。

最后，发布各种宗教和谐的声明。这些被认为是关于宗教团体成员在新加坡世俗社会中应如何行事的"潜规则"手册，其中囊括了政府通常的言论，即在多种族和多宗教的社会中需要相互容忍和谅解。[①] 然而，这种非强制立法的方式，并没有产生相应的影响，但就团体和社区这一层面而言，这些可以成为法律管理的一种补充。

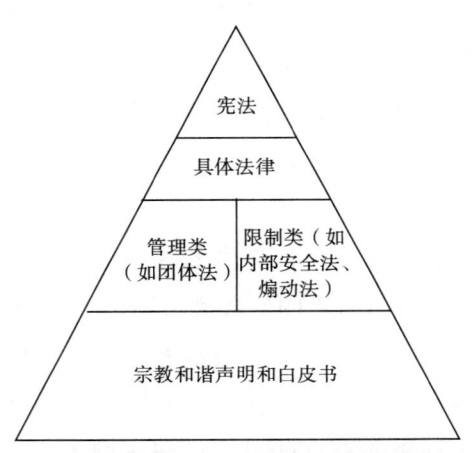

图 2　新加坡宗教治理模式逻辑示意图

概言之，新加坡宗教治理的法治模式如图 2 所示，在宪法之下，制定的各种具体法律都有相关条款来管理宗教传播和发展可能产生的行为。这些具体法律条款分为管理类，以期促进其和谐发展；以及限制类，以防止宗教冲突和违法行为的出现；最后是非立法的宗教和谐声明

---

① Ng Tze Lin, Tania, The Rule of Law in Managing God: Multi-Religiosity in Singapore, *Asian Journal of Public Affairs*, Vol. 3, No. 2.

和白皮书，作为一种社会共识和基本原则来辅助进行宗教管理，同时也成为全社会和宗教团体的行为准则。

（二）新加坡宗教治理模式的不足

新加坡自建国之初就由政府主导实行保障宗教和谐的政策，而宗教团体和社区的辅助管理相对滞后。由于宗教的特殊性，使得宗教传播和发展很难没有摩擦，这也是一再管理，但侮辱佛道教的案例仍然频发的原因之一。

"李光耀公共政策学院政策研究所（IPS）今天发表一份研究报告，探讨国人的宗教信仰在公共和私人领域所扮演的角色。调查于2018年8月底至12月初进行，1800名年满18岁的新加坡公民和永久居民参与。超过四分之三的受访者同意国家的法律不应建立在任何宗教之上，但若有新法令与宗教理念起冲突，多数的基督教徒（67.6%）、回教徒（66.3%）和天主教徒（61.6%）会遵循宗教原则，而不是法律。相比之下，只有少数的道教徒（19.5%）、佛教徒（22.1%）和印度教徒（30.4%）会选择跟随宗教教义。"[1] 这表明国家法律对宗教进行管理已经不被广泛认同。

如前所述，虽然新加坡政府近年来已尝试在宗教问题的管理上采取一种更加社群主义的方法，如朝非强制性方向发展的努力，发表宗教和谐白皮书和声明，但实际上各宗教的接触反而越来越少。新加坡各宗教团体每年都会参加"种族和谐日"嘉年华的活动和表演，《宗教和谐声明》已经成为其中一项节目，因此，有学者认为这些声明和白皮书的实际效用降到底了。[2]

另外，移民的增加也对新加坡原有的宗教信仰造成冲击，同时对于移民的态度也影响了族群之间的和谐。而政府在这一点上的政策还是采取族群融合，这势必会引起族群之间、原有居民和移民之间的不满，由于新加坡族群和宗教之间具有同一性这一特点，其宗教间的关系也会被

---

[1] 《调查：逾四分之三国人同意法律不应建立在宗教之上》，《联合早报》2019年3月27日。
[2] Ng Tze Lin, Tania, The Rule of Law in Managing God: Multi-Religiosity in Singapore, *Asian Journal of Public Affairs*, Vol. 3, No. 2.

这种情绪所影响。

小　结

总而言之，新加坡的宗教治理是以法治为主。新加坡建国之初，就确立自身为政教分离的世俗国家，而且着力建立一个各族群和宗教和谐相处的国家。其制定的宪法有两个核心目的，一是建立新加坡的国族认同；二是打造和谐的族群和宗教关系。因新加坡宗教信仰人数众多，宗教和族群具有同一性，首先，宪法保障宗教信仰自由，允许各宗教自由地发展自身；其次，出台保护少数族群和宗教的法律，保障少数群体在新加坡可以获得平等发展的机会。同时对于伊斯兰教也予以法律上的保障，以减少与占人口多数的华人之间的冲突。

在宪法确定了宗教信仰自由的基本原则后，又制定多种法律来规范这种"自由"。新加坡的主要管理模式是以行为来判定是否合法，而这一原则基本上是不能影响新加坡各宗教和族群之间的关系，不能影响国家安全的。在具体立法上，通过各种细致的法律规范了宗教和传播中各种可能产生的行为。对于言论等行为如果可能引起宗教和族群间冲突，还有相对管理对象宽泛的《内部安全法》来管理。

除了涉及宗教和族群管理的立法之外，还发表了宗教和谐的声明和白皮书，这些被认为是默示规则，成为新加坡信仰和谐的底色，也成为各宗教维护自身利益的保障。除此之外，新加坡的其他政策也本着族群和谐的思路设计，比较典型的是对组屋的设计和对于组屋族群的比例的规定上。

在治理层面上，从早期以国家管理为主的模式，逐渐转变为国家、社区、宗教联合治理的模式。现在，越来越多的团体在宗教问题上发声，并做出自己的判断。

然而，从近些年的情况来看，新加坡政府对于宗教治理的效力有减弱的趋势，其重要原因，一是随着移民和社会发展，各族群出现了新的问题，不再是建国初期，只要保障宗教和谐发展就可以的了。二是互联网宗教传播，使各宗教的发展遇到了新的契机，就像有些学者说的，宗教传播可能是个"零和游戏"。但是，随着国家力量的减弱，社区和宗教团体的治理效力也逐渐浮现出来。在宗教和谐的原则下，解决宗教和族群间的纠纷，成为一种相互补充、推动的联合治理模式。

宗教治理与国家整合

——以泰国伊斯兰教为中心的考察*

马文婧

在历史发展过程中,宗教作为一个变量,对东南亚各国的政治、经济、社会发展进程发挥着不同程度的影响。[①] 宗教对泰国政治整合具有十分明显的意义,它一方面能发挥积极效应,为泰国近代民族国家建构提供社会凝聚力与精神资源;另一方面容易造成消极影响,在特殊背景下成为分离主义者或国家主义者所利用的工具,如泰南问题的产生与发展。为进一步理解宗教与泰国国家整合的关系,本文试以泰国伊斯兰教为对象,从国家宗教治理视角探讨其对伊斯兰教的整合策略。

一 泰国伊斯兰教构成与发展

(一)泰国伊斯兰教的构成

泰国是多宗教国家,主体宗教以南传佛教为主,因此有"黄袍佛

---

* 本文为国家社科基金重大项目"'一带一路'实施中的宗教风险研究"(项目编号为ZD168)阶段性成果;原文发表于《世界宗教研究》2021年第5期。
① 郑筱筠:《均衡与博弈:经济全球化进程中东南亚国家的政治与宗教》,《中央社会主义学院学报》2018年第6期。

国"之称。从宗教构成角度而言，在佛教占绝对主体的前提下，还有伊斯兰教、基督教、印度教、锡克教、道教、民间信仰等。据统计，2015年，佛教徒占全国人口的 94.5%，穆斯林占 4.29%，基督徒占 1.17%，印度教徒占 0.03%。[1] 尽管泰国佛教徒超过人口的九成，泰国也在宪法上规定国王必须是佛教徒，但与邻国缅甸不同，泰国并未在宪法上给予佛教国教地位。

伊斯兰教是泰国第二大宗教，其在泰国的历史可追溯至 13 世纪素可泰时期（1238—1419）。有文献记录的穆斯林在泰国的活动，主要在阿瑜陀耶时期（1350—1767），这一时期由于暹罗的对外贸易，来自阿拉伯、波斯、印度的穆斯林商人先后来到大城并定居下来。同时，也有部分占族穆斯林在占婆王国瓦解后迁徙到大城府。19 世纪 70 年代至 90 年代，印度、孟加拉国和中国的穆斯林陆续迁徙到泰国北部。[2] 这些不同族裔的穆斯林移民形成了大小不一的聚居区，并因各自历史、语言、风俗等方面的差异而各具特点。与穆斯林移民相比，泰国"深南"（deep south）[3] 地区的马来人与国家的关系不是以移民方式融入，而是 20 世纪初通过被征服的方式成为泰国的一部分，这也改变了原有穆斯林的人口格局，使马来人成为泰国穆斯林主体。从分布来看，穆斯林在泰国绝大多数府均有分布，其中，华人穆斯林主要居住在北部清迈、清莱等府，泰族穆斯林、占族穆斯林及部分马来穆斯林等主要分布在中部及曼谷，南部以马来穆斯林为主，尤其在泰国南部边疆地带的北大年（Pattani）、也拉（Yala）、陶公（Narathiwat）等府。从教派格局来看，泰国穆斯林以逊尼派为主，其中，马来穆斯林主要为沙斐仪教法学派，华人穆斯林为哈乃斐教法学派；另有少部分什叶派穆斯林，主要是伊朗裔移民。马来穆斯林作为泰国穆斯林主体，内部又可分为讲马来语

---

[1] 泰国国家统计局 2015 年人口统计数据，http://web.nso.go.th/en/survey/popchan/data/2015-2016-Statistical%20tables%20PDF.pdf，2021 年 1 月 20 日。
[2] http://www.sabrizain.org/malaya/library/muslimsinthailand.pdf，2021 年 1 月 20 日。
[3] 因为文化、历史和族裔上的差异，泰国南部北大年、陶公、也拉、宋卡等府也被称为深南地区（deep south）。

与讲泰语的两类群体，沙敦、宋卡等府的马来人，以讲泰语为主，例如沙敦府有70%左右的马来人，但该府多数马来人讲泰语，只有10%—15%的马来穆斯林掌握部分马来语，①与"深南"几府马来语穆斯林相区别。泰国中部与泰人杂居的马来穆斯林已受到泰族文化的较大影响，多数人能流利地使用泰语，青少年进泰文学校读书。他们在保持伊斯兰教信仰和穆斯林风俗习惯的同时，很好地将泰国社会文化特征内化到族群文化内部。他们中的许多人与非马来血统的泰族或其他民族妇女结婚，而这样的跨族际通婚实则加速了他们的涵化。因此，他们生活的许多方面与其他泰国穆斯林类似，同时也在一些个别的方面保持着自己的独特性。②可以说，马来穆斯林也并非是一个高度同质化的群体，内部存在语言、地域的差异。总而言之，泰国穆斯林表现出以马来裔穆斯林为主体，以华人穆斯林、泰族穆斯林、印度裔穆斯林、缅甸穆斯林、占族穆斯林等为少数的多元并存格局。

（二）泰国伊斯兰教面临的困境

从国家整合视角来看，伊斯兰教在泰国面临的主要困境是泰南马来穆斯林的边缘化及分离主义运动。基于泰国民族国家建构的路径，不同族裔穆斯林与国家的关系被简单归纳为融合与分离的二元范式。融合的穆斯林以中部、北部人口较少的穆斯林社群为主，他们在国王的宗教庇护下获得了发展，并未在教育与就业方面受到严重歧视，且不少人进入政府机构中任职。③以华人穆斯林为例，他们是生活在泰国北部清迈、清莱等府的云南籍穆斯林及其后裔，也被称为"和人"（Haw/Ho Muslim）。④该群体迁徙、移居泰北的历史已有百年之久，并在清迈、

---

① 阳举伟、何平：《论泰国政治整合马来穆斯林族群的政策——以"后銮披汶时代"为中心的考察》，《世界民族》2018年第4期。
② 马巍：《泰国伊斯兰教的多元适应之路》，《中国穆斯林》2020年第1期。
③ Ishii, Yoneo, Thai Muslims and the Royal Patronage of Religion, *Law & Society Review*, Vol.28, No.3 1994, pp.453—460.
④ "秦和人"是泰国北部的泰族人对生活在今日泰国北部清迈府、清莱府等地城乡的云南籍回、汉两族华侨、华人的一个总称谓，但由于历史上云南回族穆斯林定居泰北地区的时间最早、人数较多，因此，近代以来，该术语在西方文献中主要用以指称旅居泰北地区的云南籍回族穆斯林。引自姚继德《泰国北部的云南穆斯林——秦和人》，《思想战线》2002年第3期。

清莱等府形成了稳定的社区。

泰南边境几府讲马来语的穆斯林则处于"融合穆斯林"的对立面。自 1902 年泰国宣布对苏丹国的主权后，马来人成为泰国的国中"他者"。由于南部马来人在长期历史发展中将伊斯兰文化内化为自身文化体系的重要内核，并从当地伊斯兰教实践的背景下看待自己的生活经验，故而他们生活中的仪式、神话/叙事、经验/情感、伦理/法律、社会、物质和政治层面都是通过这种特定宗教身份的视角来解释和感知的。① 马来人的生活习俗、宗教文化、教育法律、社会结构等与泰国统治精英试图建立的"泰族国家"相背离，对马来人的民族整合成为泰国民族国家构建的题中之义。泰国政府对南部马来人进行了长达近一个世纪的民族整合，其结果却与初衷背道而驰，不仅未完成民族国家的构建，还形成了积重难返的"泰南问题"。尤其在 20 世纪 50 年代，随着南部马来人对政府不满情绪的高涨，以"独立"为诉求的马来人分离主义组织在南部边境几府活跃起来，以此对抗中央政权对马来人的同化政策与强硬态度，泰南问题也因此变得更为复杂。20 世纪 80 年代，伴随着泰国民主化发展，在多方势力共治的政治局面下，泰国政府对马来穆斯林转而实行较为宽容的政策，并注重南部的经济发展与民生，这种温和与宽容的政策在一定程度上抑制了泰南分离主义势力，民族关系得到缓和，泰南局势进入相对平静期。2001 年泰国总理他信上台后，打破了原有治南机制，试图在南部建立自己的权威，泰南问题再次恶化。2004 年，北大年、也拉、陶公几府频发暴袭事件，冲突日趋激烈。他信下台后，素拉育·朱拉暖、阿披实·威差奇瓦、英拉·西那瓦及当前的巴育政府遵循国王提出的"理解、投身和发展"和平行为原则调整治南政策②，南部局势有所缓和，但依然处于"进退两难"的困局中，看不到解决的曙光。深南观察数据显示，自 2004 年泰南局势再度恶化以来，截至 2021 年 3 月，发生冲突 20971 起，死亡 7233 人，13441 人

---

① Yusuf, Imtiyaz, *Faces of Islam in Southern Thailand*, East-West Center, 2007.
② 阳举伟、何平:《论泰国政治整合马来穆斯林族群的政策 ——以"后銮披汶时代"为中心的考察》,《世界民族》2018 年第 4 期。

受伤。① 泰南问题发展至今，已成为兼具历史、政治、经济、文化、宗教、国际关系等多重因素交织的难题，深刻影响着当地社会的发展与稳定，也成为伊斯兰教在泰国发展面临的主要困境。

二 泰国对伊斯兰教事务的治理及其政治整合

宗教治理是国家治理体系的组成部分，也体现着政府对宗教事务管理的导向、目的与路径。东南亚各国中有8个国家设立了全国性宗教事务部门，其中该部门在政府中处于第一层级的为越南、缅甸、老挝、柬埔寨、印度尼西亚、文莱，处于第二层级的有泰国和马来西亚，新加坡、菲律宾和东帝汶没有专门的综合性宗教事务机构。② 泰国对宗教事务管理体现出"佛教优先"的原则，佛教管理隶属于总理办公室的国家佛教局，伊斯兰教、基督教、印度教等由文化部下辖的宗教事务局负责。其中，泰国对伊斯兰教的管理被认为是借鉴了政府对佛教的管理形式，③ 不仅形成了与僧伽管理相似的科层制管理体系，也设立了一位宗教领袖代表全泰穆斯林。

（一）自上而下的管理体系的建立

从1910年拉玛六世在位到1944年披汶·颂堪辞任总理，为实现国族建构的目标，泰族统治精英先后在王室政府和立宪政府的主导下，对泰南的马来穆斯林实施了日趋全面的同化政策，涉及国族身份、政治安排、语言教育、社会文化等多个领域。④ 同化政策激起了马来穆斯林的强烈反感，并深刻影响了当地马来人的社会结构与权力关系。为缓和曼谷与南部马来人之间的关系，安抚马来穆斯林宗教精英的不满情绪，

---

① 深南观察数据：https://deepsouthwatch.org/index.php/en/node/11981，2021年4月5日。
② 黎敏菁：《东南亚国家宗教事务治理研究——以政教关系为视角》，《广东省社会主义学院学报》2016年第2期。
③ Ishii, Yoneo, Thai Muslims and the Royal Patronage of Religion. *Law & Society Review*, Vol.28, No.3, 1994, pp.453-460.
④ 曹航：《族群政策的历史起源：20世纪初泰国和菲律宾对南部穆斯林的政策比较》，《政治科学论坛》2020年第86期。

1945年5月3日，比里·帕侬荣以泰国摄政身份宣布关于伊斯兰教庇护的皇家法令（Royal Decree on Islamic Patronage,B.E.2488）。该法令表达将国王的宗教庇护扩大至南部穆斯林地区，并指出国王是宗教的伟大守护者，应给予南部地区穆斯林臣民援助与保护。同时，还规定担任朱拉拉差盟特里（Chularajmontri）的人应在促进伊斯兰教健康发展中扮演泰国国王代理人的崇高角色，"朱拉拉差盟特里"是国王的私人顾问，履行皇家对伊斯兰教的管理职责。但该规定随着比里政权1947年被推翻而遭到修正，1948年发布的第2号伊斯兰教庇护皇家法令废除了关于朱拉拉差盟特里皇家代理人的规定，将其降为宗教事务局的顾问。[①] 同时为整合全泰伊斯兰教，不断完善政府的宗教治理制度。1949年政府根据第2号皇家法令（1948），在教育部宗教事务厅下设立一个全国伊斯兰事务委员会，主管泰国伊斯兰教工作，委员会委员必须是穆斯林，他们以政府顾问的身份参与内政部和教育部处理有关泰国伊斯兰教的各类事务，[②] 全国委员会负责人由朱拉拉差盟特里担任。同时在穆斯林较多的府成立府伊斯兰委员会，其下又设立清真寺委员会。该法令还要求每一个穆斯林必须在一个清真寺登记。通过建立自上而下的管理体系，泰国政府将伊斯兰教的管理同佛教一样纳入中央权威之下，并由专门化、制度化机构运作。

20世纪40年代相继颁布的与伊斯兰教相关的法令一直沿用至20世纪90年代。随着泰国民主化发展，泰国议会中出现了希望按照民主路线重组伊斯兰教教长办公室的运动。[③]1997年泰国政府颁布《伊斯兰组织管理法》（Administration of Islamic Organisations Act, B.E. 2540），该法案交由当时内政部与文化部执行。法案对原有伊斯兰教事务管理体系进行改组，改组后的结构如下图：

---

① Ishii, Yoneo, Thai Muslims and the Royal Patronage of Religion, *Law & Society Review*, Vol.28, No.3, 1994, pp.453-460.
② 傅增有：《泰国宗教与社会》，载姜永仁、傅增有《东南亚宗教与社会》，国际文化出版公司2012年版，第208页。
③ Chularajmontri (Shaikh al-Islam) and Islamic Administrative Committees in Thailand,http://www.oxfordislamicstudies.com/print/opr/t343/e0020，2021年1月13日。

```
        泰国中央伊斯兰理事会
     Central Islamic Council of
              Thailand
                 |
            府伊斯兰委员会
      Provinciallslamic Committees
                 |
             清真寺委员会
           Mosque Committees
```

图 1　伊斯兰教事务管理体系[①]

泰国中央伊斯兰理事会（CICOT）取代了之前的全国伊斯兰事务委员会，泰国中央伊斯兰理事会主席继续由朱拉拉差盟特里担任。该职位通过选举产生，经总理提名给国王，再由国王任命。法案规定在有穆斯林和至少三座清真寺的府，设立一个府伊斯兰委员会，府伊斯兰委员会由不少于 9 名但不多于 13 名成员组成，目前共有 39 个府伊斯兰委员会。在府伊斯兰委员会之下，还有清真寺委员会，其成员由在清真寺登记在册的穆斯林中选出。[②] 对于那些没有设府伊斯兰委员会的府，由中央伊斯兰理事会委托邻近的府伊斯兰委员会代为履行职责。根据法案规定，中央伊斯兰理事会的权力与职责可分为四类：其一，向政府部门提供建议或咨询；其二，监督、管理下辖机构；其三，促进与支持宗教活动；其四，履行机构承担的其他行政职能。府伊斯兰委员会主要向所属府地方政府提供咨询并提出与伊斯兰教有关的意见，受中央伊斯兰理事会委托，监督该府及其他府清真寺委员会的工作表现。[③]

虽然建立全国伊斯兰事务管理体系的初衷之一是将其作为中央与南部马来人之间制度化的连接，通过与内政部、文化部共同管理，增进马来穆斯林对中央及国家的认同。但在全国穆斯林主要聚居的府设立伊斯

[①] 本结构图参考泰国 1997 年《伊斯兰组织管理法》制作，Islamic Administrative Act 2540 B.E. (1997). In the Royal Gazette. volume 114, section 65kor, Nov. 9th, 1997. http://report.dopa.go.th/laws/document/2/247.pdf, 2021 年 1 月 4 日。

[②] 泰国中央伊斯兰理事会网站，INFOMATION OF CICOT | CICOT.OR.TH，2021 年 1 月 4 日。

[③] Islamic Administrative Act 2540 B.E. (1997). In the Royal Gazette. volume 114, section 65kor, Nov. 9th, 1997. http://report.dopa.go.th/laws/document/2/247.pdf, 2021 年 1 月 4 日。

兰委员会，实际上也将不同族群的穆斯林纳入中央宗教事务统一管理之下。对于中部或北部的穆斯林而言，这一组织体系也往往成为当地穆斯林参与政治的途径之一。①另外，泰国伊斯兰教事务管理制度的建立，也试图将穆斯林整合到以"民族、宗教、国王"为核心的政治理念中，而官方的宗教信仰自由政策及国王是所有宗教守护者的角色，在某种程度上为少数群体国家认同的表达提供了一些空间。

（二）宗教领袖的设置——朱拉拉差盟特里（Chularajmontri）

泰国政府在对伊斯兰教的治理中，对宗教领袖朱拉拉差盟特里寄予厚望。该职位并非完全是对佛教僧王的模仿，而是一定程度上延续了泰国历史上对穆斯林管理的传统。在阿瑜陀耶王朝颂昙王时期，为管理穆斯林移民的事务，任命波斯穆斯林艾哈迈德·库米（Shaikh Ahmad Qomi）担任首任朱拉拉差盟特里。后来这一职位主要由库米的后裔什叶派穆斯林担任，具有了世袭的特征。②从管辖范围看，直至1934年，朱拉拉差盟特里对泰国穆斯林的管辖权仍未延伸至南部马来王国。③"二战"结束后，因南部马来穆斯林问题激化，立宪政府在朱拉拉差盟特里职位空缺已久的情况下，由比里·帕侬荣提名，国王任命了君主立宪革命以来首任朱拉拉差盟特里（1945—1947）查姆·普隆雍（Cham Phromyong），以此应对南方马来人问题。同时，什叶派穆斯林担任该职位的传统被终结，之后朱拉拉差盟特里均出自逊尼派。根据1945年伊斯兰教庇护的皇家法令，查姆·普隆雍作为朱拉拉差盟特里不仅是政府官员，更是国王在伊斯兰教事务上的顾问。查姆在担任朱拉拉差盟特里期间，开始关注南部马来穆斯林的宗教事务，1946年，他支持在南

---

① 例如清迈华人穆斯林，由于对当地社会发展有过积极贡献，因此该群体历史上郑崇林、忽然茂等侨领，获得了王室赐予的封号，成为王室和政府部门处理泰北伊斯兰教事务的可靠对象，华人穆斯林也担任了清迈伊斯兰协会的几届主席，这成为他们参与政治的重要途径。参见宣菲菲《清迈王和街穆斯林聚居区华人穆斯林的族群认同研究》，硕士学位论文，广西民族大学，2016年。
② Plublung Kongchana, Chularajmontri: A Religious Institution Amidst Thai Social Changes, Ph.D. Dissertation, University of Assumption, 2010, p.85.
③ Chularajmontri (Shaikh al-Islam) and Islamic Administrative Committees in Thailand, http://www.oxfordislamicstudies.com/print/opr/t343/e0020, 2021年1月13日。

部四府（陶公府、北大年府、也拉府和沙敦府）实施伊斯兰教法，还任命了伊斯兰教法官，对家庭和继承事务进行裁决，并在政府支持下建立了伊斯兰学院。[1]随着比里政权被推翻，查姆也因此流亡海外。

段·素旺那萨特（Tuan Suwanasatsana）是查姆的继任者，他是根据1945年伊斯兰教皇家法令，从当时24个府伊斯兰事务委员会（PCIA）中选出，这也是朱拉拉差盟特里首次通过世俗方式进行选举。段·素旺那萨特按照普密蓬国王授意翻译泰文版《古兰经》，推动了泰国伊斯兰教的发展。自1981年开始，由巴瑟·马哈茂德（Prasert Muhammad）担任第三任朱拉拉差盟特里，他通过与南部边境省份管理处（DASBP）合作，在解决南部地区的动乱中发挥了作用。[2]1997年《伊斯兰组织管理法》颁布，萨瓦德·苏玛拉雅萨克（Sawad Sumalayasak）是根据新伊斯兰法案选举出的首任朱拉拉差盟特里。在绝对君主制时期，朱拉拉差盟特里的职位由国王确定；在行政体制改革之初，政府会向国王提名朱拉拉差盟特里的人选，由皇家任命。随着1997年法案颁布，政府有了更大的选择权。朱拉拉差盟特里同时兼任两个职务，既是伊斯兰教事务的领导者，也是泰国中央伊斯兰理事会主席，其权利和职责如下：（1）向国家机构提供咨询并提出与伊斯兰教有关的意见；（2）任命一组合格的人员就伊斯兰教相关规定提出建议；（3）根据法案规定发布通知、公布望月的结果以确定宗教节日；（4）根据伊斯兰教的规定发布有关的通知和决定。[3]当前朱拉拉差盟特里由2010年上任的阿齐兹（Aziz Pitakkumpol）担任，他是首位出身泰南穆斯林社区的朱拉拉差盟特里，来自宋卡府。这一选择反映了政府试图弥合泰国穆斯林内部之间的差异，重视其多样性，具有积极意义。

---

[1] Plublung Kongchana, Chularajmontri: A Religious Institution Amidst Thai Social Changes, Ph.D. Dissertation, University of Assumption, 2010, pp.92-93.

[2] Plublung Kongchana, Chularajmontri: A Religious Institution Amidst Thai Social Changes, Ph.D. Dissertation, University of Assumption, 2010, pp.93-95.

[3] Islamic Administrative Act 2540 B.E. (1997). In the Royal Gazette. Volume 114, Section 65kor, Nov. 9th, 1997, http://report.dopa.go.th/laws/document/2/247.pdf, 2021年1月4日。

（三）王权对伊斯兰教发展的影响

泰国宪法规定君主应是佛教徒以及各宗教的维护者。宪法未正式承认佛教的国教地位，且保障国内各宗教信仰自由，故而泰国国王具有所有宗教的最高守护者的宪制角色。① 相较于政府对伊斯兰教治理中体现出的政策摇摆及民族中心主义立场，国王代表的王权则始终表现出包容性与宽容性。首先，伊斯兰教被纳入国王宗教庇护的范畴，通过王权推动伊斯兰教在泰国的健康发展。其次，国王及王室成员身体力行地表现出对伊斯兰教的支持。例如，在拉玛九世王时期，改善了穆斯林教育条件和经济状况，先后颁布多部有关伊斯兰教的法律，国王定期走访泰国中部、南部等地区，与当地穆斯林交流，出席穆斯林的宗教节庆。② 通过与穆斯林的互动，国王在穆斯林群众中赢得了较好的声望。正是在此背景下，穆斯林中不乏保皇派的身影。例如，在2020年11月11日，泰国中央伊斯兰理事会在曼谷组织政治示威活动，组织方表示，泰国穆斯林的示威旨在强调"民族、宗教、国王"三大支柱对泰国不同宗教与民族的重要性，国王一直是所有宗教信仰的支持者，给予所有宗教人权和自由，平等对待所有信仰者，并列举已故普密蓬国王对南部地区的访问和对南部穆斯林的援助。③

从权力博弈角度看，泰南边疆几府正是多重力量博弈的地区。国家通过国王所代表的一种"主权"力量来处理民族宗教差异的策略，相较于政府而言是比较成功的。其基础是王权在普密蓬国王时期重新建立起强大的社会影响力。这种以王权认同凝聚宗教认同、民族认同的体系，体现了泰国的立国精神与核心价值，具有重要的整合功能，能够凝聚广

---

① 2017年版泰国宪法，https://www.constituteproject.org/constitution/Thailand_2017.pdf?lang=en，2021年2月28日。
② 普密蓬国王对泰国伊斯兰教的立场与伊斯兰文化的推动，具体可参考孟庆顺、谢金凤《普密蓬国王与泰国伊斯兰教》，《世界宗教文化》2015年第2期。
③ Thai Muslims vow to Protect the Nation, the Religion and the Monarchy, thaipbsworld.com/thai-muslims-vow-to-protect-the-nation-the-religion-and-the-monarchy/，2021年2月2日。

泛的社会认同，有助于维持现存政治体系。[1]

三 伊斯兰教治理的局限性及其整合限度

（一）朱拉拉差盟特里面临多重困境

1. 朱拉拉差盟特里的"世俗化"削弱了其作为宗教领袖的"神圣性"

朱拉拉差盟特里扮演着泰国穆斯林最高领袖的角色。随着泰国社会的发展，朱拉拉差盟特里逐渐承担了更多世俗化的职能，因而面临来自内部的异议，对于宗教领袖而言，其权威的神圣性若让渡于政治身份，就有陷入争议的风险。然而，政府则希望通过朱拉拉差盟特里整合全泰穆斯林，二者之间呈现出一定的矛盾与张力。

2. 朱拉拉差盟特里对南部穆斯林的整合存在局限

在对南部穆斯林的整合工作中，朱拉拉差盟特里面临的最困难任务是协助国家解决南部马来人分离运动产生的民族与宗教冲突，使深南地区的马来穆斯林摆脱对伊斯兰教"狭隘"的地方性、民族化的解释，并引导他们接受与泰国多民族多宗教背景相适应的综合解释。[2] 然而从本土化视角来看，不同族裔穆斯林对于宗教与其在国家的位置认知存在差异。因此，很难通过一个超越本土差异（或者只代表某一族群）的宗教领袖整合全泰穆斯林；朱拉拉差盟特里整合南部穆斯林的局限性也恰恰在于国家与南部马来人对历史、宗教、语言的理解存在不同的立场。深南地区的穆斯林不愿意承认中央委派的最高领袖，不仅是因为最高领袖几乎都是由来自曼谷及周边省份的穆斯林担任，更为重要的是，他在处理相关事件的立场上并不能够代表泰南穆斯林的利益。例如，1975年12月，当北大年发生反政府示威时，时任朱拉拉差盟特里就不受马来人欢迎，因为当地领导人认为他是中央政府的代理人，受到曼谷方面

---

[1] 钟冬生、张恂：《泰国宪政特殊性：泰王的巨大影响力——基于传统政治文化视角》，《学术探索》2016年第11期。

[2] I Yusuf, The Role of the Chularajmontri (Shaykh al-Islam) in Resolving Ethno-religious Conflict in Southern Thailand, *American Journal of Islamic Social Sciences*, Vol. 27, No.1, 2010, pp.31-53.

的影响。2004年泰南问题再次由于几起暴力冲突事件摆在公众视野中,朱拉拉差盟特里由于在事件中站在了政府的一面而受到了南部穆斯林的指责。① 因此,地方政府在相关事务的处理中仍要依靠地方的宗教精英或领袖。在伊斯兰法的问题上,马来穆斯林更愿意求助于地方上的宗教法律权威。在府伊斯兰事务委员会中,大多数委员都发挥不了作用。许多马来穆斯林认为委员会成员受到泰人政府的左右,因而不愿意听取他们的宗教建议。②

(二)宗教治理受多重力量博弈的制约

从制度上看,泰国政府对南部地区的宗教治理具有局限性。在冲突似乎有"常态化"趋势的深南地区,存在多重权力博弈。阿努颂·乌诺(Anusorn Unno)的观点对理解政府治理局限具有启发意义,他认为深南地区的动乱是不同力量交会的结果,它们都试图将自己的意志强加于该地区的马来穆斯林居民。泰国国家和君主要求该地区的居民分别作为其公民和臣民效忠,而居民同时又考虑到伊斯兰教与马来人的民族身份,其要求往往与泰国民族国家的构建要求不一致。此外,当地分离主义分子以宗教和民族为由,要求获得居民的支持,而地方强人与犯罪团伙则通过暴力加强他们对当地的影响。所有这些因素只会使动荡加剧。③ 在多重力量博弈的影响下,政府治南政策又常因政权斗争及政权更迭而产生摇摆,马来穆斯林对政府的信任有限,进一步阻碍了政府依靠宗教治理来整合国家的目的。

四 结语

泰裔美国历史学家通猜·威尼差恭(Thongchai Winichakul)在其

---

① I Yusuf, The Role of the Chularajmontri (Shaykh al-Islam) in Resolving Ethno-religious Conflict in Southern Thailand, *American Journal of Islamic Social Sciences*, Vol. 27, No. 1, 2010, pp.31-53.
② 龚浩群:《佛与他者:当代泰国宗教与社会研究》,社会科学文献出版社2019年版,第45页。
③ Anusorn Unno, "We Love 'Mr. King'": Exceptional Sovereignty, Submissive Subjectivity, and Mediated Agency in Islamic Southern Thailand, Ph.D. Dissertation, University of Washington, 2011.

《图绘暹罗》一书中指出,在今天的泰国,存在一种普遍的假设,即人们认为存在一个共同的泰国特性或者认同。[1] 作为泰国第二大宗教,伊斯兰教内部充满了异质性,由不同族裔的穆斯林构成,虽然人口比例小,但在泰国民族国家构建进程中,颇具特殊位置,其正处于通猜所言的泰国性的边缘地带。在泰国伊斯兰教发展中,相较于其他"融合穆斯林"而言,泰南边疆几府讲马来语的穆斯林则是泰国民族整合的重要对象。为了缓和颂堪政府激进的民族同化政策引发的南部马来穆斯林与政府之间的紧张关系与不满情绪,20世纪40年代中期,泰国政府建立了一套科层制的伊斯兰教事务管理体系,并将其作为中央与南部马来人之间的制度化连接,同时借用历史资源,设立朱拉拉差盟特里作为全泰穆斯林的最高领袖,用以整合穆斯林内部的差异与分歧。随着普密蓬国王时期重新建立起的国王权威,和国王具有各宗教庇护的宪制角色,使之成为促进伊斯兰发展和治理的重要力量。然而,泰国穆斯林多元图景,与宗教治理中的追求"同质化"的目标,无法有效地整合全泰穆斯林。另外,王权由于其宪法赋予的角色,在面对宗教上的"他者"时具有包容与宽容的立场,相较于政府对伊斯兰教治理政策的摇摆,国王的包容与宽容,恰恰在某种程度上成为增进穆斯林臣民认同的重要力量。

---

[1] [美]通猜·威尼差恭:《图绘暹罗》,袁剑译,译林出版社2016年版,第4页。

浅析马来西亚政府的宗教管理与宗教政策

谢昀展

马来西亚是一个以马来人为主体的国家,根据马来西亚统计部最新的数据,至 2019 年 11 月,马来西亚总人口为 3258.14 万人,其中马来人(Bumiputera)为 2036.71 万人,占比约 63%;华人为 669.57 万人,占比约 21%;印度人为 201.45 万人,占比约 6%[①]。除了以上主要的三大族群,另外尚有少数非马来人族裔的原住民,例如奥朗阿斯里人(Orang Asli)、塞诺人(Senoi)等。各族的宗教信仰特色分明,尤以主体的马来人族群为最:所有马来人出生即为穆斯林,信仰伊斯兰教;华人则信仰多元,包括佛教、道教、基督教或是民间宗教;印度人主要信仰印度教或基督教,但亦有印度人参与华人宗教活动,前往华人宗教场所者;至于少数的原住民除了信仰伊斯兰教之外,也有信仰基督教者。多元种族、多元宗教成为马来西亚亮丽的风景线。但是,和印度尼西亚和文莱两个邻国一样,马来西亚是一个以穆斯林为主体的国度,而和这两个国家不同的是,马来西亚明定伊斯兰教是联邦宗教,马来人 100%为穆斯林,并且享有联邦宪法给予的其他族群所没有的优先地位。如

---

① Population by Ethnic Group, Malaysia. 资料来源:Department of Statistics, Malaysia, https://www.dosm.gov.my/portal-main/landingv2.

此，在这样显得相对弱势的地位之下，信仰其他宗教的族群如何自处？如何发展？马来西亚政府又是以什么政策来管理国内的宗教？

一 马来西亚宗教发展变迁

马来半岛原先并没有一个统一的王国，而是有数个不同部落与小国。部落时期的文字资料缺乏，只有考古资料可供参考，当时的宗教是以原始宗教为主。约从公元1世纪初开始，印度人就来到资源丰隆的东南亚，在中南半岛和马来半岛进行贸易，也带来了印度文化，马来地区也开始与印度有贸易往来的记录，慢慢成为印度商贾密集到访之处。大约在公元4世纪时，佛教开始由印度辗转来到马来地区，在吉打州以及威省所发现的考古遗迹，有着佛教的碑铭：威省托昆角一块岩石上的碑铭，使用的文字是4世纪时使用拔罗婆文字的梵语；而在吉打发现的碑铭是位于武吉梅林附近，同样是4或5世纪时的拔罗婆文字。[1] 当时马来地区有顿逊国、狼牙修、单马令和赤土国等王国，都是东南亚最早的印度化国家的一部分。[2] 后来室利佛逝是第一个统一的大国，版图囊括马来半岛、苏门答腊等地。室利佛逝在我国史书中又称三佛齐国，为一佛教国度，唐朝僧人义净曾经在取经途中，往返都在室利佛逝停留过很长的时间，并且写下当地的风土民情，完成了《南海寄归内法传》，是唐代时期东南亚地区的珍贵史料。

在受到佛教以及印度文化所支配的室利佛逝，伊斯兰教及其文化也来到了这里，但一直到后来伊斯兰政权建立之后才开始得以广泛地推行，在那之前，主要是经由贸易传播。古兰经教导每位穆斯林都有义务将神的旨意传播给非穆斯林，因此中东以及印度的穆斯林商贾就扮演了非常重要的角色，他们乘船来到东南亚进行农特产的贸易，也带来了伊

---

[1] [英]理查德·温斯泰德：《马来亚史》，姚梓良（姚楠）译，商务印书馆1974年版，第39—40页。

[2] [法]G.赛代斯：《东南亚的印度化国家》，蔡华、杨保筠译，商务印书馆2017年版，第72—75页。

斯兰文化。这些商人来到马来地区后,入境随俗,按照当地的语言和传统生活,与当地女性通婚,并且还有蓄奴,甚至与统治阶级保持了良好的关系。[①] 如此以定居在当地为基础,落地生根,将伊斯兰文化慢慢融入当地,能够使统治阶级和居民都更好地接纳外来文化,这与中东广大的游牧民族穆斯林流动性大的特点非常不同。由历史可以发现,伊斯兰教在东南亚生根以及发展有三大特色:一是商人扮演传教的重要角色,二是定居当地,三是与当地统治阶级发展良好关系。

大约14世纪末时,室利佛逝帝国国力衰弱,后来被爪哇的新帝国满者伯夷击败。当时有一位淋邦王子娶了爪哇国王的侄女(一说为女儿)为妻,后来因为叛变,遭到驱逐,以新名"拜里迷苏剌"(Paramesvara)辗转来到马六甲,一番经营之后成为马六甲头领,后来被明成祖封为满剌加国王。满剌加是明王朝的藩属国,史书中不乏记载。三保太监郑和下西洋的行程中数度到访满剌加。根据郑和船队随行通译马欢之描述,满剌加从国王到平民都信奉伊斯兰教,国王的服装"以细白番布缠头,身穿细花青布长衣,其样如袍",男性居民"方帕包头",女性"撮髻脑后"。[②] 可见,满剌加开国之初已经伊斯兰化,拜里迷苏剌后来娶了苏门答腊波散国国王之女被认为是伊斯兰化的重要原因。满剌加建国初期是人口稀少、生产薄弱的小国,"田瘠少收,民皆淘沙捕鱼为业",[③] 主要依靠渔业以及贸易得来物资,其中粮食主要依靠苏门答腊。随着佩迪尔和波散国大米输入的就是伊斯兰教。波散国王是一位穆斯林,因此拜里迷苏剌在和波散国公主结婚后,由于妻子和岳父的原因,也信奉了伊斯兰教,他在后来也敦促儿子奉行伊斯兰的信仰。在马来半岛北部的几个国家,包括吉打、彭亨、吉兰丹等,由于臣服于新崛起的帝国满者伯夷,也开始了伊斯兰化的进程,考古的遗迹和爪哇的风格近似,都有着

---

① 林长宽:《马来世界伊斯兰探源:爪哇地区的伊斯兰化》,《马来西亚与印尼的宗教与认同:伊斯兰、佛教与华人信仰》,"中央研究院"人社中心亚太区域研究专题中心,2010年6月,第5—6页。
② (明)马欢:《瀛涯胜览》,见《满剌加国》条,明亦政堂刻本。
③ (清)张廷玉等,中华书局编辑部点校:《明史》卷三百二十五,列传第二百十三,外国六,中华书局1974年4月第1版,第8419页。

伊斯兰文化的影响。

16世纪末,由于航海大发现,西方殖民者抵达东南亚,开始了对马来和印度尼西亚的殖民。葡萄牙人击败了满剌加国,占领马六甲,之后荷兰人又击败了葡萄牙人。西方殖民者也带来了天主教的传教士。到了大约17世纪中叶,因为明王朝国力衰弱,饥荒四起,开始有大量的华人来到南洋谋生。后来清兵入关,明亡后,许多以明朝遗民自居的华人选择来到南洋。华人去国怀乡,也带来原有的信仰,作为在异乡的精神寄托,慢慢形成以闽粤以及海南地区民间信仰为主的华人信仰体系,包括关帝信仰、三山国王、文昌帝君、土地信仰(福德正神、大伯公)、海神信仰(妈祖、水尾圣娘),等等。18世纪末,清政府国力衰退,与列强签订不平等条约后无法再用海禁政策约束沿海居民出洋,许多闽粤和海南地区的居民再次选择出海到南洋开拓新天地,再一次带来华人移民马来地区的高潮,华人的宗教信仰开放多样,为马来地区更添多元色彩。

二 国家的政体

由于马来西亚多元的族群以及宗教信仰背景,使得它虽然是个以伊斯兰教为联邦宗教的国度,却没有像中东地区的伊斯兰国家一样实行政教合一的制度。中国台湾学者蔡源林将世界上的伊斯兰国家就政体性质做了四种分类:传统世袭制、现代独裁制、君主立宪制以及民主共和制。[1]虽然蔡氏将世袭制归于传统,但在伊斯兰政权最初的四大哈里发时代实行的其实是禅让制度,权力受到伊斯兰律法的规范,各部落的代表得以共同商议决策,不以哈里发一人专断,直到公元661年的倭马亚王朝,才开始了世袭制度。东南亚的伊斯兰政权也曾是世袭制度。自17世纪开始,葡萄牙、荷兰和英帝国先后来到马来和印度尼西亚这两

---

[1] 蔡源林:《穆斯林国家的政体比较分析》,《当代评论》,吉隆坡:林连玉基金,2014年9月,第2—9页。

个伊斯兰化的地区，满剌加国和满者伯夷被灭，只剩原有各地区的苏丹还得到保留，但权力已全落入殖民政府之手。经过了殖民时代以及两次世界大战，现在还维持传统世袭制度的穆斯林政权主要是阿拉伯半岛各国。现代独裁制的伊斯兰政体，则多数是军人政府，茉莉花革命前的北非阿拉伯国家多属这一类。这类国家一旦政局不稳，就容易发生政变，例如利比亚在卡扎菲被推翻之后，成立的文人中央政府未能建立一支有能力执行政府命令的军队，而逐渐失去对国家的控制，利比亚至今仍处于军阀和武装组织割据的局面。又如埃及在2011年发生革命后，翌年上任的文人总统尝试将埃及转型为文人政府失败，仅一年多时间就遭到军方罢黜和软禁。君主立宪制的政体则保留了原有世袭的苏丹，他们也享有一定的教权与优待，但其权力受到宪法的限制，政治的实权也掌握在民主选举产生的首长手中，对民选的议会负责。民主共和制政体没有世袭的苏丹，所有政治权力都由定期选举的国家元首掌握。马来西亚的政治实权由民选的首相掌握，每州又各有世袭的苏丹，国家最高领导人由这些苏丹轮流担任。和英国、日本等君主立宪国不同的是，马来西亚苏丹尚保有宗教和礼俗的实权，以及某些人事任免的最终裁决权。另外，马来西亚建国至今没有发生过军人干政，相较于世界上其他的伊斯兰国家，马来西亚可算是独树一帜。

（一）关于宗教的法律与管理

如同所有宪政国家，联邦宪法在马来西亚有着最高的地位。马来西亚联邦宪法在第一章就明确了伊斯兰教是联邦宗教，同时保障其他宗教以和平与和谐的方式实践的权利。伊斯兰教既是联邦宗教，也享有其他宗教所没有的特权。在联邦宪法之下，每个州各有其宪法，每个州属的统治者依照该州宪法所制定及承认的方式成为该州的伊斯兰教领袖，其所应享有的一切权利、特别待遇和权力受到该州宪法保障不受侵害。这些统治者们也就是通称的苏丹。苏丹们有所谓的统治者会议，经过统治者会议同意后，对涵盖全国范围的行为礼仪，每位苏丹须以其伊斯兰教领袖权威，授权让最高元首成为他们的代表。由这里可以知道，与民选产生的首相不同，最高元首是由苏丹之中表决产生的，掌管全国的礼仪相关事件。第一章也规定，最高元首同时也是马六甲、槟城、砂拉越和沙巴等州的伊斯兰教领袖，以及三个联邦直辖区（包括吉隆坡、布城和纳闽）的伊斯兰教领袖。国会可以通过立法，就伊斯兰教的事务做出管理规定，或是成立理事会，在伊斯兰教事务上对最高元首提出建议。另外，宪法也明确了马来人出生即为穆斯林，信仰伊斯兰教，以马来语为日常惯用语，按照马来人的生活方式生活。因此，如果有马来人不再以伊斯兰教作为其信仰，那么也就不是一位穆斯林，如此他也就不被视为马来人了。

联邦宪法承认伊斯兰教法。伊斯兰教法在多项条款中被提及，马来人在继承、预立遗嘱、订婚、结婚、离婚、嫁妆与赡养、收养、监护人、赠与、遗产、非营利的信托方面相关的事务都得以伊斯兰教法为判例。由此看来，伊斯兰教法就像是民法，规范了穆斯林生老病死的生活事项。除了生活，穆斯林的宗教收入也是伊斯兰教法规范的范畴，包括：

1. 瓦合甫：Wakaf，穆斯林的宗教捐献，目的为伊斯兰宗教或公益目的而捐献建筑物或土地。

2. 天课：Zakat，有合法收入的穆斯林家庭，从年度净收入抽取用于赈济贫苦的人，一般在年底之前收取，目的在涤净财产的盈余。

3. 贝特马尔：Baitulmal，亦作 Bayt al-mal，伊斯兰国家负责管理税赋的金融机构，作为苏丹的皇室国库，处理私人的财物以及国家开支，也负责把天课的收入用于公共项目。

伊斯兰教法也规范对伊斯兰教信仰者冒犯或亵渎其宗教的处分。沙里亚法庭（Syariah court）的章程、组织和流程以教法为根据，并且只对伊斯兰教徒有裁判权。

在宗教信仰自由方面，联邦宪法保障了人人皆有权信奉与实践他们自己的宗教信仰，并且在和平与和谐的方式之下宣传他们的宗教信仰，但是对于在信奉伊斯兰教人士之间传播的宗教学说或信仰方面，得以参照州法律以及联邦直辖区的联邦法来加以控制或限制。就事实上而言，不可以对马来人传教已经是马来西亚社会上的默契。对于宗教团体，马来西亚对任何信奉某宗教之团体对于信徒所制定的关于宗教事务或宗教机构职务相关的限制与规定并不加以否认或禁止，另外，所有宗教团体都有权处理自身的宗教事务，出于宗教或是慈善目的而成立和维护其公共机构，以及获取和拥有财产并管理。由此可以知道，马来西亚对于宗教团体采取包容开放的政策，允许各宗教以自己的方式来管理并且运营，得以自由支配所获得的资产。在公共安宁、公共健康和道德原则方面，在不和普通法律相抵触的情况下，政府无权加以干涉。另外，宪法也规定了个人除了自己的宗教信仰之外，无须为任何其他的宗教缴纳任何征税。

（二）关于宗教教育

在宗教教育方面，伊斯兰教有经学院以及各种穆斯林教育机构，它们受到联邦法律和国家法律的保障，享有政府的财政援助。另外，宪法也保证了每个宗教团体都有权为了后代的宗教教育而建立、维护他们各自的教育机构，并且不得因为宗教上的理由，而在相关的法律上或执行上存在任何的歧视。每位年满18岁的成人，都可以参加自己所认同的宗教教育，没有人需要接受除了自己宗教之外的其他宗教教育，或是参与其他的宗教仪式或礼拜。至于未成年人的宗教信仰，则由其父母或是监护人决定。因此，除了伊斯兰教的教育机构，马来西亚还有佛学院、道学院以及其他的宗教学校。有别于一般的学校，宗教学校培育宗教的专才，为教内以及社会服务。

三 宗教争议事件

马来西亚曾发生过不同宗教对于"阿拉"（Allah）的使用合法性的争议。事件起因是在1986年12月5日，当时担任内政部长的马哈蒂尔（Mahathir bin Mohamad）颁布一纸禁令，宣布所有非伊斯兰教刊物禁止使用"阿拉"字眼。1994 年，马来西亚天主教会出版刊物《先锋报》(*The Catholic Herald*) 的马来文版本使用"阿拉"称呼上帝。其间曾数度和政府周旋。2007 年，内政部向《先锋报》发出警告信（warning letter）三封和要求解释信（show cause letter）一封，目的是要求天主教会遵守禁令。[①] 天主教会选择提出上诉，借由司法途径对禁令寻求裁决。2008 年年底，当《先锋报》要重新审核出版准证时，内政部勒令禁止出版马来文版，直到上诉的官司得到解决为止。大主教入禀吉隆坡高等法院。2009 年 12 月 31 日，吉隆坡高等法院承审法官刘美兰指出，虽然宪法明定伊斯兰教为联邦宗教，但这并未赋予内政部禁止《先锋报》使用"阿拉"字眼的权力，以及在第 10 条关于言论自由、第 11 条关于宗教自由以及第 12 条对宗教和种族等不应有歧视等条款上，《先锋报》有宪法赋予的基本权利力，可以使用"阿拉"字眼，且内政部也无法提出《先锋报》此举有危害国家安全的证据，因此撤销内政部的禁令，判决允许马来文版本《先锋报》使用"阿拉"称呼上帝。[②] 判决结果引起广大穆斯林群众反对，群众上街游行示威。内政部随后提出上诉。2013 年 10 月 14 日，马来西亚上诉庭三司会审，对上诉案做出推翻吉隆坡高庭先前允许使用"阿拉"的判决，批准了内政部的上诉。隔年（2014 年）6 月 23 日，马来西亚联邦法庭以 4∶3 的票数，驳回了天主教会针对上诉庭禁止《先锋报》马来文版使用"阿拉"字眼这一裁决所提出的上诉准令申请。七位大法官中，首席大法官敦阿里芬、上诉庭主席丹斯里劳勿斯、西马大法官丹斯里祖基菲里阿末马基努丁、联邦法院法官丹斯里苏里亚迪支持驳回申请；东马大法官丹斯里理查马兰尊、丹斯里陈国华、拿督再浓阿里则反对驳回天主教会的上诉申请。天主教会不屈不挠，随后在 9 月 19 日入禀申请司法审核。2015 年 1 月 21 日，联邦法院五位法官一致驳回教会的司法审核申请，理由是先前各级别

[①] 杨培根：《从〈联邦宪法〉角度看马来西亚的宗教自由》，《当代评论》，吉隆坡：林连玉基金会，2014 年 9 月，第 20—28 页。

[②] 蔡维民：《从马来西亚的"阿拉事件"看宗教冲突与对话》，《新世纪宗教研究》第九卷第一期，2011 年 3 月，第 1—40 页。

法院的审判并无程序过失或是不公情事。① 这次驳回，实质上已经否决了任何采取进一步法律行动的可能，经过多年司法斗争，《先锋报》对"阿拉"字眼使用权的努力，最终还是宣告失败。

《先锋报》"阿拉事件"支持与反对双方各有其论点，支持马来文《先锋报》的主要观点是从"阿拉"原本的意涵做解释，"阿拉"就是唯一的真主的称谓，而天主教和基督教也是信仰唯一的上帝。马来文版《圣经》中，"阿拉"是"上帝"的正确翻译。笔者访谈马来西亚当地友人，得知东马砂拉越以及沙巴的基督教徒今日仍旧保持着以"阿拉"称呼上帝的习惯，印尼文版《圣经》仍旧使用"阿拉"。还有观点指出，在旧版以及新版的阿拉伯文版《圣经》中，基督教徒一直都使用"阿拉"字眼，甚至早在伊斯兰教出现以前就在使用。使用阿拉伯语国家中的穆斯林以及基督教徒，以"阿拉"称呼"上帝"已有十五个世纪，马来西亚和印尼的天主教和基督教徒都认为"阿拉"是马来文中"上帝"的合法用词。然而，不可忽视的是，2009年吉隆坡高等法院判决允许马来文版本《先锋报》使用"阿拉"称呼上帝之后，马来西亚连续几天发生了多起教堂遭到攻击的事件：

1. 2010年1月8日，雪隆三间教堂，基督教的神召会教堂（Metro Tabernacle A/G）、天主教的圣母升天堂（Church of the Assumption）和基督教的生命堂（Life Chapel）遭人投掷汽油弹，神召会教堂底层被烧毁了大部分；圣母升天堂被投掷土制炸药，幸而炸药没有爆炸；生命堂被破坏了小部分。

2. 1月9日，八打灵马新基督教信义会良牧堂（Good Shepherd Lutheran Church）遭人投掷汽油弹，留下墙上的烧灼痕迹和地上的玻璃碎片。

3. 1月10日，霹雳州太平康文女中遭人丢掷汽油弹，校园内发现碎玻璃瓶。学校隔壁是圣路易斯天主教堂（St. Louis Church），因此该事件被认为目标应是旁边的教堂。基督教太平圣公会诸圣堂（All Saints

---

① 马来西亚《东方日报》，2015年1月21日。

Church）遭汽油弹攻击，在外墙留下烧灼痕迹。马六甲榴莲老温（Durian Daun）基督教浸信会教堂遭泼黑漆。砂拉越美里罗东（Lutong）圣公会教堂窗户玻璃被人用石块打破。

4. 1月11日，森美兰芙蓉新城（Seremban 2）婆罗洲福音派教堂（Borneo Evangelical Church）遭汽油弹攻击，教堂木门烧毁。

5. 1月14日，柔佛哥打丁宜（Kota Tinggi）伊丽莎白天主堂（St. Elizabeth Catholic Church）遭泼红色油漆。①

因应这些诉诸暴力的行为，政府也不断呼吁理性。1月17日，副首相丹斯里慕尤丁表示，政府和各州已开始寻求和制定促进宗教间谅解和避免冲突的永久性方案。30日，慕尤丁表示没有必要设立跨宗教理事会解决问题，而是应该不断举行各宗教间的闭门对话。

除了政府方面，包括马来西亚伊斯兰教青年阵线（ABIM）、马来西亚伊斯兰教大学学生会、人民公正党（People's Justice Party）等团体都以和平方式举行集会、游行，并且谴责暴力。人民公正党表示非伊斯兰教徒期望以"阿拉"称呼其宗教的上帝乃正面发展，任何组织没有必要政治化此争议，捞取政治利益；泛马来西亚伊斯兰党（Pan-Malaysian Islamic Party, PAS 又称回教党）表示基本上天启宗教（Agama Samawi）皆可以使用"阿拉"称呼上帝，但错误使用"阿拉"字眼是不负责任的，务必避免，以免破坏种族和宗教和谐。

伊斯兰教和基督宗教同属亚伯拉罕宗教，同为一神信仰，相信只有一个上帝，使用"阿拉"或是"上帝"应该是因为信仰者本身惯用的语言的关系，已持续了数个世纪，在邻国印度尼西亚或是阿拉伯语国家未曾发生过社会问题，然而在马来西亚却由一份天主教的刊物而衍生出宗教信徒间互相攻击。一些马来群众认为，教会使用"阿拉"居心叵测，有向穆斯林传教的意图。也有观点认为，非穆斯林被公然允许使用神圣的"阿拉"字眼，可能导致流于庸俗化，伤害伊斯兰信仰的庄重和

---

① 蔡维民：《从马来西亚的"阿拉事件"看宗教冲突与对话》，《新世纪宗教研究》第九卷第三期，2011年3月，第1—40页。

尊严。《先锋报》阿拉事件随着联邦法院最终驳回天主教会的上诉，早已尘埃落定，事态的发展在马来西亚各界的克制下，没有进一步造成更多的冲突，但宗教事务本身由于不同宗教间的意识形态差异而具有复杂性，若再加上不同族群的因素则会进一步增添更多的变数。因此，除了诉诸法律途径解决，更应加强不同宗教间的对话，保持沟通渠道的畅通，抱持尊重差异的态度，必定更有助于理解，促进社会的和谐。

四　宗教的现况

在伊斯兰教为联邦宗教的背景下，马来西亚因为宗教开放政策，社会宗教发展呈现百花齐放的场面。在马来西亚访学期间，笔者参访了多个华人宗教团体，包括佛教、道教以及民间宗教，华人宗教信仰多元，各宗教道场组织完善，依规模大小从简到繁都有，彼此独立运作。道教及民间宗教每到神明圣诞日，普遍都有庆典活动，包括进香、绕境、诵经等。

佛教信仰人口主要是华人和印度人，佛教团体有马来西亚佛教总会、马来西亚佛教青年总会、马来西亚佛光协会、马来西亚僧伽会、马来西亚斯里兰卡佛教会、马来西亚泰裔佛教会等，面对大众每月皆有共修课程，某些道场会在阴历的初一与十五置办素食香积，有些是免费的，有些是以结缘价与众分享。到了阴历七月盂兰盆节，则举办水陆法会、八关斋戒等法事，信徒在法事中依照个人能力，发心捐献金钱物资作为供养；卫塞节是联邦公共假期。

民间儒教团体有些活跃度高的，每周除了周末固定的道德心灵课程之外，几乎周一到周五的晚上都有例行的活动以及课程，课程活动围绕中华传统文化以及道德和慈善的主旨而开展，逢春节、元宵节、端午节、中秋节等华人传统节日，则置办文艺竞赛以及表演活动，年度活动有经典会考、爱心园游会等。

印度宗教方面，每年1月到2月间的大宝森节庆典，印度教徒会举办祭祀和游行，通过承受皮肉之苦的方式向印度教的姆鲁卡神表达忏悔以得到赎罪。印度教徒在大宝森节前一个月开始禁肉食和禁欲，在节日当天，用针穿刺身体，或是背负枷锁，由一座神庙游行到下一座神庙，接受祭司训诫，进行 24 小时的斋戒，由此在崇高的节日里使身体和灵魂得到净化。除了东马，西马许多州属皆把大宝森节列为公共假期。

五 有关宗教的公共假期

马来西亚假期繁多，分成全国性的假期、联邦直辖区以及各州的假期；全国性的假期由联邦政府决定后公布，联邦直辖区和各州属决定各自辖下地区的假期，与其他州属或地区没有关联。其中有许多是宗教假期，和各大宗教的特殊节日相关。当然节日并不必然意味着放假，大多数的节日是没有列入假期的。兹将马来西亚各宗教相关的公共假期列举如下：

表 1 马来西亚有关宗教的公共假期

伊斯兰教	1. 先知穆罕默德诞辰，回历 3 月 12 日，为全国公共假期。 2. 穆罕默德迁移日，回历 7 月 27 日，为吉打州、森美兰、玻璃市的公共假期。 3. 斋戒月首日，回历 9 月 1 日，柔佛州、吉打州、马六甲的公共假期。 4. 古兰经降世日，回历 9 月 17 日，吉兰丹、吉隆坡、纳闽、彭亨州、霹雳州、玻璃市、槟城、布城、雪兰莪、登嘉楼的公共假期。 5. 开斋节，回历 10 月 1 日，放假 2 天，为全国公共假期。 6. 哈芝节，回历 12 月 10 日，为全国公共假期。
基督教	1. 圣诞节，12 月 25 日，为全国公共假期。 2. 耶稣受难日，复活节前的星期五，沙巴和砂拉越的公共假期。
佛教	卫塞节，5 月的第一个满月日，为全国公共假期。
印度教	1. 光明节，印度历 7 月满月日后的第 13 天，大约 10 月底到 11 月初之间。除了东马的纳闽以及砂拉越之外各地的公共假期。 2. 大宝森节，印度历 10 月的满月日，大约在 1 月底到 2 月初之间。柔佛、吉隆坡、森美兰、霹雳州、槟城、布城和雪兰莪的公共假期。
丰收节	Pesta Kaamatan，纳闽和沙巴原住民顿逊人庆祝丰年的节日，有祭典、选美、歌舞、运动竞赛等活动。为纳闽和沙巴的公共假期。
达雅节	Hari Gawai Dayak，砂拉越原住民达雅族最重要的节庆，Gawai 意为节日，在这天达雅人感恩神灵庇护，欢庆丰收，祈求来年风调雨顺、平安健康。砂拉越州的公共假期。

资料来源：笔者自制。

从上表可看出，伊斯兰教作为联邦宗教，所占的假期最多，但全国性放假的也仅有 3 个，共放 4 天。去过马来西亚的人可能会有大马常常放假的印象，那是因为例假、银行假期和公共假期加在一起的关系，看起来好像很多，但事实上全国性的假日并不多，多数是各自放不同的假。除了这些公共假期，马来西亚各宗教节日丰富多样，是多元文化中亮丽的风景线。

六　结论

东南亚各国皆为多民族国家，民族多元，文化多元，体现在宗教上，就是百花齐放的宗教生态。马来西亚为伊斯兰教国，伊斯兰教具有联邦宗教的地位，人口构成的主体马来民族享有马来人优先的地位，并且设有沙里亚法庭，以伊斯兰教法管理马来人的生活事项；对于非马来民族的治理，由于生活方式、语言、文化和宗教信仰的差异，马来西亚则和不同的民族组成世俗化（secularized）政府，制定世俗化的法律，以民选的方式选出具有行政实权的首相，各族可以保留原本的生活方式、语言和文化。在宗教政策上，由于伊斯兰教和马来人的特殊地位，政府对于伊斯兰教和马来人的生活各方面都有着明确的规范；对其他宗教团体的管理，则没有专门制定宗教上的法规，而是以民间团体的管理方式进行。这样的管理模式，虽然凸显出伊斯兰教以及马来人的优先地位，但同时也给了其他各宗教同等的管理方式，让具有不同宗教信仰的民众，能够在不影响他人、互相尊重并且以和平方式进行宗教活动的前提下，享有信仰宗教、从事宗教活动的自由，避免激化族群矛盾，也最大限度地减少宗教议题被操控，进而攻击其他族群的可能。

第二编　宗教文化交流与
　　　中国—东南亚民心相通

红头船在中泰交往中的地位和作用

段立生

红头船是船头漆成红色的一种木帆船,用白粉油腹、朱砂油头,船头两侧画上黑圈,像鸡眼一样,据说船头长眼,才不至于迷航,故俗称"红头船"。红头船是潮汕人专属的航海工具。"闽船绿头较大,潮船红头较小。"[①] 红、绿色是为了区别闽粤两省的船只,便于海上盘查和收税。红头船体长 20 余丈,阔七八丈,可容百十人,载货数百吨。一般是双桅,远航有三桅。中桅高挂巨帆,上再叠帆,船头尾各有一帆,遇上好风,四帆齐张,船行如飞。

红头船在中泰交往的历史中曾发挥过十分重要的作用,代表着一个具有鲜明特色的时代。红头船时代始于清康熙年间,终止于中英鸦片战争,近一个半世纪。红头船开启了中泰之间的大米贸易,促成中泰官方从朝贡贸易向私人贸易的转化;红头船促使清政府的移民政策发生根本性的变化,使得大批华人合法移民泰国;红头船促进了中泰经济繁荣,一方面使樟林港兴盛和潮汕的侨乡经济长足发展,另一方面使泰国出现近代的商人阶层和奠定了旅泰华人的社会经济地位。红头船作为潮汕人

---

① 嘉靖《澄海县志》卷之六,风俗。

的象征，值得浓墨重彩地大书一笔。

一 红头船开启了中泰大米贸易

清政府从康熙元年（1662）起实行了 22 年的迁界禁海政策，结果使社会矛盾加剧，也给清政府招来不少麻烦。康熙二十二年（1683）郑成功的孙子郑可塽投降清廷后，清朝才开放海禁，允许沿海居民出海贸易。自此，"海疆宁谧，商民两益。"① 后来，康熙皇帝听暹罗贡使说，"其地米甚饶裕，价钱亦贱，二三钱银即可买稻米一石"②。为了解决闽粤两省的米荒，从康熙六十一年（1722）起，公开奖励贩运暹罗大米，遂把红头船推成了中泰大米贸易的主角。

当时，中泰两国的交通往来主要依靠海路。按照当时计算的航程："潮之海客，舟往暹罗，云水程百零六更，更六十里，是六千三百六十里也。"③ 每年九十月间，从樟林港乘东北信风出发，顺风一个半月方可抵达泰国。出国新客带着糯米蒸的甜粿，作为途中食粮，因甜粿放得久，且耐饿。另外，还要带上一些大冬瓜。大冬瓜有多种用途：压舱、抵淡水、遇险时当救生圈。开航前，行人和家属到樟林南社外的妈祖庙烧香拜谒。该庙建于乾隆二十二年（1757），庙碑载："计正殿三栋，拜亭一座，厢房十五间，庭院两回廊，门之西偏铺房一间，门外为戏台，歌舞以祀神。"④ 另有一座风伯庙，建于嘉庆二十四年（1819）。伊佩绅撰庙碑云："建庙者何？祈风也。建于樟林者何？澄滨大海，民多业于海，樟林尤为河海交汇之墟，闽商潮客，巨航高桅，扬帆挂席，出入往来之处也。"⑤ 红头船，正是中泰海路往来的主要载体。

清政府鼓励中泰大米贸易的政策，随着不同的阶段给予越来越多的

---

① 《清实录》圣祖实录卷 232。
② 《清实录》圣祖实录卷 298。
③ 郑明经：《韩江闻见录》卷 6。
④ 陈芝：《建南门外天后庙记》，见嘉庆《澄海县志》卷 25，碑记。
⑤ 此碑现已不见，庙旁仅存道光七年碑。这段碑文转引自饶宗颐《潮州居民及其早期海外移植》，载《泰国潮州会馆成立四十周年暨新会馆落成揭幕纪念特刊》，泰国，1979 年。

优惠。康熙六十一年（1722）要求暹罗官运三十万石米到福建、广东、宁波等地贩卖，给予免税的优待。①雍正二年（1724）暹罗运米到广东，清政府令地方官吏按时计价买卖，不许行户任意压价，压船随带货物，也一概免征银税。②雍正六年（1728）"重申米谷不必上税，著为例"③。雍正七年（1729）准许各省商民和闽省一样到暹罗贩米。④乾隆八年（1743）规定："带米一万石以上者，著免其船货税银十分之五；带米五千石以上者，免其船货税银十分之三。"⑤乾隆十一年（1746）对载米不足五千石的，也免其船货税银十分之二。⑥乾隆十六年（1751）决定对运米二千石以上者赏给顶戴。⑦乾隆二十八年（1763）奖给运米船商蔡陈等九品职衔。⑧清政府的大米政策，从要求暹罗官运，到准许中国商民私贩；从大米免税，到压舱货物也减免税；从一般号召，到奖给顶戴，越来越宽松优惠。

在开启中泰大米贸易之前，两国之间的贸易主要依靠官方贸易，私人贸易是被禁止的。朝贡贸易实际是一种不平等的贸易，中国政府从政治角度考虑，采取"厚往薄来""怀柔远人"的政策，只要朝贡国承认与中国的"藩属"关系，就能得到很多的"赏赐"。而且送来的贡品，多是珍奇异兽和奢侈品，无补于国计民生。海外诸国都愿意来中国朝贡，规定三年一贡，则经常是一年三贡：先派船来探贡，再正式派贡船，接着派船来接贡使。故当时人评价说："虽云修贡，实则慕利。"

为了杜绝有的商人假借朝贡名义来贩私货，中国方面采取了检验勘合、底簿的措施。所谓勘合，就是将一种类似古代兵符的印信一剖为二，双方各执一半，检验时两半能够对接，便算合格。底簿就是记录朝

---

① 《清实录》圣祖实录卷二九八。
② 《清实录》世宗实录卷二十五。
③ 《清实录》世宗实录卷六十六。
④ 《清实录》世宗实录卷八十一。
⑤ 《清实录》高宗实录卷二〇〇。
⑥ 《清实录》世宗实录卷二七五。
⑦ 《清文献通考》卷二九八，四裔五。
⑧ 《清实录》高宗实录卷六八七。

贡次数的账簿。可见，中国官方只承认朝贡贸易，不允许国家间的私人贸易。

中泰大米贸易开启之后，以贩卖大米为名的私人贸易变得公开化、合法化。此后，私人贸易愈演愈烈，对中泰两国的社会经济产生了重大影响。

二 红头船促使清政府的移民政策发生变化

依靠红头船所兴起的中泰大米贸易，促成了清政府移民政策的变化。

早先，清政府对华侨移民的政策是十分严厉的。法律规定："凡国人在蕃托故不归，复偷漏私回者，一经拿获，即行正法。"[①]康熙五十一年（1712）经九卿决议："凡出洋久留者，该督行文外国，将留下之人，令其解回立斩。"[②]后来，因为鼓励大米贸易，对华侨的限制逐渐放宽。以康熙五十六年（1717）为限，在此以前出国者，准其回籍。[③]雍正二年（1724）暹罗船员徐宽等九十六名，本系汉人，要求免回原籍，获得清廷同意。[④]这个案例，说明清政府已经默认徐宽等人的华侨身份。乾隆七年（1742）清政府公开承认，土生华侨，实与当地居民无异。[⑤]乾隆十九年（1754）规定："凡出洋贸易之人，无论年份远近，概准回籍"[⑥]，等于宣布允许华侨来去自由。

由此可见，中泰大米贸易的另一重要结果，就是促使清朝政府改变对待华侨的政策，承认华侨的合法身份及地位，允许华侨来去自由。虽然此时仍然实行以血统决定国籍的政策，但已经意识到土生华人与外国人无异。

---

① 《大清律例全纂》卷二十，兵律，关津节。
② 《皇朝通典》卷八十，刑制。
③ 《大清律例全纂》卷二十，兵律，关津节。
④ 《清实录》世宗实录卷二十五。
⑤ 《清实录》高宗实录卷一七六。
⑥ 《清实录》高宗实录卷四七二。

大米贸易带来了历史上的一次华人移民高潮，大量的潮籍商民移居泰国。《嘉庆一统志》卷五五二暹罗条说："澄海县商民领照赴暹罗国买米，接济内地民食，虽行之已逾四十余年，但此项米船，据称回棹者，不过十之五六。"

泰国方面，对来自中国的移民持欢迎态度，这是因为泰国自古以来，地旷人稀，自然资源丰富，但劳动力缺乏。加之，阿瑜陀耶王朝建立以来，不断地跟周边缅甸、柬埔寨等国发生战争。战争的目的除了争夺财富和土地以外，对劳动力的掠夺也是一个主要目标。而战争中又不可避免地造成人口伤亡和损失，因此，增加和补充人口，成为一个亟待解决的难题。大批中国移民的到来，不啻是解决人力不足的一条有效途径。泰国方面从未对华人移民设置障碍或进行刁难，而是持友善和欢迎的态度。

大量华人移民泰国，促成泰国华人社会的形成。这段时期泰国究竟有多少华人？这是一个很难获得确切答案的问题。李长博在其《华侨》中说："清康熙年间，暹罗全国人口600万，华侨150万人。"泰国学者沙拉信·威腊蓬在他提交给美国哈佛大学的博士学位论文《清代中泰贸易演变》中说："1690年初期，在大城（阿瑜陀耶城）的中国人已经达3000人，在暹罗其他地区的中国人数目可能更多。似此可观数字使人可以了解当时的对外贸易几乎全在中国人经营之内，因为事实上是时全暹人口不会超过200万人。"美国学者威廉·斯金纳（G.William Skinner）在其著作《泰国的华人社会》中说，公元17世纪，暹罗京城约有4000华人，全暹罗约有10000华人。魏源的《海国图志》暹罗条说："华人驻此，娶番女，唐人之数多于土番，惟潮州人为官属，封爵，理国政，掌财赋。"这就是当时华人社会情况的真实写照。

泰国的社会结构也因大米贸易和大批华人移民的到来而发生了重大变化。之前，泰国社会是一个封闭的自给自足的小农经济社会，几乎没有商品交换。由于实行"萨克迪纳"制，农民都成为依附民，被牢牢地拴在土地上，没有迁徙的自由，也不能去外地经商。华人移民成为这片国土上的第一批自由民。他们可以驾着小船沿河湾港汊去农村收购大米或其他农副产品，辗转贩运，做些小本生意，成了泰国社会中较早出现的商人阶层。

检索泰国当代较大的华人企业，他们的祖上几乎无一例外地经营过与大米加工和贸易有关的行业。华人垄断了碾米的火砻行，从大米加工和贸易中获得资本的原始积累，然后转向其他方面的投资，即"一米带百业"。

三　红头船促进了中泰经济繁荣

以红头船为载体的中泰大米贸易的结果，首先是带动了中泰之间一般商品贸易的长足发展。因为大米贸易一向"获利甚微"①，许多船商象征性地装载少量大米，使贸易航行合法化，而同时携带大量香料、苏木、铅、锡等较为贵重的货物。米不满二千石，货可值数十万。由中国运往泰国的货物多是潮汕地区的特产：潮州笔架山的瓷器，潮州传统手工艺品潮绣，以及菜籽、竹器、草席等。由大米贸易向一般贸易的发展，使潮汕地区的各行各业都卷入外贸之中。"农工商贾，皆藉船为业。"② 清粤海关税馆在澄海设五口收税，每年得正额税银一万一千六百余两有盈。③

樟林港的兴起就是红头船促进侨乡经济繁荣的例证。在1860年汕头正式开港以前，潮汕的主要出海口在澄海樟林。樟林现在距海8公里，200年前却是韩江与大海的汇合口，水深港阔，可以停泊许多大小船只。中泰大米贸易开启后，樟林港变得更加繁华，出现一条热闹的街市，长300米，宽5米，两边是商店、仓库、客店、货栈。街口有一石牌坊，正面书"新兴街"三字，背面书"紫气东来"。牌坊前有一望海楼，登楼远眺，可以看见："千艘万舶，悉由澄分达诸邑"，"扬帆捆载

---

① 《清实录》高宗实录卷二八五。
② 嘉庆《澄海县志》卷之六，风俗。
③ 嘉庆《澄海县志》卷之十四，赋税。

而来者，不下千百计"①。

从泰国方面看，大米贸易促成泰国商品经济发展，大米开始成为泰国传统的出口支柱产业。1850年以后泰国大米出口量急剧增加，从1850年占全国年产量的5%，增加到1907年占全国年产量的50%。从20世纪60年代开始，泰国作为全球最大大米出口国"领头羊"的地位长达半个世纪之久。

由此可见，清康熙年间开启的中泰大米贸易意义重大，它超出了一般商业贸易的范畴，对两国的社会历史和经济发展产生了深远的影响。

结　论

红头船作为中泰大米贸易的载体，代表了一个历史时代。红头船时代始于清康熙初年，终止于中英鸦片战争后的1860年。在这段历史时期，红头船见证了中泰大米贸易的兴起，中泰贸易由传统的由官方经营的朝贡式贸易向私营贸易的转化；见证了清政府移民政策的转变，大批华人移民泰国，在泰国形成华人社会，催生了泰国的商品经济；见证了中泰经济的发展，潮汕侨乡的繁荣和泰国米业的长足进步，使大米成为泰国传统的出口支柱产业。

1860年汕头开放为通商口岸以后，汕头港取代了樟林港，机器轮取代了红头船。但是，红头船所体现出来的潮汕人艰苦创业精神，以及在中泰交流中留下的功绩，永远不会磨灭。红头船时代结束后，泰国国王拉玛四世下令在曼谷然那瓦区修建一艘石头的红头船，留作永久的纪念。

---

①　嘉庆《澄海县志》卷之八，埠市。

等嘎村基督教的跨境传播与景颇族丧葬习俗的重构*

尹若曦　徐祖祥

导　言

1881 年，基督教传入云南，先是在其主要城市和汉族地区活动。直到 1895 年，基督教进入云南少数民族地区开展传教工作。[①]此后，传教士通过建教堂、开办教会学校、创制少数民族文字、培养本土教牧人员等逐渐转向景颇族、傈僳族、苗族等少数民族地区传教。

学术界对景颇族基督教的研究主要是从 20 世纪 80 年代开始的。研究多通过档案文献资料以及实证研究对其传入的社会背景、路径进行简要的阐述。在实地调查的基础上，结合历史文献对基督教传入景颇族地区的发展概况，如景颇族地区原始历史地理信息、传入基督教后信仰状

---

*　本文为 2014 年度国家社科基金一般项目"中缅跨境民族文化与基督教关系研究"（项目编号为 14BZJ044）阶段性成果。
①　张桥贵、孙浩然：《论云南少数民族基督教的本土化》，北京论坛（2015）文明的和谐与共同繁荣——不同的道路和共同的责任：美美与共——人类文明交流互鉴的回顾与展望专场论文及摘要集，北京，2015 年 11 月，第 422—423 页。

况、生活方式、制度体制等的变化，以及基督教在景颇族地区传教的过程等，做了较为全面的梳理和研究。

21世纪初以来，在景颇族地区基督教研究领域中，研究者在对其发展现状予以关注的基础上，也对景颇族地区宗教文化等问题提出了功能性的解释。相关成果集中反映在韩军学、缪家福、张庆和、钱宁等人的田野调查及个案研究中，其中《基督教与云南少数民族》[1]《世纪之交的民族宗教——云南少数民族宗教形态与社会文化变迁》[2]等书主要涉及基督教在景颇族地区传播的原因，指出地缘政治、民族文化、族内支系分布、社会形态等是基督教在景颇族地区传播的主要影响因素。王皎主编的《景颇族——瑞丽弄岛乡等嘎村》[3]一书，内容涉及了中缅边境线上的景颇族村子——等嘎村的基督教问题，包括沿革及现状、组织管理、宗教活动、教典教堂及教会学校等，报告主要对新中国成立以来景颇族宗教文化变迁做了初步分析，提供了具体的典型案例。路义旭在《景颇族基督教信仰的特点》[4]一文中，阐述了基督教在景颇族地区与传统民间信仰同存并立的原因及特点。蒋潞杨在其论文《芒市西山乡弄丙村景颇族喜丧研究》[5]中对信仰原始宗教的景颇族丧葬活动进行了详细的界定和分析。王健[6]、白庆霞[7]、宋美玉[8]等对不同村落的基督教丧葬习俗都予以不同角度的分析，解释了基督教在不同乡村中与传统文化的冲突与调适。

本文是以瑞丽市等嘎村的基督教及丧葬仪式为中心的考察，通过对

---

[1] 韩军学：《基督教与云南少数民族》，云南人民出版社2000年版。
[2] 缪家福、张庆和主编：《世纪之交的民族宗教—云南少数民族宗教形态与社会文化变迁》，云南大学出版社1999年版。
[3] 王皎：《景颇族——瑞丽弄岛乡等嘎村》，云南大学出版社2001年版。
[4] 路义旭：《景颇族基督教信仰的特点》，《中国宗教》2003年第2期。
[5] 蒋潞杨：《芒市西山乡弄丙村景颇族喜丧研究》，硕士学位论文，云南民族大学，2016年。
[6] 王健：《乡村基督教本土化研究——基于一个基督徒葬礼的"过程—事件"分析》，硕士学位论文，西南大学，2014年。
[7] 白庆霞：《鲁南农村基督教信仰考察研究——以山东临沂苍山县白庄村为个案》，硕士学位论文，中央民族大学，2006年。
[8] 宋美玉：《基督教信仰对川南农村地区丧葬习俗的影响》，《法制与社会》2009年第8期。

等嘎村景颇族丧葬仪式中所包含的价值观念进行分析归纳，尝试描述景颇族民族文化的多重维度。基督教在等嘎村传播和发展的过程，是与当地民俗生活摩擦碰撞、交流调适的过程，也是基督教本土化的过程。透过基督教徒的葬礼仪式可以清晰地观察到景颇族原始宗教文化与基督教文化的碰撞与调适，较为直观地看到等嘎村村民生活在基督教进入前后不同的特点。

一 基督教传入等嘎村的社会背景及发展脉络

（一）等嘎村的地理与文化环境

等嘎村距瑞丽市弄岛镇约12公里，平均海拔约880米，年平均气温约20.3℃，属亚热带季风气候。等嘎村是一个以农业为主、农牧业结合的山地村落，多样的地形地貌为研究景颇族传统文化提供了丰富的自然空间。[①] 等嘎村的东部和东北部连着户育乡雷村和班岭村，这两个村子的村民以景颇族载瓦支为主；东南接雷允村，雷允村村民以汉族为主；北部、西部和南部三面毗邻缅甸，与缅甸隔河相望的六个景颇村寨是以景颇支为主，其他支系混杂居住。这样复杂的地域结构为本研究提供了独特而多样的地理和人文空间。

等嘎村景颇村民全部是以景颇支为主，通用景颇支语言，在此区域居住时长约200至300多年。这里曾经形成了富有景颇族传统和地域特色的山官制度和传统文化形式，曾开办过中国景颇地区第一所景颇文学校，组建国内第一支文蚌乐队，等嘎村景颇族在中缅两国民间文化交往中曾扮演重要角色。[②]

历史上，由于社会生产力发展水平较低，生存环境恶劣，导致等嘎村景颇族村民的生产生活对自然界产生严重依赖，并经常受到自然环境的威胁。等嘎村景颇族传统的生计方式主要是经营旱地农业，兼营畜

[①] 资料来源：等嘎村村委会资料。
[②] ［英］埃德蒙·利奇：《缅甸高地诸政治体系》，杨春宇、周歆红译，商务印书馆2012年版，第34页。

牧、采集和家庭手工业。旱地农业多采取"刀耕火种"、轮歇丢荒的锄耕农业，生产力水平较为低下。畜牧饲养是景颇族的重要家庭副业，家畜除自家食用外常被贡献给董萨。家庭手工业主要是纺织和竹木器编制，这类产品多是自给自足，大多是在固定的季节和农闲时从事。由于社会历史和地理条件的限制，景颇族内部的社会分工不发达，所以只存在与外族的商品交换，景颇族用山林中的土特产以及当地种植的鸦片从外部市场换来布匹和铁器等生活和生产用品。景颇族大多居住在交通不便、地理封闭的深山老林，除了物质上的短缺所造成的贫困落后外，还备受官府、外族的歧视和欺压。在这种情况下，等嘎村景颇族村民只能转向鬼神寻求帮助，祈祷能够趋吉避凶。鬼神观念是等嘎村景颇族村民与自然界矛盾关系的一种精神反映，在长期社会发展过程中已经成为当地景颇族文化中的一部分，长期以来等嘎村景颇族村民靠鬼神来保证村社的安全并取得生活的意义。

外来宗教的传入给等嘎村景颇族原始宗教的生存空间造成了巨大的冲击与挤压，使原始宗教对村落的影响不断弱化。在基督宗教传入后，如今的等嘎村几乎所有的景颇族都已经信仰基督宗教，多为基督新教。伴随着等嘎村董萨制的解体，等嘎村现已无董萨，景颇族村民的民俗生活中基督教成为重要的主导角色。

（二）基督教在等嘎村传播的历史过程

1857年，基督教开始在景颇（克钦）族地区活动。中国的景颇族与缅甸境内的克钦族是跨国界而居的同一民族，其中克钦族约有60万至70万人，主要居住在缅甸的克钦邦及其邻近地区。截至2021年，中国的景颇族有160471人，[①]主要居住在云南德宏傣族景颇族自治州境内；在德宏州境内，景颇族主要分布于盈江县、梁河县、陇川县、瑞丽县、潞西县、芒市等地，这些地区山脉绵延，国境线长达503公里。德宏州独特的地理生态背景、多元文化的分布格局，以及中缅山水相连的地缘结构，使得景颇族在整体上呈现出沿边境一线展开的分布趋势，而这也

---

① 国家统计局：《中国统计年鉴2021》，中国统计出版社2021年版，第57页。

成为基督教在这一地区得以传播的重要条件和依托。

在等嘎村民处于自然条件恶劣、文化环境相对紧张的情况下，传教士们深入景颇族所在的深山老林中，给予景颇人必需的生活用品和先进的医疗条件。这对当时的景颇人是一种莫大的帮助和温暖，加上景颇族本身有强烈的宗教信仰，使得这些传教士被看作是具有特异功能的圣人，传教士因其"救世"行为被景颇人视为精神领袖，这也正是景颇族信仰基督教一个重要的社会心理原因。[1]

这里需要指出的是，等嘎村景颇族原始宗教信仰是基于万物有灵观念的鬼灵信仰，相信世间万物都有鬼灵，景颇族杀牲祭鬼习俗就是表达了万物有灵这一思想。原始宗教信仰中，大到目瑙纵歌、小到日常生活中的建房搬家，无论什么活动都需要杀牲献祭，这使本不富裕的景颇族的经济生活更加拮据。等嘎村景颇族原始宗教祭祀活动的主持者称为"董萨"，"董萨"的存在既体现了鬼神对人们现实生活的支配，也体现了本民族文化，"董萨"本身就是这种文化的继承者和传播者，并由其将文化代代相传下去，但是原始宗教的影响力和约束力更多地体现在群体而不是个人。

随着私有经济的发展，等嘎村景颇人越来越意识到鬼神信仰的缺点，逐渐摒弃这种劳民伤财的祭祀活动。[2]因此，以村社经济为基础的原始宗教信仰迅速衰落。尽管这种鬼神宗教信仰还深深地刻印在等嘎村景颇人的思想观念里，但也仅仅是停留在思想上，在现实生活中已经很少被赋予实际行动了。因此从宗教社会学的角度来看，景颇族原始宗教信仰赖以依托的社会结构功能，随着历史的变迁而逐步发生异化，导致以经济、政治结构为存在条件的精神结构也相应地发生了改变。这一改变又使其原有的功能丧失，从而使景颇民众对其产生"失效"的感受，最终转向寻求一种能替代原始宗教的信仰系统，这就为基督教的传播和发展提供了内在可能性。

---

[1] ［美］奥戴·阿维德:《宗教社会学》，刘润忠译，中国社会科学出版社1990年版，第66页。
[2] 韩军学:《基督教与云南少数民族》，云南人民出版社2000年版，第56页。

1885年，伴随着缅甸沦为英国的殖民地，大批传教士里被派往克钦族聚居地传教。1887年，美国基督教浸礼会传教士在八莫设立了缅甸浸礼会总会，并在八莫建立了传教基地。1907年，境外基督教会派英籍牧师印嘎与缅籍克钦族牧师德毛冬至等嘎的曼甲寨传教。1916年，印嘎在等嘎建立了教堂。1922年，法籍牧师德仁康在等嘎村创办了基督教教会学校，开创了景颇族地区近代教育的先河。[1]1927年，美国政府派窝拉汉逊到景颇山区以英文字母为基础创制景颇文，并由窝拉汉逊、德毛诺、勒巴底三人将英文《圣经》译为景颇文，首先在等嘎的教堂和学校向群众教授推广。1928年，英籍传教士英格兰和英格朗姆从缅甸八莫至等嘎传教，历时6年之久。

截至1950年，等嘎教会先后共有诺斯（缅籍克钦族）、木道干、弄道、纳排堵（当地景颇族）4个牧师在等嘎主持教会工作。1950年初，德宏各县解放，欧美籍神职人员纷纷撤至境外，但仍通过中国籍的神职人员直接控制瑞丽的教会组织。1955年秋，缅甸教会任命等嘎村民木然当为瑞丽教会的负责人。1956年4月，中国景颇族联合联邦基督教浸礼会广山总会成立，下设9个教区，等嘎是瑞丽的两个教区之一，由等嘎籍的传教士和教徒任委员一职。这一年春天，昆明三自爱国会派边疆教会访问组至瑞丽，访问了等嘎教会，并参加了等嘎千人教区大会。[2]

1958年至1960年间，等嘎教堂被烧毁，等嘎地区的基督教神职人员与教徒大部分前往缅甸。1966年至1976年期间，一切宗教活动被迫停止，等嘎的景颇族基督教徒又大批外出。1978年拨乱反正后，等嘎的基督教活动逐步得到恢复，但当时仅有四五个人信教。20世纪80年代以来，等嘎村的基督教徒呈倍数迅猛增长，一大批从缅甸归来的信仰基督教的等嘎村村民壮大了基督教的队伍，许多村民放弃信鬼神继而走

---

[1] 杨德亮：《基督宗教对景颇族教育的影响分析——以云南等嘎村为例》，《西北第二民族学院学报》（哲学社会科学版）2008年第2期。
[2] 马居里：《景颇族基督教信仰在中缅边境的跨境交流与互动——基于陇川县广山村的个案研究》，东南亚宗教与区域社会发展学术论坛，北京，2012年10月。

进了教堂。①2000年初，整个等嘎教区的教徒已达到354人。2018年，等嘎村中基督教教徒有462人，男性有217人，女性有245人，其中约92%是景颇族。基督教制度分主教制、长老制和公理制三种，等嘎地区的基督教执行公理制，教会内设牧师、长老、传道员、执事。

目前，等嘎教区有牧师1名，但因年逾七十身体不便，诸多工作由传道员代替。具体管理等嘎宗教事务的现有7人，他们之间在主持礼拜仪式时的分工差异不大，但每周轮流负担讲经传道、主持礼仪、管理教堂和组织教徒活动的责任，同时分别担任教会的青年组（未婚男性组）、兄弟组（已婚男性组）、妇女组和儿童组的组长。尽管是教会的小组，但他们同时也会积极参加等嘎村中的各项活动，主动承担起活动志愿者的身份。

在对等嘎村基督教徒的访谈中，②笔者问及等嘎村基督教徒信教的原因，村民大都认为基督教在等嘎总体上看是搞文化建设的，教徒可以在教堂学到文化知识，提高文化水平。长老和传道员教村民用景颇文念《圣经》、识五线谱唱圣歌，还传授一些农科知识，使他们能够比较方便、直接地得到实用的知识。此外，基督教向群众宣传不打架骂人、不吸烟喝酒、不赌博，要重视清洁卫生等，这些教规教纪的约束改变了一些人不良的道德习惯和生活习俗，使他们受益匪浅。对于劳力不足或有病有难的家庭，教堂也会组织教友前往帮忙、救济。教堂还经常将村寨中的学龄前儿童集中起来，教他们唱歌识字，尤其是在农忙季节，极大地减轻了家长的负担，起到了幼儿园的作用。因此，这些基督教所开展的活动吸引着更多的景颇族群众成为教徒。

景颇族作为跨境居住的少数民族，与缅甸克钦族属同族同源，共享相同的民族历史文化，彼此的思想观念和宗教信仰都大同小异，日常生活的各方面都具有密切的关系。基督教能顺利从缅甸传入中国景颇族地区，主要原因之一就是景颇族与克钦族的同源性。基督教在向中国景

---

① 王皎：《云南民族村调查（景颇族——瑞丽弄岛乡等嘎村）》，云南大学出版社2001年版，第128页。
② 访谈对象：参加礼拜的基督教徒，访谈时间：2017年7月28日，访谈地点：等嘎基督教堂。

颇族地区传播之前，已在缅甸克钦族地区开展传教活动。从 1885 年大批传教士在克钦族地区传教，到景颇文的创制普及，再到本土传教士的培养，都为基督教向中国景颇族地区的传播提供了重要的前提。在此之后，外籍传教士开始积极在景颇族地区建立教会、开办教会学校、传授景颇文。[1] 特别是基督教将教规、教义积极融入景颇族民俗生活中，这对景颇族的民俗生活和民众信仰产生了巨大的冲击和影响。一方面，基督教的各种宗教节日都不同程度地结合了景颇族的民族特色，这是基督教本土化的必然结果。另一方面，基督教作为外来宗教，其传播和发展不仅使景颇族的社会结构受到冲击，社会生产、生活方式发生改变，还使得景颇族传统文化空间受到挤压，族群认同心理也随之发生了明显的变化。

（三）基督教与民俗生活互动的表现

基督教作为等嘎村村民日常生活中的重要组成部分，在村民民俗生活的方方面面都有着不可忽视的影响力。作为等嘎村的基督教信徒，整个生命的重要仪式都是在以基督教的教规教义指导为核心的基础上完成的，同时日常的生产生活都有基督教的参与。基督教积极开展等嘎村娱乐活动，逐渐嵌入等嘎村民的日常生活中。等嘎村每年有诸多仪式和节日都承包给基督教会来组织举办，更不用说还有基督教本身的宗教节日，如圣诞节和缅甸神学院独创的水果节，基督教为了让多数村民都可以参加活动，会特意跟村民提前预约时间来举办这些活动，起初的几次是由教徒们全权承担，随着基督教在村落中的地位逐渐稳固，村民们会自发地参与到活动的组织、节目的排练和村内外的联络中去。基督教通过娱乐活动逐步嵌入村民的日常生活中去，就连新米节等景颇族节日，基督教会也在参与和组织中发挥着重要作用。

在等嘎村，基督教教会一般会主持开展以下活动：礼拜、圣诞节、元旦节和家庭聚会。基督教所开展的这一系列活动几乎填充了等嘎村村民的所有闲暇时间，在日常的生产活动后，基督教徒的时间都是用来参

---

[1] 韩军学：《基督教与云南少数民族》，云南人民出版社 2000 年版，第 57 页。

与基督教会的活动，这些活动进一步加深了基督教徒间的情感联系和彼此的身份认同。等嘎村景颇族基督教徒的人生礼仪、岁时节日等仪式的进行均由牧师来主持指导。在等嘎村村民还信仰鬼神的时候，婚丧嫁娶、岁时节日等仪式更多的是杀牲祭祀祈福的场面，而基督教徒的各种仪式上则更多是对众人的人生教诲和祷告祈福，由牧师取代了董萨，讲圣经和唱圣歌取代了杀牲。在实地调研中发现，等嘎村景颇族的丧葬仪式与基督教文化互动关系密切，本文透过当地景颇族基督教徒丧葬仪式来洞察基督教对景颇族丧葬习俗的重构。

二 丧葬仪式的演变

弗雷泽认为，信仰体系本身是抽象的，需要通过仪式来外化他们的内涵，仪式在这里成为了信仰的载体或者说表达信仰的工具。涂尔干则将仪式看作宗教现象的范畴之一，他认为仪式与信仰结合起来构成了宗教现象。二者的差别在于：信仰是思想观念，而仪式则是行为表征。[①] 而融合了景颇族民族文化与基督教文化的葬礼仪式，可以体现出作为基督教徒的景颇族村民的思想观念和其实践层次。

对逝者来说，丧葬仪礼是生命的终点，对生者来说，丧葬仪礼是属于整个家族的一次活动，同时也是维系家族内部伦理关系、凝聚家族力量的重要方式。葬礼仪式不仅体现神圣与世俗观念的融合，还可以通过逝者将两个世界联结起来，使得基督教徒们更能体会个体在神学意义上的地位。基督教徒通过对葬礼仪式观念的共享以及对仪式程序的重复，来获取或者强化群体间的认同。这种认同并非是对原有观念的规则的固化肯定，而是在强化原有结构的基础上，对某种观念和认知的再塑造。[②]

---

① ［法］爱弥尔·涂尔干：《宗教生活的基本形式》，渠东、汲喆译，上海人民出版社1999年版，第42页。
② 熊迅、李婧：《仪式与传播的互融——以广西宜州壮人的葬礼为例》，《湖北民族学院学报》（哲学社会科学版）2013年第5期。

等嘎村景颇族的丧葬仪式包括报丧、净身、穿衣、守灵、出殡、下葬、送魂等。①他们认为，葬礼仪式是使逝者安息和指引其灵魂回归祖先的必不可少的过程。

第一，报丧。不论是何种宗教信仰，等嘎村的景颇族村民家中有人去世后要敲铓或放炮来通知大家，村里的人收到消息会主动去丧主家帮忙。报丧后一般由寨子里的两个青年组队去到各村各寨通知逝者家的亲朋好友来参加葬礼。除了逝者的亲人朋友，还要通知到基督教的牧师以及传道员，并委托牧师来主持葬礼。因地处边境，等嘎村基督教徒的葬礼多邀请缅甸的克钦族牧师来主持。

第二，净身和穿衣。逝者去世后，由配偶或子女为其清洗身体、整理遗容并穿好景颇族服装，信仰原始宗教的逝者遗体旁边要摆放逝者生前的生产生活工具，以示用其物祭献给亡灵，信仰基督教的逝者遗体旁边虽然会摆放部分生前使用的生活用品，但只是一种对亲人逝去的情感寄托，并没有献祭的意义。之后的步骤也由董萨为逝者念祭词指引灵魂方向变为了由牧师为逝者祈祷。信仰基督教后，村民对灵魂的归属之地有了共识，多数人的灵魂会去天堂，这一步并不需要指引，因为是已经被上帝安排好的事情。在入棺之前，亲戚朋友本会给逝者一些路费作为回归祖先之地的路费，现在灵魂的归处变为了天堂，但给路费这一行为并没有发生变化，只是路途的目的地不同而已。入棺时，棺材内铺上景颇族的传统垫单，盖上女儿带来的"朴炯"②，并在遗体旁边摆一本《圣经》。遗体与棺材上都要盖一块朴炯。棺材在屋子里的摆放方向要顺着屋顶的房梁，棺材旁点上三到四支蜡烛，一是为照明，二是防蚊虫。

第三，守灵。等嘎村景颇族村民去世以后，根据季节和去世原因不同选定停尸的守灵天数，从三天到七天都有。基督教徒的葬礼上，每天每顿饭之前都有牧师来诵经布道并引导大家祷告和唱诗。守灵并不是静坐，景颇族守灵要通宵跳"崩冬舞"，晚饭过后大家就开始跟着领舞一

---

① 王皎：《景颇族——瑞丽弄岛乡等嘎村》，云南大学出版社2001年版，第159页。
② 景颇语音译，是一种红绿相间的格子薄毛毯。家中的女儿都要带来一条，以证明自己的孝心。

起跳崩冬舞，崩冬舞有其固定的舞步，领舞都是经验丰富的老人。原本的崩冬舞每一种舞步都有其独特的祭祀意义，比如说指引逝者灵魂、祈求后代平安、保佑村落富饶等，现如今的崩冬舞尽管由老人带领大家按照原有的舞步来跳，但并不会像信仰原始宗教的景颇族一样通过舞蹈与鬼神进行沟通，崩冬舞只是一种葬礼上的传统仪式而已。从逝者去世第一天到最后一天，每天晚饭后十点左右大家都会聚集来跳崩冬舞，直至第二天凌晨。

第四，出殡和下葬。信仰原始宗教的景颇族出殡与下葬的时间都需要董萨来占卜，选好日子就可以出殡了。而基督教徒出殡与下葬的时间都是由牧师来指定的，并不需要具体的仪式来确定时间。出殡前，逝者的亲朋好友要在牧师的带领下在棺材旁边进行祷告和唱诗。唱诗结束的同时在门口燃放一串鞭炮，然后村里的青壮年将棺木抬到放有十字架的送葬车上，十字架是出殡当天由传道员亲手组装完成的，同时要在十字架上镌刻逝者的姓名、年龄、逝世时间和祝福语，至此葬礼在屋内的仪式就结束了。在送葬途中由逝者的家人沿途抛撒硬币，这些硬币都是逝者生前自己攒存下来的，一是可以将好运分发出去，二是使更多的人来为逝者送葬。等嘎村的基督教徒有专门的墓葬地，在老人去世后村里的牧师就为逝者选好了墓地的具体位置，大家直接将棺材抬到指定墓穴里。之后牧师在棺材尾为大家念一段《圣经》，带领大家祈祷，之后由牧师抓起第一把土撒到棺材上，后续送葬的人才可以掩埋棺木。整个葬礼仪式完成后，送葬队伍回事主家里吃饭之前，要在家门口泡了艾草的水桶里洗手，以免把不好的运气带回家。

第五，送魂仪式。作为信仰基督教的景颇族村民，葬礼仪式中的送魂这一步骤就被简化，尽管在逝者逝世后的第七日仍要举行送魂仪式，但整个仪式是以牧师和传道员为主导的祷告活动。送魂当晚，逝者的配偶要在背对着门的正中间落座，牧师和四位传道员正对着门口落座，四个传道员轮流站起来祷告，并讲述逝者的平生经历。与此同时，逝者的侄孙辈给来的所有客人发放鸡蛋和糯米饭，这里的鸡蛋和糯米饭已经不具备灵魂的告别意义，仅仅是葬礼上一种固有的食物。待牧师讲完逝者的生平，完成诵经布道和唱诗的仪式后，大家就到院子里的棚子下休息，快到十二点的时候开始唱歌、跳舞。在整个丧葬仪式过程中，教堂的牧师充当"董萨"的角色。

三 丧葬习俗的重构

在信仰基督教之前，等嘎村景颇族的整个丧葬仪式最核心的任务就是将逝者的灵魂送回到景颇祖先居住的地方，避免灵魂停留在生前的世界影响生者。景颇族所信仰的万物有灵使他们相信一切事情都是鬼神的引导和操控，鬼神不仅掌握着人类的祸兮旦福，还有动植物的生老病死，可以说，鬼神是景颇人最为崇敬也最为害怕的事物。"董萨"是景颇族人与鬼神之间的沟通者，不管是村中整体还是村民个人家中出了事情，好事坏事都需要请董萨来与鬼神交流，通过满足鬼神的要求来求得趋吉避凶。这种可以控制现世的鬼神就是景颇族原始宗教的核心，也是近现代许多民族的原始宗教共有的观念特征。[①]

等嘎村基督教徒的葬礼仪式都蕴含着基督教文化的核心思想和内涵。从葬礼仪式的作用来看，信仰景颇族原始宗教的村民葬礼几乎全部过程都是生者与鬼神的沟通，包括董萨给逝者灵魂引路、跳崩冬舞保护逝者及其亲友不受鬼神的侵害、下葬后的对逝者灵魂是否归去的占卜，均是通过董萨的占卜和祭祀来完成，董萨是作为主导者来进行葬礼仪式的。而信仰基督教的景颇族村民的葬礼是通过大家的祈祷和唱诗来完成对逝者的祈福和怀念之情，每个人都是平等的，牧师只是作为活动的引导者来帮助大家共同完成葬礼仪式。葬礼仪式的作用从董萨主导的送归逝者灵魂和驱除恶鬼变为了牧师引导的对逝者的缅怀和祈福，同时也可以看出葬礼仪式的主导角色的变化。

同时，根据不同信仰的内涵，逝者的灵魂归处也发生了变化：原始宗教中人去世后的灵魂要回归祖先之地，而基督教教义认为人去世后灵

---

① 瑞丽市中缅边境文化交流协会：《景颇族历史文化研究》，德宏民族出版社2014年版，第69页。

魂是要去到天堂。原始宗教的葬礼仪式要通过董萨念指路经、杀牛献祭和跳丧葬舞来引导逝者灵魂回归祖先之地，在村民信仰基督教以后，景颇族基督教徒的葬礼活动只有牧师和传道员来带领大家为逝者祈祷。基督教徒认为灵魂的归处是由逝者生前自身的言行举止来决定的，旁人无权干涉，因此，葬礼的参与者们只能希望并祝愿逝者可以如愿到达天堂。

尽管信仰发生了变化，但是部分景颇族民族文化仍然在葬礼仪式中有所体现，比如说逝者的着装仍是景颇族传统服装、遗体及棺木的遮盖物均是女儿带来的景颇族传统红绿相间的格子布料"朴炯"，去世当天的主食是鸡肉稀饭，送魂当天需要由逝者子侄辈分发鸡蛋和糯米饭等。这些事项是景颇族原始宗教葬礼的步骤，但是作为基督教徒仍然保留了这些活动，不过有所区别的是，在原始宗教的景颇族葬礼中，这些物品或食物都是董萨占卜祭祀使用的道具或工具，均有不同的意义，比如说送魂的鸡蛋只有参与送魂仪式的亲属才可以单独吃，因为鸡蛋是董萨用来占卜灵魂是否归去的重要道具，且每个鸡蛋都代表着送魂人个人的未来运势。在基督教徒的葬礼上，这些物品、食品等都不再有与鬼神沟通的意义，仅仅是作为景颇族的一种传统习俗而出现的。同样葬礼仪式中最重要的崩冬舞也不再有送鬼驱鬼的意义，而仅仅作为一种葬礼上的传统活动而存在。

通过对丧葬仪式的分析可见，基督教在从日常以教堂为中心的闲暇活动逐步过渡到村民更为重视的婚丧嫁娶的民俗生活中去，一方面使得基督教徒逐渐接受基督神学思想，另一方面间接地改变了等嘎村原有的鬼神信仰文化。在社会变迁与转型背景下，等嘎村民的思想观念、价值观发生转变，在不排斥外来宗教的同时和多种鬼神信仰体系的影响下，等嘎村民众信仰观念中对各种神灵不知就里地崇拜，这种"不管是外来的还是其他、宁信其有不信其无"的心理，使他们对基督教上帝同样滋生出一种认可和包容的态度。在等嘎村这样一个具有多种宗教信仰共存的村落中，尽管有不同信仰之间的竞争和排斥，但并没有给村落造成人群的绝对隔离和空间的分离，不同信仰在村落中共生，按照自己的方式和行为逻辑调整和调适不同信仰造成的矛盾和误解。

基督教与景颇族传统文化间相互调适,基督教作为外来宗教在等嘎村扎根,在文化适应的过程中对景颇族传统文化进行重塑。基督教文化适应策略可总结为:第一,基督教保持了制度性宗教该有的形态,如它在等嘎村有独立的活动场所——基督教堂,有系统的教规、教义与神学思想、特定的教徒群体、特定的信奉对象——上帝,在几乎所有基督教徒的人生仪礼和岁时节日等活动中,牧师作为教徒的引导者为大家主持仪式。第二,当教徒聚为群体时,其仪式的践行会完全按照教会要求的规则来进行;在葬礼仪式上,所有的教徒都在牧师的引导下进行祷告和唱诗,但在非集体聚会时,部分教徒就不再按照严格的教义教规来完成祷告,他们往往把上帝当作和任何一个民间俗神一样,按照自己的方式进行仪式的践行。第三,因信教的目的和诉求不同催生出不同的信仰态度,引出对教规、教义不同程度的遵循。

综上,基督教在等嘎村的文化适应策略呈现这样的趋势:基督教在适应当地民俗生活过程中既保持其作为制度性宗教该有的形态,同时信仰模式已经与村落民间信仰趋于一致。

结　语

近代以来,等嘎村景颇族原始宗教信仰赖以依托的社会结构功能随着历史的变迁而逐步发生异化,导致以经济、政治结构为存在条件的精神结构也相应地发生了改变,这一改变又使其原有的功能丧失,从而使该村景颇族村民转向寻求一种能替代原始宗教的信仰系统,这就为基督教在等嘎村的传播和发展提供了内在可能性。基督教在向中国景颇族地区传播之前,已在缅甸克钦族地区开展传教活动,景颇族作为跨境居住的少数民族,与境外克钦族属同族同源,这为基督教能顺利从缅甸传入中国景颇族地区创造了有利条件。从1885年开始,大批传教士在克钦族地区传教,到景颇文的创制普及,再到本土传教士的培养,这都为基督教向中国景颇族地区的传播提供了重要的前提。再加上村民日常生活实践中实用功利性利益驱使及精神信仰的寄托需要,这些条件都为基督教长期在等嘎村的生存、发展提供了土壤。

丧葬仪式是涉及基督教文化和景颇族文化观念和内容较为广泛和全面的仪式行为,通过丧葬仪式可以更为直观地看到基督教在丧葬仪式中乃至等嘎村景颇族民俗生活中的功能和意义。在等嘎村基督教徒的葬礼上,牧师充当葬礼仪式主持董萨的角色,逝者灵魂归属之地从先祖之处变为天堂,"圣经""十字架""耶稣"等基督教符号遍布在整个丧葬仪式中。实际上,基督教对于葬礼中的很多核心仪式如哭丧、烧纸钱等葬礼习俗也选择了妥协与包容,由此丧葬仪式中呈现出基督教、景颇族传统信仰等多样并存的文化表征。(从另一方面看,景颇族丧葬习俗某种程度上被基督教文化改造,仪式被基督教文化重构,逐渐演化为以基督教文化为核心。因此,景颇族葬俗文化有被基督教文化改造而出现文化转向的发展趋势。)

基督教在缅甸傈僳族社会中的功能变迁研究[①]

高志英　沙丽娜

一　研究缘起：基督教——研究缅甸傈僳族绕不开的议题

地处藏彝走廊境外段的缅甸，傈僳族人口仅次于中国傈僳族，其研究现阶段多集中于历史上族际关系紧张、寻找经济资源，而疏于宗教动因。特别是基督教在缅甸傈僳族社会功能变迁，则更少有专题研究。本研究通过对1949年以来缅甸傈僳族基督教对内凝聚又分离、对外博弈又联结的场景性功能变迁过程的系统梳理，揭示中缅跨境、山地与迁徙民族所普遍具有的另类全球化与现代性。

20世纪40年代利奇在缅甸高地做英国殖民官员进行人类学田野调查的时候，傈僳族还是一个不入其法眼的"克钦族支系"。所以，在其

[①] 基金项目：2017年国家社科重大项目"基督教中国化背景下的农村基督教问题研究"（项目编号：17ZDA231）；2018年"云岭学者"项目"中国跨境民族宗教跨境流动与社会治理研究"（项目编号：ck18370）；云南大学民族学一流学科建设项目。本研究所采用资料，除了特别标注出处之外，其余皆为笔者团队从2010年至今的田野调查所得。

著作①中不过零散化、碎片化地偶尔出现。实际上，据文献记载，至迟在元代傈僳族先民"卢蛮"就已分布于中缅北界。《元一统志》就记载"卢蛮"分布于怒江以西更远之地，方国瑜先生考证此乃分布于碧罗雪山以下的傈僳族、怒族先民。②到20世纪20年代英国内地会传教士富能仁在传教布道过程中发现，傈僳族已经遍布中缅高寒山区：

> 通常能在中国云南和缅甸的高寒山区，可以找寻得到他们（傈僳）的踪迹。……在云南，实际上他们（傈僳）是生活在维西到思茅③的中缅边境一线。总之，英国侵略者来了以后，他们被迫沿着祖先的路线往（缅甸）东北绝境迁徙，直到葡萄地区与南部的掸邦。④

所谓沿着"祖先的路线"，也就是早在元代以前就已经西迁于中缅北部交界地的"卢蛮"的路线。英国将缅甸沦为其殖民地，加之民国政府疏于边境管理，就便利了外国传教士频繁来往于中缅边境傈僳族地区传播基督教。富能仁就是这样一位足迹踏遍中缅边境傈僳族村寨的英国牧师，因此就较为确切地发现当时傈僳族的分布范围。这也是富能仁及其后来的外国牧师传播基督教的比较成功的主要地方。

陶云逵是首位撰写傈僳族民族志的人类学家，他介绍了20世纪30年代傈僳族的分布情况：

> 所谓中心点是指傈僳族会聚最多的地方，就是北纬28°至26°，东经98°30′到99°30′，即今贡山、康乐（福贡）、碧江三设治局及

---

① [英]埃德蒙·利奇：《缅甸高地诸政治体系——对克钦社会结构的一项研究》，杨春宇、周歆红译，商务印书馆2012年版。
② 《元一统志·丽江路二州》，载方国瑜主编《云南史料丛刊》（第二卷），云南大学出版社2001年版，第90—95页。
③ 今云南省普洱市。
④ F. O. Fraser, *Handbook of the Lisu(YAWYIN) Language*, Rangoon Superintendent, Government Printing, Burma, 1922, pp.1-2.

维西、兰坪、云龙三县境，包括怒江、澜沧江上游，亦即高黎贡山及碧罗雪山北段各境。其次则在泸水、腾冲、盏达、干崖，及其西，旧茶山长官，浪速地等，又怒江与恩梅开江之间的各山岭中并江心坡即旧里麻长官司地……①

到20世纪40年代张正东则更为详细地介绍了其时傈僳族的分布范围：

傈僳民族之中心分布地，多在云南西北部横断山脉汇总之高原及浪（澜）沧江、怒江、恩梅开江之峡谷地带中。在东经九十八度到九十九度三十分，北纬二十五度到二十七度三十分之间。住于云岭山、碧罗山、高黎贡山岩谷里，分属于维西、贡山、福贡、碧江、泸水、兰坪等县局。人口约十万余，自耕而食，自织而衣，竟不履城市，可谓独居之中心地带。其他散布于雅砻江、金沙江、恩梅开江②及怒江、曲江③、沧江④下游之峡谷里之村落，亦不少。……在恩梅开江流域者，如滇缅北段未定界之江心坡及腾冲之古永、狼牙山，登埂、滇滩、明光土司地，其住民多系傈僳。在怒江流域者，如腾冲、龙陵、镇康、路（潞）西、盈江、莲山、陇川、瑞丽等县局之高山峻岭，亦有傈僳村落。在浪（澜）沧江流域者，除中心独居地带之贡山、福贡、碧江、维西、兰坪等县局外，尚有剑川、洱源、漾濞、云龙、大理、蒙化、永昌、顺宁、澜沧等县均有傈僳山寨。⑤

---

① 陶云逵：《碧罗雪山之傈僳族》，载《中央研究院历史语言所集刊》（第十七本），1948年，第327—328页。
② 源于青藏高原，在中国境内称独龙江，进入缅甸境内史称恩梅开江，为伊洛瓦底江两大支流之一。
③ 即独龙江，以曲（俅）蛮分布而得民。
④ 即澜沧江，出境后称为湄公河。
⑤ 张正东：《云南傈僳族及贡山福贡社会调查报告》，载张正东著，石开忠编《云贵民族考》，群言出版社2014年版，第20—21页。

而且，陶云逵与张正东皆发现了基督教在碧罗雪山一带傈僳族地区的传播及其在傈僳族社会的影响：

> 自英传教士富能仁用拉丁文发明傈僳字，译就傈僳语之《圣经》，始传授于龙陵社区之傈僳，继续扩广到各处之傈僳寨后，向之无文字者，今则能记账、写书牍、立契约也；向之无宗教者，今则祈祷上帝而忏罪恶也。①

那么，傈僳族在中缅交界地的迁徙与广泛散居于高寒山区，是否便利了基督教的传播？短短半个世纪后，即进入 21 世纪初，据缅甸傈僳族学会与教会统计，缅甸傈僳族人口已经达到 50 万人左右②。因此，研究傈僳族，缅甸傈僳族是不可忽略的。而且，傈僳族 20 世纪以来在缅甸的迁徙、分布，几乎与基督教的传播同步。又因缅甸傈僳族广泛分布于从中缅交界地东进印度、南下泰国的广阔区域，加之越来越在缅甸政治、经济领域发出民族声音，而能够发声的民族精英，几乎都是基督教信徒。所以，在推进中国与东南亚"一带一路"建设中需要关注傈僳族及其基督教。

缅甸傈僳族人口的激增，也与其基督教信仰有关。调查发现，除了被缅甸政府当作与拉祜族、景颇族、独龙族等迁徙民族一样是"没有国家的民族"，而给予国民身份证，使得周围难以获得身份证的一些民族借用傈僳之名获取缅甸身份证之外，更多的是 20 世纪 50—70 年代中国傈僳族与怒族、白族支系勒墨人因宗教因素大量西迁缅北所致。③另一原因，则是怒族与白族支系勒墨人至今并未被缅政府承认为独立的民族共同体，因他们与傈僳族的地缘或族源与文化渊源关系而被归属于傈僳族中。再一个原因是当时缅甸尚未实施计划生育政策，加之基督教反对堕胎，育龄傈僳族夫妇一般都生到失去生育能力为止。因此，从 20 世

---

① 张正东：《云南傈僳族及贡山福贡社会调查报告》，张正东著，石开忠编《云贵民族考》，群言出版社 2014 年版，第 10 页。
② 2010—2021 年，调查组对缅甸傈僳族跟踪调查获得的资料。
③ 史富相：《史富相文集》（内部资料），怒新出（2006）准印字 16 号，2006 年，第 94 页。

纪 50—70 年代激增的傈僳族人口基数，加上基督教信仰下的多生多育观念，必然导致其人口的激增。所以，每进一户缅甸傈僳族人家，拥有五六个、七八个孩子的很常见，乃至十多个孩子的家庭也不少。但基督教与缅甸傈僳族人口关联性问题，至今尚无人研究。

在中国傈僳族西迁缅甸的漫长历史中，从 20 世纪 50—70 年代 20 多年间与基督教关系最为密切。1950 年前后，一些对共产党与新生人民政权不了解的中缅边境傈僳族因对历代汉族统治者的恐惧阴影而逃往当时人烟稀少的缅北山区；1956—1976 年，在中缅边境农村先后开展的合作社、大跃进、民主补课、人民公社与政治边防运动中，一方面是基督教活动被禁止，基督教读物被没收、烧毁，教牧人员被批斗、劳改；另一方面是山地民族所不习惯承受的白天黑夜高强度劳动和晚上开会搞批斗，导致中缅边境地区中国一侧的大量傈僳族外流。这样，20 世纪 50 年代以来西迁缅甸的傈僳族总是或多或少，或直接间接与基督教相关联。传统的鬼神崇拜，被基督教信仰所取代；围教堂而居，已成为缅甸傈僳族村落的基本格局；久而久之，教堂牧师也就成了缅甸傈僳族社会的文化精英与精神领袖。又因缅甸没有进行全国性人口普查，身份证的发放也多有漏洞。所以，要得到缅甸傈僳族人口的确数，也不得不依靠各教会负责人的提供。因此说，研究缅甸傈僳族社会，基督教是重要的切入窗口与研究议题。但遗憾的是，至今为止，除了傈僳族学者史富相[1]与笔者团队[2]，尚未有更多学者关注，也就难以为国家"一带一

---

[1] 参见史富相《史富相文集》(内部资料)，怒新出 (2006) 准印字 16 号，2006 年。

[2] 参见高志英及其研究团队相关论文与著作：《傈僳族的跨国迁徙与藏彝走廊空间拓展述论》，《民族学刊》2020 年第 2 期；《中北界傈僳族、怒族的"基督教化"与基督教的"本土化"研究》，《国学与西学·国际学刊》(第 11 期) 2016 年 12 月；《多重边缘中的中缅跨界傈僳族上刀山仪式及其功能演变》，《世界民族》2016 年第 6 期；《缅甸傈僳族的多重认同与社会建构》，《广西民族大学学报》(哲学社会科学版) 2012 年第 5 期；《中缅怒族与傈僳族的分化与交融》，《中国社会科学学报》2011 年 7 月 4 日 018 版；《藏彝走廊西部边缘民族关系与民族文化变迁研究》，民族出版社 2010 年版；《族际关系对中缅北界傈僳族的跨界迁徙与民族认同的影响》，《学术探索》2010 年第 5 期；《20 世纪前半期中缅傈僳族的基督教发展》，《世界宗教文化》2010 年第 6 期；《基督教与民族社会文化变迁——云南福贡傈僳族、怒族基督教发展态势调查研究》，《大家文学杂志社专题资料汇编》，2010 年；《藏彝走廊西边边缘民族文化变迁研究》，民族出版社 2010 年版；《密支那傈僳"阔时节"》，《节日研究》第 7 辑，2013 年；沙丽娜《中缅傈僳族基督教本土化实践比较研究》，博士学位论文，云南大学，2020 年。

路"建设提供可资参考的资料,也使藏彝走廊的境外研究拓展方兴未艾,尚待推进①。

二 抱团取暖:傈僳族西跑缅甸过程中的基督教

据文献记载,至迟在元代就已分布于中缅北界的傈僳族,到清代、民国时期在该区域山区已经建立了众多村落。20 世纪 10—30 年代腾冲籍政府官员李根源②、尹明德勘察该区域时,③从怒江西翻越高黎贡山到缅北城市密支那、葡萄与八莫,沿途皆有数不胜数的傈僳族村落分布,可以看出傈僳族由东向西、由北而南和由南而北迁徙的趋势。而且,在 20 世纪 10 年代李根源的调查中,信鬼、山居不洁者为傈僳族,说明其时的傈僳族以信仰原始宗教为主。但到了 30 年代尹明德勘察该区域的时候,就看到了英国传教士在缅北傈僳族地区的苦心经营,并提请中国政府关注。④

20 世纪初是基督教初传中缅傈僳族的时期。1902 年密支那附近马肯村的一对傈僳族夫妇率先皈依基督教,其后将传教士接到马肯傈僳村传教,开启了缅甸傈僳族信仰基督教的历史。⑤1915 年,腾冲胆扎一户蔡姓傈僳人家听了中华内地会英国传教士富能仁牧师的传道,而将祭灵神龛拆除销毁,开启了中国西部傈僳族信仰基督教的历史。此后,不断有欧美国家内地会、神召会、浸信会、基督会等差会的传教士进入中缅北界、中界怒江、保山、德宏与临沧边境两侧傈僳族地区传播基督教。到 20 世纪 40 年代末,中缅边境怒江州福贡县有 20% 以上的人皈依基

---

① 参见高志英、余艳娥《傈僳族的跨国迁徙与藏彝走廊空间拓展述论》,《民族学刊》2020 年第 2 期。
② 李根源:《滇西兵要界务图注》,载方国瑜主编,徐文德、木芹、郑志惠纂录校订:《云南史料丛刊(第十卷)》,云南大学出版社 2001 年版。
③ (民国)尹明德滇缅界务调查小组:《云南北界勘查记》(影印本),中国方志旧书华南地方第 247 号,(台湾)成文出版社有限公司,民国二十二年刊本。
④ (民国)尹明德:《滇缅界务北段调查报告》,载马玉华主编《西南边疆(卷四)》,黑龙江教育出版社 2012 年版,第 241—256 页。
⑤ 《马肯傈僳村历史》(傈僳文),内部资料,2005 年。

督教，其中以傈僳族人口为多，怒江州其他三个边境县泸水、福贡与碧江的情况也大致类似。① 外国传教士在今德宏木城坡、临沧福音山与怒江麻栗坪、里吾底、秤杆，以及缅甸密支那、葡萄、八莫等地先后或同时开办圣经学校或短期培训班，所培养的大量本土传道员自由游走于中缅交界山区傈僳族村落传教布道。

外国传教士所传播的平等、博爱的基督教思想与施医施药施教的传教方式，让长期在大汉民族主义下被边缘化的傈僳族寻找到了现实社会所短缺的精神支柱，同时也拥有了抵御自然压力幻化的鬼神祭祀的思想与工具。② 怒江怒族与傈僳族文化长期相互交融，被傈僳族同化的趋势明显，有区域文化共享传统；③ 加之与傈僳族一样长期处于不堪重负的社会与自然双重压力之下，因而就跟随傈僳族信仰基督教。④ 因此，到怒江解放之时，二者因同样基于对历史上"嘿帕"——汉人⑤ 官员与商人的残酷统治与盘剥的阴影，对共产党与新生人民政权的不了解，以及沿袭游耕、游猎与采集生计方式等多种原因，两个民族中有一部分信众在1950年跟随外国传教士与民族宗教领袖跑缅甸。之后一直到20世纪70年代，因错误执行民族政策与宗教政策，两个民族皆有不少村民跑缅甸。⑥ 其中，不少人是基督教信徒，或者在跑缅甸过程中皈依了基督教。与此同时，同因跑缅甸的，还有在怒江与傈僳族、怒族杂居的白族支系勒墨人，而且其中绝大部分也与傈僳族共享基督教信仰。因此，如果说20世纪10年代李根源将信鬼、"不洁"的傈僳族、怒族、独龙族，

---

① 云南省编辑组：《中央访问团第二分团云南民族情况汇集》（下），云南民族出版社1986年版，第23页。
② 参见云南省编辑组《中央访问团第二分团云南民族情况汇集》（下），云南民族出版社1986年版，第20页；云南省编辑组《傈僳族怒族勒墨人（白族支系）社会历史调查》，民族出版社2009年版，第28—29页。
③ 云南省编辑组：《中央访问团第二分团云南民族情况汇集》（下），云南民族出版社1986年版，第1页。
④ 云南省编辑组：《傈僳族怒族勒墨人（白族支系）社会历史调查》，民族出版社2009年版，第60页。
⑤ 指汉族、纳西族和白族等"汉化"程度较高的外来官员和商人。
⑥ 高志英、沙丽娜：《缅甸傈僳文化的适应性变迁》，载云南省民族学会傈僳族研究委员会、傈僳族发展促进会编《傈僳族研究》（第九期），2015年，第217页。

乃至景颇族等归类为"傈僳族"，并以此作为与信佛、洁净的傣族之间边界。[1]那么，就此时期缅甸的傈僳族与归并于傈僳族的怒族、勒墨人而言，基督教是与信仰佛教的缅族、掸族的重要族群边界。

实际上，并非每一个或每一户跑缅甸的傈僳族、怒族与勒墨人都是基督教信徒。但是漫长、艰苦而又危险的非法跑缅路，使得更多的傈僳族、怒族与勒墨人成为基督教徒。前途道路茫茫，后有民兵追赶，时有猛兽出没，忍饥挨饿、病痛缠身是常事。据说，几乎有一半跑缅甸者死在途中，有的因疟疾、伤寒而病死，有的饥寒交迫而饿死，有的跌下深谷而摔死……而且，绝大部分皆是仓皇出逃，传统的氏族头人制在此时已不起作用。如果是跟随牧师，或者信徒相约而逃，基督教在弱势群体中的抱团取暖功能就能够很快显现出来。有的是一个牧师出逃，沿途就会不断遇到有西逃者，以及原住民中的非基督教徒受跑缅甸者的影响而皈依基督教的，而在这类临时性的教会小团体里获得扶持与帮助。所以，在对缅甸傈僳族的调查中发现，多数会说感谢"乌萨"（上帝）的引领，让他们平平安安到了缅甸。因此，因中国西部傈僳族跑缅甸而使缅甸傈僳族人口在短期内增多，也就意味着基督教信众的突然增多。其中就包括怒江怒族与勒墨人，他们大多经历了从散居、祭拜各自的祖先神灵与自然神灵到统一于基督教"乌萨"信仰的过程。可见，此时期缅甸傈僳族人口增多，是推力与拉力双重作用的结果。推力是早期对于中国共产党的不了解与历史阴影下的妖魔化想象，后期是错误执行的民族政策与宗教政策，而拉力则是当时缅甸还有大量的自然资源、丰富的山地可以自由开垦，历经漫长的英国殖民、日本侵略与内战的缅甸政府无暇管控这些游弋于缅北高地的迁徙民族，更无干预其宗教信仰的能力与精力。因此，他们出于这种对于"想象的异邦"的所谓"自由"的向往而走上跑缅之路。

但是，到了缅甸，所谓的"自由"不过是想象出来的，自然压力没

---

[1] 李根源：《滇西兵要界务图注》，载方国瑜主编，徐文德、木芹、郑志惠纂录校订：《云南史料丛刊第十卷》，云南大学出版社2001年版，第807页。

有减轻，反而因为生产力水平低下、无医疗条件和瘴气严重而患疟疾者不少；社会压力则更大，不但受大缅民族主义的统治，还受周围以景颇族为主的克钦军队的欺压。据说一窝鸡还没有孵出来，就要被抢掠五六道，缅军来了也抢，克钦军来了也抢。散居、游耕而又没有自己军队的傈僳族，就像风雨中的小鸡，只有依偎在老母鸡翅膀下才有些保护与温暖。① 因此可以说，此时期缅甸傈僳族的基督教对于傈僳族而言，就如在民国时期中缅边境的傈僳族社会一样，同样是一种想象的保护力量，更多的是一种精神慰藉的功能，就如溺水者手中的一根稻草，也使其不至于失去对生活的希望。

20世纪下半期，缅甸傈僳族教会除了早期在缅甸傈僳族中传播的浸信会与内地会之外，还有来自中国怒江贡山的基督会和怒江福贡与迪庆维西的神召会，也有来自怒江中部至保山、德宏与临沧的内地会，以及来自德宏的浸信会。这些教会领袖与信徒匆匆忙忙逃往缅甸的过程，也是打破教会边界、相互混融的过程。虽然此时期中国西部傈僳族西迁，基本上是以横向翻越高黎贡山到缅北克钦邦与掸邦为主，所以到了缅北山区、半山区之后的分布地大致与其祖居地平行。但是地理环境的复杂性与西迁过程的曲折性、零散性，使其到缅甸后不是那么容易找到其原属教会，而不得已加入其他教会。而且，这不仅是被外国与本土教牧人员所允许的，而且他们自己也是率先如此随机应变的。

长期负责福贡里吾底内地会的美国传教士杨志英就曾经对缅甸克钦族浸信会领袖说：当中国（西部）傈僳族内地会信徒到缅甸时，请接纳他们。也对中国西部傈僳族内地会教会领袖与信徒说，到缅甸以后可以加入克钦族浸信会里。② 这是因为浸信会在缅甸发展时间长，势力大，当时缅北基督教发展规模是包括傈僳族、怒族等在内的克钦族独大。因此，当早已被泸水县政府任命为副县长的祝路球③ 因惧于越来越猛烈的政治运动而于1952年西逃密支那之后，也是加入了克钦族

---

① 2010年1月，笔者在缅甸密支那对傈僳族头人勒墨约翰先生的访谈资料。
② 史富相：《史富相文集》（内部资料），怒新出（2006）准印字16号，2006年，第228页。
③ 亦写作祝路曲，又名路肯有。

在密支那的浸信会。而且，因其在教会组织、发展、教学与文体活动多方面的重大贡献，被克钦浸信会所认可，成为了其中重要的教会领袖。① 在这个浸信会里，在祝路球加入前后，有本来就属于浸信会的中缅傈僳族，也有从中国新迁入的内地会、神召会与基督会的信徒。这与当时缅甸国家民族政策下，傈僳族被归并于克钦族的社会现实是相吻合的。又因缅甸傈僳族中还包括怒族与白族支系勒墨人，当时的克钦族浸信会中就还有怒族与勒墨人。浸信会也就成为包括中国景颇族除了波拉以外的四大支系，以及包括阿昌族、傈僳族、独龙族与怒族、勒墨人等的宗教文化大熔炉。

  来自贡山的基督会是一个家族性的宗教组织，莫尔斯夫妇与其三个儿子皆从事传教工作。因此，在贡山解放之际跑到缅甸以后其组织能力仍然很强，自然也就包罗了非信徒或其他教会信徒而独占一方，其在缅北葡萄的势力甚至超过了其他所有的教会。1950 年，在驱除外国传教士的过程中，除了莫尔斯被关押在昆明之外，其妻子与三个儿子在当地傈僳族、独龙族信徒的帮助下西逃至缅北葡萄，继续发展基督教，也吸引了很多不限于基督会的信徒加入其中，还有一些沿途不堪自然压力与异族欺凌的中缅北界傈僳族、独龙族与怒族皈依了基督教，教会势力大增，而引起缅甸政府的恐慌。于是，莫尔斯家族被驱逐，只好东迁印度，准备辗转加尔各答回国。令莫尔斯家族与缅甸政府想不到的是，当时有五六千名信徒跟随他们，就展演了一部气势恢宏而又艰险悲惨的"出埃及记"。② 据莫尔斯二儿子莫约书亚的回忆录和傈僳族知情人士的介绍，途中病死、饿死、跌死者不计其数，被老虎咬死的也有五六人。但带那么多信徒到印度转美国显然是不可能的，所以他们只好又返回葡萄，苦心经营目岚诗底村教会基地。莫尔斯的三个儿子也在建设村落，以及与村民一起狩猎、采集与刀耕火种生产生活中长大，他们的母语是傈僳语与独龙语，而英语对他们来讲则成为外语。这更加激发了

---

① 朱发德主编：《滇西基督教史》，怒新出（2007）准印字 20 号，2008 年，第 280 页；史富相：《史富相文集》（内部资料），怒新出（2006）准印字 16 号，2006 年，第 229 页。

② Eugene Morse, *Exodus to A Hidden Valley*. The U.S in 1974 by Reader's Digest Press, New York.

早期弱于景颇族，而且是后来者的傈僳族和怒族对基督教的认同感，这是当时他们所能得到的唯一的力量精神与社会支撑力。2018年笔者团队首次到葡萄调查，发现坐落于缅北葡萄的世外桃源般的目岚诗底村落的道路、水利、公共世俗（球场等）空间与神圣空间一应俱全。木结构教堂与神学中心之雄伟、宽敞，这在相对封闭的葡萄不得不说是一个建筑奇迹。四周山峰为屏，江河为池，肥沃稻田千亩，金黄色的柚子挂满枝头，莫尔斯的儿子莫约伯所作的傈僳歌曲《美丽的目岚诗底》是中缅泰等国傈僳、怒族等信徒耳熟能详、张口就来的一首名曲。可以想见，"文化大革命"前后的怒江傈僳族、怒族和独龙族村民对"美地"的向往和追求，因而也就打破了早期的教会区隔，同时也取代了傈僳族、怒族与独龙族的原生宗教信仰，发挥着拢集信众，给其精神安慰与社会支撑力的作用。

总之，因为此时期缅北傈僳族人口尚少，而且其生计方式也还处于游弋不定的游猎、游耕与采集中，与外界接触较少；缅甸政府则除了征兵、抢掠之外无暇深入管理缅北边缘山区；以中国景颇族四大支系与阿昌族为主的克钦族则要笼络傈僳族对抗以缅族为主的缅政府，而对傈僳族主要是征兵、征税、征粮，对其内部的干预还相对较少；广袤的缅北山区与其丰富的自然资源，还使得傈僳族仍能以自然之子相对自由地生存、迁徙。这样，基督教对于缅甸傈僳族而言，一是对内增强凝聚力，以集体力量抵御自然压力；二是使人们沉浸在对"天堂"的想象和向往中，而少与外界接触，更遑论博弈了。正如缅甸傈僳族牧师兼学者的勒墨约书亚所说：外国传教士（如从贡山跑到缅北的基督教会莫尔斯家族）所言，傈僳族子女不用去政府学校读书，而是在教会学校学傈僳文、读《圣经》、"听上帝的话"就可以了。[①]就导致此时期的傈僳族与傈僳族教会主观上不愿与包括缅政府、景颇族在内的外界接触，客观上因语言、文字及其他因素而缺乏融入缅甸社会的能力。于是，傈僳族就

---

① Dr. Joshua Leme, *A History of the Lisu*, Myint Press, Yangon, 2019(1ST Printing-2014, in Myanmar Language), p.86.

成为缅甸政府所言的"没有国家的民族",傈僳族基督教会就成为缅甸的"国中之国",发挥着对内凝聚与对外逃避的功能。①

三 对内凝聚、对外博弈:与民族意识觉醒同步发展的傈僳族教会

不仅是中国西部傈僳族与其同区域怒族、勒墨人的西迁(跑)缅甸,与基督教关联密切;而且,之后他们从中缅北界山区往缅甸坝区、城郊的迁移过程中,基督教在其中的作用不小,其凝聚民族与对外博弈的功能越来越突出。

调查发现,一方面,尽管缅甸傈僳族接受基督教要早于中国西部傈僳族,但是在后来的发展中影响甚大,或者说起主导作用的教会无不与中国傈僳族教会有关。而且,其中不少教会精英在其民族中有先知先觉的表现。例如,20世纪50年代初从中国怒江泸水迁居密支那的祝路球成为缅甸克钦族浸信会成员,后来他成为缅甸傈僳族浸信会的重要领袖。1968年,傈僳族从多民族联合的克钦浸信会教会中分离出来,并成立缅甸傈僳族浸信会之时,随之而来的是在密支那创办了缅甸傈僳族圣经学校,该校第一任校长便是从中国跑缅甸不久的祝路球牧师。这所圣经学校不分教派,不分地区,凡是傈僳族基督徒都可以在此学习,因而培养了不少傈僳族基督教人才。此外,祝路球深受缅甸傈僳族信众的爱戴,常被邀请到缅北各地傈僳族村落讲道。他通过在各地讲道和开展藤球等体育项目比赛,吸引并培养出了一批批傈僳人才,在凝聚民族力量与增强民族团结方面功不可没。需要注意的是,这一时期是缅甸傈僳族从克钦族中分离出来并争取民族独立共同体合法地位的时期。在基督教方面的典型表现,就是祝路球等傈僳族教牧人员率领傈僳族信徒从克钦族浸信会中独立出来,并建立傈僳族浸信会,而且主动融入缅甸宗教

---

① Dr. Joshua Leme, *A History of the Lisu*, Myint Press, Yangon, 2019(1ST Printing-2014, in Myanmar Language), p.62;[美]詹姆斯·斯科特:《逃避统治的艺术》,王晓毅译,生活·读书·新知三联书店2019年版; Michele Zack, *The Lisu Far from the Ruler*, University press of Colorado, 2017, p.3.

界乃至世界基督教体系之中，为后来一部分傈僳族精英走上政治舞台奠定了人才与社会关系基础。傈僳族浸信会这一传统一直传承下来，在后来缅甸民主转型过程中进入县、邦与国家政治舞台的傈僳精英，不少是浸信会信徒。如勒墨约翰曾担任密支那傈僳学会会长、克钦邦民族学会副会长，刮阿此担任克钦邦民族部傈僳族部长等。

另一方面，越来越多的傈僳族皈依基督教，原因是基督教可以作为在缅甸生存、发展的灵性资本。[①]甚至国民党匪首CSM在三次反攻怒江屡战屡败后，从小在怒江老家就皈依基督教的他，也终于放下屠刀，成为更加虔诚的基督教徒。被其在驻守腊戍时抢来的瑞丽汉族压寨夫人杨女士，一方面至今不能释怀丈夫忙于打仗而疏于对妻儿的照顾，另一方面也跟随其夫皈依了基督教。笔者每次到抹谷调查，周末到CSM之子CYS为母亲杨女士建盖的小别墅，总是看到傈僳族信徒聚集在她家做礼拜。在老人还能够走动的时候，她就到儿子CYS的金蝴蝶山庄所在的水利表傈僳村，在儿子建盖的教堂里做礼拜；到晚年腿脚不便后，就在家里做礼拜。赡养老人的孙女婿是牧师，孙女婿的父亲是教会学校校长。在她家里的礼拜通常由孙女婿和其他几位教会同工轮流主持。平日里，时常有很多远近的人们来看望杨女士，他们中不少人是通过她的资助读书或做小本生意而谋生的。受助者并不限于傈僳族，也不限于基督徒。杨女士的干儿子（也是她的孙女婿的父亲）是教会学校校长，其父子两代人读神学皆得到杨女士母子的资助，他所服侍的巴比宝石村的教会教堂也是由杨女士母子资助建盖的。老人还支持CYS建盖孤儿院，并由CYS的大姐管理。孤儿院的孩子们有傈僳族、缅族、印度戈拉人、日旺（独龙族）、汉族等等，其父母的宗教信仰也是形形色色。CYS与夫人资助建盖的抹谷中学，无论是其教师或是学生都是民族多样、宗教信仰多样。正是因为CYS一家对于地方的无宗教、无民族差别的贡献，才能够使他所建的傈僳族村落、教堂与其他民族村落、宗教建筑物和睦并存。由此，才能够使在军政府时期被扣"里通外国（中国）"的莫

[①] 和肖文：《缅甸抹谷傈僳宝石王国的灵性资本研究》，硕士学位论文，云南大学，2020年。

须有罪名劳改 13 年的 CYS，到吴登盛时期以来越来越受到缅政府的重视。如果走进 CYS 与其舅子翁丁出资购买土地后提供给远近同胞围教堂而居，并就地挖宝石生存、发展的傈僳村（村里也有一部分怒族与勒墨村人），就会明白支撑缅甸傈僳族走上国家经济、政治舞台的基础中，基督教是一股重要的力量。

再一方面，傈僳族教会从封闭式人才培养到开放式培养人才。没有一个民族、一种宗教可以永远超然于社会。因为前一阶段对于政府、外界的逃离，而当缅政府力量推进缅北山区，有机会进入体制内工作时才发现民族人才严重短缺。缅甸傈僳族把该时期称为"黑暗时期"。[1] 为了从黑暗走向光明，本土教会领袖就开始积极支持孩子们进政府创办的学校读书。基督会牧师勒墨约书亚就是一个典型例子。

出生于中缅边境莱麦朵村的勒墨约书亚，20 世纪 70 年代末获得文学学士学位后，继续在国内攻读宗教教育学士学位、宗教教育硕士学位，2000—2007 年先后在美国、菲律宾获得神学硕士、政府博士学位。学成之后，他先后在仰光缅族神学院和傈僳族神学院任教，仰光某傈僳族神学院是由他一手创办的。在他与傈僳族老乡、教会同工的共同努力之下，如今在仰光郊区已建成多个傈僳族村落，其中在勒墨约书亚开办神学院的地方就有一个 50 多户的傈僳村落，长期定居仰光的傈僳族人口达 2000 多人。勒墨约书亚创办神学院的目的是希望更多生活在山区的傈僳族青年能够走出大山，长见识，学文化，因此神学院不只学圣经，也开设计算机、傈僳文、英语等课程，因而吸引了葡萄、得乃等地的傈僳族青年。

受勒墨约书亚的影响，他的一部分学生毕业之后，也效仿他开办学校的模式和教学方式，在仰光、板瓦等地创办神学院，并通过教友、教会关系，与美国基督教教会取得联系，进行联合培养，这样神学生在仰光读完硕士之后，一部分优秀学生可以到美国读博士，学成后留校任

---

[1] Dr. Joshua Leme, *A History of the Lisu*, Myint Press, Yangon, 2019(1ST Printing-2014, in Myanmar Language), p.54.

教。勒墨约书亚很注重新一代傈僳族的教育问题，同时他也注意到一个民族的发展离不开文化、经济、政治等方面的崛起，他将此称作"意识觉醒时代"。[①]如今，勒墨约书亚的学生有的已经成为神学院校长，有的在教会服务，有的在做慈善工作，也有在缅甸仰光和欧美国家城区发展的。这几年在缅甸举办阔时节期间，负责音响设备的就是他的学生鱼·拉撒路校长及其团队，他们不仅无偿提供节日期间所需的音响设备，还组织神学生排练傈僳族传统歌舞节目。鱼·拉撒路还与同样是属于勒墨约书亚学生的仰光傈僳学会会长阿格和栋四牧师（莫比傈僳族神学院校长）等人组织在仰光的傈僳族同胞，到仰光各街道、公园、餐厅等场所展示傈僳族传统歌舞文化和饮食文化，引起政府的关注，后来受政府的邀请参加了国际文化节活动，为缅甸傈僳族增光添彩。他们还成立了专门的乐队，每年到缅北偏远山区巡回义演，特别是到毒品、艾滋病泛滥的地区演出，演出期间讲解毒品的危害、艾滋病的传播途径与预防措施，宣传依靠信仰上帝戒毒。[②]因此，这些出自基督教会的傈僳族精英团队，最终服务社会、民族、国家，从而更有利于傈僳族动态融入和适应不断发展中的缅甸社会。

四 "我们是傈僳"：傈僳族融入缅甸社会中的基督教

有一首名为《同根同源——傈僳》的傈僳族歌曲唱道：

> 傈僳……鱼氏、荞氏、蜂氏族之间没有合不来的，赖麦（勒墨）氏族、鼠氏族、然利氏族之间没有相互斗的……世界各地的傈僳同胞啊！虽然我们的方言不一致，但我们的祖先是同一个。我们有共同的血缘，我们的祖先是同一个……居住在世界各地的傈僳同

[①] 2019年5月20—25日，笔者在仰光莫比傈僳村、恩赛村对勒墨约书亚、鱼·拉撒路、栋四等多位傈僳族牧师的访谈资料。同时参见Dr. Joshua Leme, *A History of the Lisu*, Myint Press, Yangon, 2019(1ST Printing-2014, in Myanmar Language), p.55。

[②] 沙丽娜：《中缅傈僳族基督教本土化实践比较研究》，博士学位论文，云南大学，2020年。

胞，虽然我们的方言不一致，但我们的祖先是同一个，我们有共同的血缘，我们的祖先是同一个……我们一同向前迈进吧！团结，互助！为我们国家的发展，我们共同努力！为我们民族的兴旺，你我一起努力！①

这首歌的创作者和原唱皆为基督徒。歌词正好是当下缅甸傈僳族内部团结的真实写照与真切呼吁。而在每个傈僳族村落教堂做礼拜，以及大型庆典中，讲道牧师都要强调民族团结问题。这或许是离一盘散沙似的山区、半山区散居还不远，而更可能的是缅甸傈僳族头上有两座大山——缅族为主的缅政府与景颇族、阿昌族为主的克钦族，傈僳族与怒族、勒墨人在大缅民族主义与克钦民族中心主义下匍匐、呻吟已久，所以需要借助缅甸民族转型之势争取民族生存与发展的权利。在此，基督教会、信众在众多傈僳族民间组织中仍然发挥着举足轻重的作用。

进入21世纪，伴随山区、半山区大量傈僳族迁入坝区、城郊与城市定居，以及傈僳族教育的发展，使越来越多的傈僳族精英们在城市立足，并在缅甸政治、经济舞台崭露头角。如密支那城的刮阿此、阿迪约翰等，抹谷城的茶约瑟、翁丁等，密支那城郊的勒墨约翰、勒墨吴、腊鹿等，他们不仅为傈僳族所倚重，而且在外界声望甚高。他们皆是基督教信徒，他们背后有众多的教会精英与信众。在越来越多的民族精英崛起过程中，也组建了一些傈僳族民间组织，其中有两个傈僳族民间组织值得关注。一个是傈僳族"弩弓党"（缅甸傈僳族发展进步会），另一个是缅甸傈僳族学会。二者领导与成员98%以上都是基督教信徒，就出现了基督教文化与民族传统文化从冲突到并存，对外则是超越教会区隔的共谋发展。最为突出的表现是2011年开始举办的几次大型的缅甸傈僳族阔时节，呈现出傈僳族政治精英、经济精英与教会精英、信众共同融入缅甸社会的实践努力。

缅甸傈僳族学会从20世纪80年代成立以来，始终是缅甸傈僳族

---

① 沙丽娜翻译。

争取民族权益的一面旗帜。第一任元老勒墨约翰是福贡人,其父是民国时期福贡县设治局官员,勒墨约翰在省立福贡完小读过书,所以会讲汉话。本姓木,[①] 到缅甸以后因避免牵连福贡老家的亲戚,而以氏族名称加基督教教名约翰作为在缅甸的名字,可以看出他是个虔诚的基督教徒。从他给笔者的光碟中可以看出,他曾作为克钦邦民族部领导接待中国来访团。在那个场景中,他穿的是景颇族服饰,讲的是缅语与景颇话。而在笔者参与的两次傈僳族阔时节会场,约翰老人穿的是傈僳族服饰,讲的是傈僳话,并参加基督教祝祷仪式。

在第二任缅甸傈僳族学会刮阿此的时代,阿此会长牵头举办了2011年、2016年两次大型傈僳族阔时节。阿此的父母是福贡里吾底傈僳族,阿此出生在福贡老家,虽然是父母背着他迁居缅甸,但因为父母常跟他讲述老家的故事,因而他对祖居地有着深厚的感情。他说之所以购买举办缅甸傈僳阔时节的场地并到处募捐举办阔时节,是为了让缅政府、克钦邦官员看到傈僳族人多势众,从而引起他们的关注。因为21世纪以前大部分傈僳族散居在山区、半山区那些交通险阻、信息闭塞之地,外界一直把傈僳族当作人口不多的克钦族支系之一。所以,当时身兼傈僳族学会会长与克钦邦傈僳民族部部长的阿此就要以人山人海的阔时节庆典表明傈僳族的存在,因此还特意邀请了缅甸各级政府官员,现场为官员赠送并穿戴傈僳服饰,共同参加傈僳族牧师主持的阔时节活动。参加傈僳阔时节的官员既有缅族,也有景颇族、独龙族等,既有佛教徒,也有基督教徒。在参加阔时节的几万傈僳人中,既有内地会信徒,也有神召会信徒,还有基督会、浸信会等多个教派信众,在某教会牧师的引领下,共同参与带有基督教仪式程序的阔时节感恩礼拜,欢度傈僳阔时节。

举办缅甸傈僳族大型活动,尤其是全缅傈僳族参与的阔时节的金主,除了阿此等学会领导与政府官员之外,一个是宝石大王茶约瑟,另

---

① 因勒墨约翰的父亲在老家福贡时读过书,学校老师就给他取名木××,其第一个名字是父母取的傈僳名。之后,父亲给孩子们取名时就以木作为姓氏。

一个同样是宝石大王翁丁，他们两人都是虔诚的基督教徒。他们在平日就资助建盖教堂，并买土地给同胞围教堂而居，并培训他们的生产技能、提供就业机会。翁丁先生资助建盖的教堂多达40多个，帮助过的信徒同胞更是不计其数。在持续三天的全缅傈僳族大狂欢的阔时节中，花费的经费、投入的劳力，这些信徒精英们的贡献占大头。到2018年在葡萄举办阔时节时，翁丁与茶约瑟两位大亨奉献了一半以上的节日经费外，还提前几个月就亲赴葡萄带领同胞推平土地、建盖傈僳传统民居茅草房与会议大楼和搭建节日舞台、民族文化陈列馆。当客人抵达节日场地时，已是70多岁高龄的翁丁还亲自端茶送菜。茶约瑟额外奉献了柴油发电机，还给远道而来的傈僳族艺人们发红包以表感谢。一到礼拜祝祷时间，他们就跟一般信众一样全程参与。其他如时任克钦邦民族部部长阿迪约翰、缅葡萄傈僳学会会长王萨叶等皆是基督教信徒。2019年，茶约瑟被推选为缅甸135个民族企业家协会主席，这意味着信仰基督教的傈僳族经济精英已经登上国家级经济平台。

从深有基督教烙印的缅甸傈僳族经济精英身上，无论是平日生产生活中的抱团取暖，还是节日庆典里彰显的民族性，都可以看到基督教发挥着极为重要的作用。缅甸傈僳族精英能够超越教会区隔而共同举办、参与阔时节，表明超越氏族、区域与教会边界的民族认同感越来越强烈，这为傈僳族更多的民族精英登上缅甸政治舞台奠定了基础。在吴登盛主政的巩发党时期，有巩发党成员刮阿此是克钦邦民族部部长，巩发党阿友是议员，有民族团结党成员杰尤吴任国家议员，"克钦邦目瑙纵歌党派"成员阿利巴是某建设厅部长，无党派人士右南是议员等。到了民盟时期，有巩发党成员斯富迪，有民族团结党成员杰尤吴（天主教徒）与无党派人士右南任国家议员，民盟成员阿迪约翰与"傈僳弩弓党"（缅甸傈僳族发展进步会）主席腊鹿先后任克钦邦民族部傈僳族部长。他们作为傈僳族政治精英团体，摒弃了宗教派别、教派、政党之间的差异或分歧，共同进入缅甸各级政治舞台。他们在各自的领域为傈僳族发声、谋利益，可以看到傈僳族在缅甸的社会融入，基督教会发挥了举足轻重的作用。

伴随缅甸傈僳阔时节影响的扩大，傈僳族内部也从基督教文化与传统宗教文化的排斥、矛盾走向并存、交融之路。例如，在阔时节期间，各地傈僳族穿戴傈僳服饰，分享傈僳传统美食手抓饭，展示傈僳同心酒文化，举行傈僳族上刀山下火海仪式，唱傈僳族传统民歌，跳傈僳族传统舞蹈"牵俄"等。[①] 阔时节活动组织者和节日期间的主持者都是基督徒，参与者中多为基督徒，也有天主教徒、佛教徒和传统宗教信奉者。通过举办阔时节的方式，促进各地傈僳族之间的交往交流与互动，从而消除傈僳族内部不同宗教、不同教派背景下的文化差异与隔阂。

三次缅甸大型傈僳族阔时节和密支那傈僳文字创制一百周年庆典的举办，也是与中国和泰国等国傈僳族同胞加强联系的过程，特别是促进了缅、中、泰等国傈僳族精英之间的交流与互动，从而淡化了傈僳族内部以往不同宗教信仰、不同教派之间存在的一些区隔，有利于促进傈僳族文化、经济等多方面的发展。其中，这些大型活动的组织且重要赞助者茶约瑟、勒墨约翰、阿此、阿迪约翰、阿普耶利米，以及当下缅甸傈僳族巩发党领袖与克钦邦傈僳民族部部长，无不是基督教徒，而且他们是来自不同教会的基督教徒。在此，不但是基督教与原生宗教的区隔被打破，基督教内部各教会之间存在的一些隔阂被化解，而且傈僳族与怒族、勒墨人的族群边界也被消解，从而形成了一个整体的傈僳族认同。

综上所述，对傈僳族而言，基督教本来是一种异质性的宗教或文化，但历经短短百余年时间的基督教本土化发展，[②] 其已普遍融入缅甸傈僳族社会。这一过程可谓缅甸傈僳族"反客为主"，主动接受基督教并在生产生活实践中将基督教变为傈僳族的文化之一。基督教在傈僳族社会中发挥的作用显而易见，且在傈僳族融入缅甸社会的过程中具有历时性的功能差异。概言之，基督教是 20 世纪 50—70 年代中国西部傈僳族西迁缅甸、东移印度、南下泰国的主要因素之一，到 80—90 年代则成为缅甸傈僳族对内凝聚、对外博弈的重要力量，从而促进其社会融入；

---

① 参见高志英、沙丽娜《密支那傈僳阔时节》，《中国节日研究》2013 年第七辑，第 75—117 页。
② 沙丽娜：《中缅傈僳族基督教本土化实践比较研究》，博士学位论文，云南大学，2020 年。

进入 21 世纪以来，基督教还是缅甸傈僳族消除教会隔阂、超越族群边界和消解文化区隔的重要载体。因此，无论是对于缅甸民主进程中的少数民族民族意识觉醒与社会融入研究，还是为推进中缅"一带一路"建设提供借鉴，缅甸傈僳族及其基督教都是不可或缺的重要内容。

人类命运共同体视角下的贝叶文化及其遗产价值

——以巴利语系佛教写本的价值分析为中心

周 娅

在全球一体化向纵深发展、逆全球化浪潮也深流暗涌的今天,中国与世界各国一起面临着百年未有之大变局。世界范围内政治经济秩序动荡,政治多极化、经济全球化、文化多样化和信息网络化的潮流不可逆转,世界各区域和各国间的相互依存和政治经济文化联系不断加深,但也面临诸多共同的困难与挑战。粮食安全、资源短缺、气候变化等全球非传统安全问题层出不穷,对国际秩序和人类生存都构成了严峻挑战。2013年,习近平主席首次提出构建人类命运共同体的倡议,现今,这一关乎人类命运福祉与发展方向的理念得到越来越多人的支持和赞同,并逐步成为国际共识。

人类命运共同体理念下的人类实践,是包括世界各国在政治、经济、社会、文化乃至面向未来、面向人类之外的已知或未知界域的方方面面的共担、共处、共识与合作共建的现实实践。从人类文明与历史发展的角度看,人类文化遗产是世界各国人民最深沉的精神追求,代表着各民族独特的精神标识,是世界各族人民的精神家园,可谓是人类命运共同体的根与魂。它不仅包含即刻时间片段上鲜活的人类文化价值观念与活动实践,而且蕴含着不同区域、国家、族群的人们在长期的社会历史发展过程中所形成的丰富的历史文化印记与共同记忆。保护人类的文化遗产,既是人类历史文明的延续,也为人类命运共同体的可持续发展提供着不竭的智慧与动力源泉。因此,保护人类共有的文化遗产,既是人类命运共同体理念的重要实践面向,也是实现人类命运共同体理念的关键依托。

佛教文明是人类世界文明的重要组成部分。佛教文明的传播与发展离不开人类对佛陀言教与思想的记录与传承。贝叶经作为人类在社会历史发展过程中的经典载体之一,曾对佛教的传播与发展起到极其关键的历史作用,至今仍具有不可磨灭的文化价值。贝叶经又可大致分为梵语系贝叶经和巴利语系贝叶经。其中的巴利语系贝叶经,至今还在一些东南亚、南亚地区和中国西南傣族地区,鲜活地延续着其文化载体价值和功能,仍被制作、刻写与崇奉,成为这些地区最鲜活动人的人类文化符号与文明标识之一。这一珍贵的人类区域文化遗产,应该在人类命运共同体的理念的具体实践中受到更多的关注。

一 珍贵的区域文化遗产——贝叶经与贝叶文化

巴利语系贝叶经和纸质抄本统称巴利语系佛教写本,是广泛流传于东南亚、南亚和中国西南边疆傣族聚居区的南传上座部佛教在历史上的主要传播载体。它们所具有的一些前现代性特征,使其不仅是亚洲佛教文明延续发展的具体表现和见证,而且随着全球化与人类现代化乃至后现代化的发展进程而日益显出与人类现代生活明显脱嵌的文化遗产特性。巴利语系佛教写本流布范围所覆盖的"贝叶文化区域"包含南亚的斯里兰卡和印度及尼泊尔的局部,东南亚的缅甸、泰国、老挝、柬埔寨等国的大部或局部,以及中国云南南部和西南部的傣族地区。这种写本文化是该区域覆盖上亿人口的重要人文资源和遗产,它既包括仍在传承的巴利语系佛教抄本的传抄刻写等非物质性民间"活"文化习俗,也有日益显著的遗产特征和诸多的遗产价值,并以抄本文献物质形式承载着区域内的诸多国家、地区和族群的历史记忆与文化认同。

随着全球化进程的不断加深,世界在资本流动和经济、社会、文化交流深广频密的同时,也使地缘边界模糊,造成了地方性消解、地域文化特色衰微等问题,这客观上引发了全球范围内的一种逆文化多样性的"文化折叠"现象——即大量承载历史信息的地域传统文化被更强大的全球性现代文化所冲击而被消解甚至加速消失的文化现象。[1] 近半个世纪以来,中国—南亚、东南亚区域珍贵的"贝叶文化"就正在经历这一过程。"贝叶文化"或称"巴利语系写本文化",以巴利语系贝叶经典籍(包含贝叶经刻本和各类纸质抄本)为核心,以该区域人们的佛教信仰和相关文化习俗为外延,是人类文明和世界文化多样性的重要组成部分。目前,在上述区域的部分地区,贝叶文化尚同时兼具鲜活性和遗产性:鲜活性,是指部分地区仍有一定规模和现实存量的文化资源(如大量现有的贝叶典籍刻本和抄本,以及一定量的新的贝叶刻本和纸质抄本仍在产生),并且有着与其相关的一系列传统文化习俗和活动在民间延续着;但同时,在区域内的多个地区,这一文化系统的很大一部分已经"遗产化",表现为传统上支撑这一文化系统的各种传统社会因素正大量消解或消失,贝叶文化在较大程度上失去了其传统功能,并在现代社会中表现出诸多与现代社会格格不入的适应性问题,如被认知或被使用得越来越少,或者"没什么用"等,从而与该区域人们日益现代化的生活方式逐渐脱节。

在中国,贝叶经和贝叶文化迅速遗产化的问题尤为突出。这首先是由于中国在20世纪80年代工业化迅猛发展,广大城镇、乡村迅速现代化的社会变迁所造成的;另外,相较于其他以南传佛教为主流文化的国家,中国境内以傣族为代表的信仰南传佛教、传承贝叶文化的边疆少数民族,难以避免地会受到国内主流文化和中国非常迅猛的现代化乃至后现代化进程的冲击和影响,这进一步加剧了贝叶文化的遗产化过程。

---

[1] 周娅:《傣泰民族研究的若干核心议题及价值发凡——郑晓云〈傣泰民族研究文集〉述评》,《湖北大学学报》(哲学社会科学版)2020年第2期。

近十余年来，以傣族为代表的族群，将传承和复兴"贝叶文化"作为其保持族群身份认同和文化认同的重要途径。除了民间的努力，中国政府也十分重视少数民族优秀传统文化的保护，并从民族语言教育、古籍文献保护、非物质文化遗产保护等方面为少数民族传统文化的传承与保护给予诸多政策倾斜和资助扶持，一定程度上起到了积极的作用。然而，最令人深思的是内源性的问题——当地的傣族和相关族群年轻人在全球化、现代化和剧烈的社会变迁面前的"自由选择"——已经很少有人还愿意高投入度地传承刻写贝叶经或是坚持到佛寺学习贝叶经和贝叶文化，大多数年轻人都主动地选择"投奔""拥抱"现代化的都市生活，他们和他们的家长也大都很支持现代国民教育，仅把贝叶经和贝叶文化视为一种在闲暇时间可以偶尔学习和"受一下熏陶"的传统（过时的）文化。这一情形反映了中国傣族社会青年人当前的生活状态和社会价值观，并对贝叶经和贝叶文化在当地社会的传承与保护构成了巨大的挑战。

可以说，贝叶经和贝叶文化的遗产化加速的趋势已经难以避免。我们需要更清晰地对其文化形态和遗产价值进行更深入地了解和认识，以便切合实际地在现阶段做好这一珍贵区域文化资源和遗产[①]的价值认知和传承与保护工作。

贝叶经是世界佛教历史与文明的重要载体和表征。在佛教的传播发展历程中，早期佛教以口耳相传的方式持续了数百年。在那之后，将佛教义理用文字刻录在载体上的传播方式，是佛教在古代得以突破其地方性，向更大区域乃至世界范围传播的媒介基础。而贝叶经就是这个漫长的时期佛教经典的主要载体和媒介。作为世界三大宗教之一佛教，流传广深，在全球有约 5 亿教徒，占全球总人口数的约 7%[②]。若考虑到世界一些佛教文化大国在宗教人口统计数据技术口径方面的因素，则全球实际信仰佛教的人数可能接近 10 亿。按全球人口数 75.85 亿计算，应占

---

① 本文对贝叶经和贝叶文化的讨论，包括"文化资源"和"文化遗产"两方面的意涵——笔者注
② 根据皮尤研究中心 2017 年 4 月 5 日发布的《变化的全球宗教形势研究报告》(*the Changing Global Religious Landscape*) 数据。

世界总人口的约 13%。因此，佛教文明是人类文明的重要组成部分。而贝叶经和贝叶文化也成为佛教文化尤其是流传于中国西南、东南亚和南亚地区部分国家的南传上座部佛教文化的重要标识之一。

在中国，贝叶文化多被看作一种西南边疆地区的少数民族特色文化。中国境内的贝叶经可以分为梵语系和巴利语系两大类。其中，梵语系贝叶经在中国的传播与翻译，自汉代以来较为频繁，在唐朝曾达到高峰，之后在中原地区便因汉语系佛典的出现、传播和普及而逐渐式微。现今，梵语系贝叶经已大多成为中国一些内地佛寺和收藏家或收藏机构的藏品，其刻写制作和传播传承现象已近绝迹。但在流传巴利语系佛教即南传上座部佛教的中国云南南部和西南部的傣族聚居区，巴利语系贝叶经的制作、刻写、使用和传承实践及与此相关的诸多文化现象仍在该区域内的部分地区依然传承实践着。因此，在中国，"贝叶文化"也被视为一种地域性的少数民族特色文化。其地域范围大致包括云南省西南部和南部的西双版纳、德宏、临沧、普洱、保山等地的傣族聚居区域；其文化族群则包括傣族、布朗族、德昂族、阿昌族和少数彝族和佤族等信仰南传上座部佛教的族群。其中，尤以居住在澜沧江流域和怒江下游的傣族为该文化的代表性群体。

而在东南亚半岛地区的泰国、缅甸、老挝和柬埔寨以及南亚的斯里兰卡，由于其上座部佛教文化发达且在古代和近代一直为这些国家的主流文化，因此用孟文、兰纳文、老挝（经）文、缅傣文、高棉文和僧伽罗文拼写南传上座部佛教的巴利经文贝叶经。

综上所述，贝叶文化是跨国跨地区的区域性文化。鉴于目前人类对贝叶经和贝叶文化的现实性使用、刻写制作和内容的传承与保护实践活动主要集中于巴利语系佛教的传布地区，因此也可以说，贝叶经和贝叶文化是中国、东南亚、南亚区域范围内若干国家共享共有的世界级品位和价值的共同人文资源和文化遗产。

二 贝叶经与贝叶文化的文化遗产价值

贝叶文化以贝叶经为象征。贝叶文化的核心载体是贝叶经（贝叶刻本），其次才是纸质抄本。但因为二者记录的内容有不少混杂的情况，难以截然区分，因此许多中国学者将二者统称为"贝叶经典籍"或"贝叶文化典籍"，国际学者则多将其统称为"写本"或"手稿"。它们既反映和象征着佛教文明，又承载着该地域范围内许多族群的历史与传统文化。

（一）佛教文化遗产价值

贝叶经是由人手工用铁笔刻写在经特殊工艺制作而成的贝叶上的佛教经典。贝叶经一般分为巴利语系贝叶经和梵语系贝叶经两大类，分别是世界巴利语系佛教（南传佛教）和梵语系佛教（北传佛教）传播的源流性文字经典。作为佛教传播的主要文字媒介和重要象征性载体，贝叶经的出现扩大了佛教的传播区域，增加了佛教文化的传播速度和效能，为佛教成为世界性宗教打下了基础。从这个意义上说，贝叶经本身就是世界珍贵的佛教文化遗产。

巴利语系贝叶经，是南传巴利语系佛教传播的文字载体，其流布范围所覆盖的"贝叶文化区域"包含南亚的斯里兰卡、印度、尼泊尔，东南亚的缅甸、泰国、老挝、柬埔寨等国的大部或局部，以及中国云南南部和西南部的傣族地区。巴利语（Pāli-Bhāsā），即佛陀传法讲经时所使用的印度地方俗语。在贝叶经等文字载体出现之前，佛教的传播一直是用巴利语口耳相传。公元1世纪，在斯里兰卡开始用贝叶经作为载体用僧伽罗文拼写巴利语记录佛教经典。从此以后，南传佛教一直保持着用巴利语来刻写记录佛经典籍的传统至今。南传佛教传播中，各国用本国的文字来拼写巴利语，记录和保存佛陀传法时的教言（Buddha's Teaching）。因此，贝叶经承载的古老文字所记录的"历史信息"，真实地反映了佛陀的教言教义，对历史上佛教向更大范围、更多国家、更广区域的传播起到了其他媒介载体难以替代的独特作用，从而使贝叶经本身成为佛教"佛、法、僧"三宝中的"法宝",即佛"法"的象征。

现今,这些贝叶经和纸质抄本仍大量保存于中国、东南亚、南亚区域国家的佛寺中,在文博机构和民间也有不少收藏。其中一部分具有百年以上甚至更久的历史,是该区域乃至全世界人类珍贵的历史记忆和佛教文化遗产。

(二)古文字库和古籍文献价值

巴利语系贝叶经的另一重要遗产价值,在于它对于古老文字的保护。此"古老",是指记录在贝叶经上的文字,都是在该国家/地区/族群中传承了数百上千年历史的文字。例如在中国,历史上,"佛经中相当一部分被傣族僧侣按原音转写成傣文,一部分被翻译成傣语"[①]。但随着时代和社会的变迁,这些文字现今只有极少数人懂得,从而显现出一种遗产化或"古老"性。例如,西双版纳地区刻写贝叶经使用的文字被当地人叫作"老傣(泐)文",它自从20世纪五六十年代经中国民语委的"简化"改革后,就被一种书写相对简易的"新傣文"所取代。由于新傣文确实比老傣文简单易学,加之国民教育系统里对少数民族地区实行的"双语"教学中选用的民族语言也是"新傣文",因此,书写优美、有着特殊韵味但比较难学的"老傣(泐)文"便逐渐淡出了版纳傣族的社会生活。然而,因为新傣文的一些局限性,民间一般不能用它们来刻写抄录佛教典籍尤其是贝叶经。故而,至今仍存在于贝叶经刻本上的那些"老傣(泐)文",便成为保留和记录老傣文的文字库。

这样的情况在区域范围内也一定程度地存在。仅就文字方面来说,贝叶文化也因其国别、使用族群和地方的差异而呈现出显著的多样性特征。例如,巴利语系贝叶经刻本和纸质抄本中用于记录佛经教义的文字就有很多种。若按现代国家来划分,这些文字是来自斯里兰卡、缅甸、泰国、老挝、柬埔寨、中国等多个国家;若从历史观的角度看,主要的记录文字包括僧伽罗文、高棉文、缅文、兰纳文、傣文等多种,其刻写与传承族群涉及斯里兰卡僧伽罗族、柬埔寨高棉族、缅甸掸族、老挝佬

---

① 《傣族简史》编写组及修订本编写组编:《傣族简史》,民族出版社2009年版,第305页。

族、泰国泰族和中国傣族等多个族群；即便在一个族群内部，文字也可能有多种，如在中国，傣族用于刻写贝叶经或贝叶典籍的文字就分为西双版纳文（傣泐文）、德宏傣文（傣纳文）、耿马和瑞丽的傣绷文以及金平傣文（傣端文）等。其中德宏傣文和金平傣文只有纸质古籍，未见贝叶经。①

就贝叶经的保存状况而言，虽然在保存条件适宜的情况下，贝叶经刻本的保存时间可以长达数百甚至上千年，但由于贝叶文化区域内大多数地区气候炎热，一些地区历史上甚至战乱频繁，加之保存不善所引起的虫蛀、风干脆裂等问题，影响了贝叶经典籍的实际保存时限。在泰国发现了历史逾400年的贝叶经刻本；在泰缅老等国也不乏历史超两三百年的贝叶古籍；在中国，由于20世纪下半叶"文革"的冲击，加之傣族寺庙中也有以新刻经更换旧经的习惯，现在常见的大多是18世纪以后的贝叶经了。②

无论如何，中国、东南亚、南亚地区诸多国家的贝叶经典籍，都是承载着多种古老文字系统的文字库，是包含着海量历史信息和各族群珍贵传统文化的珍贵古籍文献。

（三）族群传统文化、集体记忆和地方知识价值

贝叶经典籍所保留与刻录的不仅只是记录于贝叶刻本上的佛教性内容，还涵括了大量记载于纸质抄本的世俗性内容，如天文历法、医药医理、地方性法规、地方史、技术技艺、伦理道德和文学如诗歌、传说、格言警句等。它们共同构成了该族群传统文化中的地方知识和集体记忆，蕴含着不同地方、族群的"文化基因"、精神气质和价值观念，对族群认同、地方文化的形成起到了重要的作用。中国、东南亚、南亚区域内海量的贝叶文化典籍无不具有上述特征。

中国傣族的贝叶文化典籍被视为"傣族传统文化的百科全书"。其

---

① 张公瑾：《中国少数民族文字古籍版本研究——傣文古籍版本研究》，民族出版社2018年版，第63页。

② 张公瑾：《中国少数民族文字古籍版本研究——傣文古籍版本研究》，民族出版社2018年版，第63页。

蕴含的丰富内容涉及傣族社会生产生活的几乎方方面面。篇幅所限，这里仅以傣族医药为例来说明。傣族医药与蒙古族、藏族和维吾尔族传统医药一起并称"中国四大民族医药"，它有着较系统的医学理论和丰富的实践经验，具有鲜明的民族特色和地方特点，是中国传统医学的重要组成部分之一。傣族历史上对于医药医理的理论和实践经验大都记录于贝叶典籍中流传于民间数百年。在版纳发现有一部名叫《腕纳巴特微》(《医经》)的贝叶经刻本医书，其中不仅有丰富的处方，而且有病理的阐述。此贝叶经原作年代无可考，现在见到的本子是傣历1289年（1927年）抄刻的，是一部比较珍贵的傣文医学文献。[1] 纸质抄本《档哈雅》(《药典》)中汇集了近千个药方。另两部抄本《嘎雅桑哈雅》(《医书》)和《康塔档细塔都档哈》(《医理》)论证了傣族诊治疾病的医理和其辨证思想。这些医书在当地有多种形制的版本，都较为系统、完整地记录了傣族传统医药医理，是傣族族群和地方性知识的宝贵经典。它们中的一部分内容当前已被运用于傣族现代医药产业，对傣族人民的社会生活持续产生着影响和价值。

（四）"文化遗产"的叠加型价值

贝叶文化浩繁厚朴，其中还包括一些本身也是珍贵的地方性文化遗产的内容，或者在内容上与地方性文化遗产深度相关，而展现出一种"遗产之内含遗产"的叠加型价值。例如，贝叶经典籍中蕴含了不少古老的技艺，除了贝叶经的制作技艺，还包括佛像的制作技艺、孔明灯（"贡飞"）和高升的制作技艺、傣族大鼓的制作技艺和规程等，都在贝叶文化典籍的纸质抄本中有详细记录，如《中国贝叶经全集》100卷中的第75卷名为"制作大鼓、佛像的规矩及其他"，其母本就是一部19行式双面的纸抄本，在其中清楚地记载了制作大鼓和佛像时需要准备的物料器具、所需严格遵守的仪轨规程等。另外，很多纸质典籍本身的用纸也是"非物质文化遗产"级别技艺性产物，如耿马县孟定芒团村的制纸工艺便在2008年被列入《国家级非物质文化遗产名录》。2006年，

---

[1] 《傣族简史》编写组及修订本编写组：《傣族简史》，民族出版社2009年版，第338页。

"傣族章哈"入列第一批国家级非物质文化遗产名录,而章哈们的很多唱本便源自贝叶经典籍。

上述这些地方知识和族群传统技艺等,反映了历史上傣族等当地族群民众的真实生活(authentic life),记录了他们的宇宙观、生态观、价值观等集体意识和认知,以及他们的个体或群体活动、技艺和传统文化实践,承载着其民族心理和珍贵的集体记忆。

贝叶经典籍中这部分"遗产中的遗产"大都有非物质文化遗产的属性,值得加以重视,加强保护和传承。现今,这些地方知识和族群技艺只被极少数人了解和掌握,并且靠师徒相传的方式传承和实践,面临着后继乏人的情况。如不从文本保护和人的传承实践两方面加以重视和传承保护,这些宝贵的地方知识和文化经验将难以为继。

结　语

在全球化大潮的冲击下,一些地域性文化正在被快速消解,甚至被时代所埋葬或抛弃。这种逆"文化多样化"的"文化折叠"现象大量地发生于过去一个世纪。随着时代的发展和科技的进步,过去数百年来广泛流布于东南亚、南亚地区多个国家和中国西南的贝叶经与贝叶文化,或许已经在很大程度上丧失了它原先所具有的实用性价值,但由于制作刻写贝叶经本身,以及其中包含的博大精深的文化内容,不仅是人类佛教文明的重要组成部分,而且记录和承载着相关族群的信仰、集体仪式、价值观念和精神追求,成为这些社会群体的共同记忆和文化基因。因此,虽然贝叶经与贝叶文化的实用性文化功能正在被时代和社会变迁大量消解,在近半个世纪以来其遗产化程度也在不断加速,但值得庆幸的是,包括中国西双版纳、泰国清迈、缅甸景栋、印度阿萨姆等在内的中国和东南亚、南亚国家的一些傣—泰—掸—佬民族地区,至今仍能看到大量的贝叶经刻本和纸质抄本,民间仍有贝叶经刻写制作技艺在传承,民众也仍将贝叶经典籍和贝叶文化视为他们"传统"文化的最重要的表征之一。但正如法国远东学院研究员、老挝国家图书馆"贝叶经数字图书馆"项目负责人 David Wharton 博士所言:"我们必须认识到,手稿是当地丰富的无形文化的一部分,它消失的速度甚至比手稿本身还要快。"① 在全球化和现代化面前,巴利语系贝叶经和贝叶文化的遗产化速度和"濒危性"程度亟须引起各方的重视和行动。

贝叶经和贝叶文化是中国、东南亚、南亚区域范围内若干国家共享共有的世界级品位和价值的共同人文资源和人类文化遗产,是促进世界尤其是亚洲区域人类命运共同体建构的重要历史记忆与文化载体。对它独特价值的深刻认知,将是中国和东南亚、南亚相关国家进一步推动人类命运共同体理念共识、拓展人类文化遗产保护合作实践的重要一步。

---

① 源自 Wharton 博士在 2019 年在云南大学召开的"中国—东南亚、南亚贝叶经与贝叶文化传承与保护国际研讨会"上的发言。

被遗忘的纽带：慈济基金会在四个东南亚国家传播的协同进化框架*

Chengpang Lee 著　杨少娣 译

一　引言

新宗教（new religions）的传播是一种重要的跨国社会现象。现有的社会学理论往往以唯意志论范式来分析这一现象，其中的分析单位大多是个人（如移民和传教士）。[②③]一种新宗教的成功传播很容易被归因于宗教团体采取的策略和宗教领袖的超凡能力。[④]唯意志论观点可以很好地解释那些宗教局势像市场一样运作的例子（例如美国），但在社会和文化环境与市场化倾向的环境截然不同的情况下，唯意志论的解释就变得牵强无力。

本文中，慈济基金会（下文简称"慈济"）起源于中国台湾并向四

---

*　本文摘自《美国行为科学家》(American Behavioral Scientist), Volume 64, Issue 10,2020,pp.1-14.

②　Cadge, W. (2004). *Heartwood: The First Generation Practices Theravada Buddhism in America*, University of Chicago Press.

③　Wuthnow, R. (2009). *Boundless Faith*, University of California Press.

④　Snow, D. A., & Phillips, C. (1980). The Lofland-Stark Conversion Model: A critical Reassessment, *Social Problems*, 27(4), 430-447. https://doi.org/10.2307/800171.

个东南亚国家（马来西亚、印度尼西亚、新加坡和菲律宾）的传播，可以用来彰显解释慈济在这四个东南亚国家传播模式的差异时，唯意志论方法显得不足。尽管慈济被认为是当代中国台湾、更宽泛来讲是华人世界最具影响力的慈善及佛教组织之一，但慈济在全球的传播还没有被认真地研究过。它在美国的传播似乎很符合唯意志论，这是因为在美国[1]和加拿大[2]，个体移民的努力对宗教的快速成长发挥着至关重要的作用。使用流行的案例研究法（case study method）可以对唯意志论研究法加以完善，通过比较我们能看到在个案之外的相同点和不同点。在本研究的四个案例中，移民几乎在同一时期（20世纪90年代早期）到来并进行慈济风格的慈善和宗教活动，但是为何传播的模式有如此显著的不同？我们如何解释这种差异？通过比较这四个案例，本文旨在揭示前面提到的在唯意志论叙事背后，被我们遗忘的相互作用的层面。借用帕吉特（Padgett）和鲍威尔（Powell）[3]提出的组织涌现理论（organization emergence theory），作者提出一个协同进化的框架来解释慈济不同的传播模式。

  本文的内容安排如下：首先，回顾宗教传播研究中的唯意志论传统，并尝试弥合对传播的研究和对新组织形式出现的研究之间的鸿沟。其次，讨论比较研究的设计和数据来源。再次，简要讨论慈济的背景及文化意义。最后，转而讨论马来西亚、印度尼西亚、新加坡和菲律宾这四个实证案例。在每一个案例中，作者试着辨认出最重要的、使传播成为可能并维持本地慈济发展的网络生发机制。在最后部分总结研究成果，并讨论该框架如何促进我们对传播过程的理解。

---

[1] Denoon, G. (2006). *Tzu Chi: The Practice of Non-self and Its Unintended* [Unpublished Doctoral Dissertation]. New York University.

[2] Braun, K. (2004). *The Tzu Chi Foundation and the Buddha's Light International Association: The Impact of Ethnicity in the Transmission of Chinese Buddhism to Canada*. University of Alberta (Canada).

[3] Padgett, J. F., & Powell, W. W. (2013). *The Emergence of Organizations and Markets*. Princeton University Press.

二 超越唯意志论的视角

传播现象在社会科学中得到了充分的研究。[1][2]学者们研究了传播的起源、过程和结果。[3][4]传播的成功取决于多个因素,如接收地的社区结构、交流的基础建设。[5]然而,在新宗教传播领域,现有的研究大多明确或含蓄地倾向于强调唯意志论的观点。[6]从唯意志论的角度看,新宗教传播的成功是由像传教士这样的个体促成的。分析的焦点通常锚定在个体移民的策略和特点,比如移民身份。[7]

例如,在解释国际创价协会(Soka Gakkai)在意大利的成功时,巴罗(Barone)[8]认为不能简单地把成功归因于个人的行动,但最终,创价协会成员的情绪策略仍然是它成功的关键。同样,美国外来移民的宗教力量通常是通过东道国和母国的个人身份来分析的。[9]强调新宗教传播的唯意志维度在一定程度上可以解释真相,但与此同时,唯意志的分析角度对于类似于市场的环境效力最强,此时政府监管、文化壁垒和种族歧视都降低到最小限度。以美国为例,类似于市场的环境为新宗教组

---

[1] Katz, E. (1999). Theorizing Diffusion: Tarde and Sorokin Revisited. *Annals of the American Academy of Political and Social Science*, *566*(1), 144-155. https://doi.org/10.1177/ 000271629956600112.

[2] Rogers, E. M. (2003). *Diffusion of Innovations* (5th ed.). Free Press.

[3] DiMaggio, P. J., & Powell, W. W. (1983). The Iron Cage Revisited: Institutional Isomorphism and Collective Rationality in Organizational Fields. *American Sociological Review*, *48*(2), 147-160. https://doi.org/10.2307/2095101.

[4] McAdam, D., & Rucht, D. (1993). The Cross-national Diffusion of Movement Ideas. *Annals of the American Academy of Political and Social Science*, *528*(1), 56-74. https://doi. org/10.1177/0002716293528001005.

[5] Strang, D., & Meyer, J. (1993). Institutional Conditions for Diffusion. *Theory and Society*, *22*(4), 487-511. https://doi.org/10.1007/BF00993595.

[6] Wuthnow, R. (2009). *Boundless Faith*. University of California Press.

[7] Levitt, P., Lucken, K., & Barnett, M. (2011). Beyond Home and Return: Negotiating Religious Identity across Time and Space Through the Prism of the American Experience. *Mobilities*, *6*(4), 467-482. https://doi.org/10.1080/17450101.2011.603942.

[8] Barone, C. (2007). A Neo-Durkheimian Analysis of a New Religious Movement:The Case of Soka Gakkai in Italy. *Theory and Society*, *36* (2), 117-140. https://doi.org/10.1007/s11186- 007-9023-3.

[9] Cadge, W., & Sigalow, E. (2013). Negotiating Religious Differences: The Strategies of Interfaith Chaplains in Healthcare. *Journal for the Scientific Study of Religion*, *52*(1), 146-158. https:// doi.org/10.1111/jssr.12008.

织和有抱负的移民创造了空间。然而，这种观点很难解释某些当地的制度、文化和政策与美国模式不同的情况。

在当地的宗教生态不是以类似于市场的形式存在时，需要通过超越唯意志论的视角来进行分析。现有研究指出，外国宗教组织的成功需要当地政府的支持。例如，慈济在中国的成功可以透过它如何适应中国政府的宗教立场来解释。[1] 然而与此同时，我们也不应该过快地从唯意志的角度转向另一个极端，强调政府偏好的重要性。相反，本文主张一种协同进化（coevolutionary）的观点。在人们最开始研究慈济在新加坡的传播时，研究者的焦点仅仅是一两个个体。[2] 慈济在马来西亚传播的民族学研究[3][4]也表达了类似的观点。我们无法否认移民在传播过程中的重要性，但是过于强调这一个方面会掩盖整个过程的复杂性。在东南亚国家，宗教事务与民族关系等敏感问题密切相关，宗教往往是社会冲突的根源，[5] 政府对宗教问题施加严格控制。[6][7] 在这种情况下，唯意志论观点不足以帮助我们了解这些案例中新宗教的传播。

一般关于传播的社会学文献和关于创新与新组织的文献之间缺乏衔接，这进一步使唯意志论范式的不足成为问题。研究传播的学者倾向于强调移民，却忽视了传播同时可能会给东道国的社会带来新的组织形

---

[1] Laliberté, A. (2013). The Growth of a Taiwanese Buddhist Association in China: Soft Power and Institutional Learning. *China Information*, 27(1), 81-105. https://doi.org/10.1177/ 0920203X12466206.

[2] Tan, C. S. (2009). *Religious Alternation, Spiritual Humanism: Tzu Chi Buddhist Foundation in Singapore* [Unpublished Master's Thesis]. National University of Singapore.

[3] Huang, C. (2012). Religion-based Social Capital and Civic Engagement: A Case Study of a Buddhist Welfare Organization in Malacca, Malaysia. In A. Daniere & H. V. Luong (Eds.), *The Dynamics of Social Capital and Civic Engagement in Asia* (pp. 127-144). Routledge.

[4] Huang, C. (2013). Buddhism and Its Trust Networks Between Taiwan, Malaysia, and the United States. *Eastern Buddhist*, 44(2), 1-18. https://www.jstor.org/stable/44362568.

[5] Kuah, K. E. (2009). *State, Society and Religious Engineering: Towards a Reformist Buddhism in Singapore*. Institute of Southeast Asian Studies.

[6] Lim, C. H. (2013). Migration as a Spiritual Pathway: Narratives of Chinese Falungong Practitioners in Singapore. *Asia Pacific Journal of Anthropology*, 14(1), 57-70. https://doi.org/ 10.1080/ 14442213. 2012.750683.

[7] Tong, C. K. (2007). *Rationalizing Religion: Religious Conversion, Revivalism, and Competition in Singapore Society*. Brill.

式这一事实。同样，研究新组织形式的学者往往更多地关注产生创新的内生因素（如网络），而忽视了移民的重要性。在最近的研究中，约翰·帕吉特（John Padgett）和沃尔特·鲍威尔（Walter Powell）试图整合这两个领域，并提出了一个理论框架来解释新组织和组织形式的涌现。[1]他们确定了八种网络生发机制（network genesis mechanisms），如现有网络的转换、移民、多样性锚定等。新事物（novelty）（例如，一个新的组织，一种新的慈善方式）产生于社会网络的协同进化，这种社会网络发生了所谓的"自催化"一个系统——即可以开始自我复制。

帕吉特和鲍威尔的新事物生成论（theory of the genesis of novelty）为我们提供了解释不同传播结果的理论工具。由于篇幅的限制，作者不能在这里完全解释他们的理论，但将简要讨论与本文最相关的四种网络生发机制。第一，帕吉特和鲍威尔认为移民是一种重要的网络生发机制。然而，新事物、新思想和新宗教可以被移民带到国外（如传教士），也可以被人们带回自己的家乡（如游学）。我们称第一种为"被动传播"，第二种为"主动传播"。例如，慈济不仅是台湾移民带到东南亚的，也是当地东南亚社会的人们所积极寻求的。第二，转换和变革的机制表明，新组织往往是现有网络转换和变革的结果。在作者看来，东道国社会中类似的功能网络或组织的存在有助于新宗教的传播，因为有些现有的组织可以成为新宗教的载体。第三，冲突—取代机制意味着新的思想和组织形式的出现，是对共同的目标或威胁的回应。在新宗教传播领域，新组织出现是因为这种新宗教有助于应对共同的威胁。第四，锚定多样性的机制表明，新组织的出现和成功，是因为它们能更好地处理人口中现有的多样性。

本文的协同进化视角并不排斥唯意志论观点的作用，而是把其关于移民的作用的洞见，共同纳入一个更广泛的理论框架。作者的分析更进一步关注了这四个案例中的关键事件，以及中国的社会和经济精英在其

---

[1] Padgett, J. F., & Powell, W. W. (2013). *The Emergence of Organizations and Markets*. Princeton University Press.

中扮演的关键角色。关键事件能够重塑现有的社交网络，而海外华人精英对某些社会问题的反应可以对现有的社会网络做出新的布置。这些新网络与移民网络共同演化，产生了一种力量，使这四个国家如慈济这样的新宗教组织的存在和对它的需求合法化。然而，网络动力的不同组合也使得这四个国家的发展模式存在很大差异。作者将在讨论每个案例时详细说明这些差异。

三　比较性研究设计

研究新宗教的传播在方法论上具有挑战性。在一种新宗教获得公众关注之前，一般来说学者并不知道它们的存在。因此，当研究者需要重构传播过程时，通常依赖的是个体的回忆。在研究新组织涌现时也出现这个问题。为了克服这一问题，学者们通常使用历史数据，如组织的出版物，报纸的报道，或政府的记录来补充采访数据。[①] 本文基于比较性研究设计，选择了四个东南亚国家：马来西亚、印度尼西亚、新加坡和菲律宾。之所以选中它们，是因为那里的移民几乎是同一时期（20世纪80年代末到90年代初）开展宗教和慈善工作，但发展的道路却截然不同。慈济在马来西亚的发展稳定而顺利，但在其他三个国家的发展则取决于关键事件的发生。

这项研究使用的数据有多个来源。首先，作者进行了几次田野调查，收集数据并采访了各个国家的创始成员。作者也查阅了报道外国分支机构的成立故事的出版物。比如作者使用的一个主要的组织刊物是《慈济月刊》（TCM）。第一份简报出版于1966年7月，由志愿者编辑。不像那些倾向于连贯叙事的二手材料，月刊只包含事件的相关信息。例如，它记录了1971年8月几个马来西亚旅行团的访问，以及1974年新加坡李氏基金会对慈济的捐赠。这些记录让作者发现了人、资料和思

---

① Johnson, V., & Powell, W. (2015). *Poisedness and Propagation: Organizational Emergence and the Transformation of Civic Order in 19th-Century New York City*. National Bureau of Economic Research.

想在传播和流通过程中隐藏的部分。慈济各分会的发展细节和信息，都可以从慈济年鉴和各分会的网站上找到。表1是这四个国家慈济的最新信息汇总，图1显示了每个国家慈济委员（至少接受两年培训并取得证书）人数的增长情况。

表 1　慈济在四国的状态

（单位：人）

	马来西亚	新加坡	印度尼西亚	菲律宾
委员 Commissioners	6,917	821	812	512
分会 Branches	156	6	36	11
志愿医疗人员 Voluntary medical staff	1,665	1,020	1,748	480
救助对象（免费医疗服务） Recipients (free medical service)	25,591	45,020	24,036	11,850
捐助者（会员） Donors (members)	1,000,000	>30,000	>50,000	>30,000

数据来源：慈济2018年年鉴。捐助者（会员）数来自慈济分会的网站。

四　慈济的背景：一个现代的中国佛教组织

在分析每个案例之前，作者要在这一节简要介绍下慈济的背景。作为东亚新兴的宗教组织之一，慈济在过去的三十年里已成为全球知名的佛教慈善组织。[1][2] 该组织目前在50多个国家开展工作，涉及救灾、医疗人道主义行动和教育等各个领域。它是1966年在中国台湾地区的东海岸由一位年轻的尼师证严法师和几位妇女资助成立的。一开始它

---

[1] Laliberté, A., Palmer, D. A., & Wu, K. P. (2011). *Religious Philanthropy and Chinese Civil Society*. Oxford University Press. Lee, C. (2017, August 10). The Organizational Innovation Behind One of Asia's Largest Charities.

[2] Madsen, R. (2007). *Democracy's Dharma: Religious Renaissance and Political Development in Taiwan*. University of California Press.

就像一个互助性的社团组织，通过汇集捐赠者每月的现金捐款，向贫困和有需要的人提供资金和服务。到 20 世纪 70 年代末，慈济已经发展为一个成功的慈善组织，成千上万的人成为定期捐赠者。在 20 世纪 80 年代，随着中国台湾地区民主化进程的发展，它经历了爆炸式的增长。随着资源的增加，该组织将服务范围扩展至医疗、教育、全球灾难救援和环境保护。①

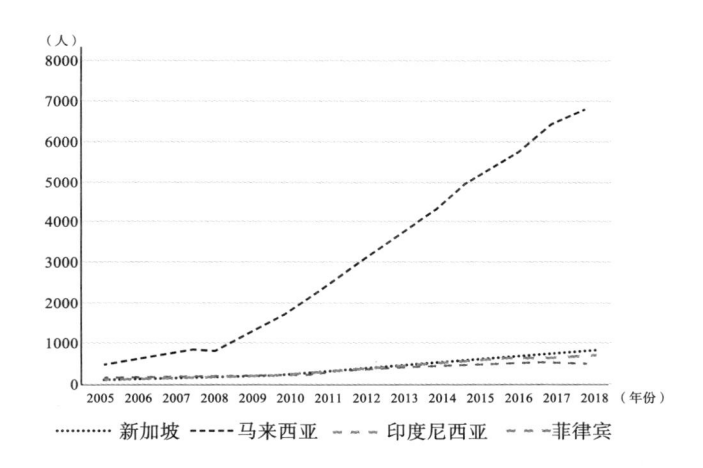

图 1　四国慈济委员数的增长，（2005—2018 年）

数据来源：慈济 2005—2018 年年鉴。

慈济的组织常被描述为以领导者证严法师为中心的魅力型组织（charismatic type of organization）。②然而最近的研究表明，该组织不仅仅基于个人意志，更多的是基于灵活和自发的组织文化。③与传统的等级制的中国佛教组织不同，慈济的成员大多是居士志愿者，自称"志工"。在早期，成为一名志工不需要任何培训，只要某人承诺能够定期

---

① Lee, C., & Han, L. (2015). Recycling Bodhisattva: The Tzu Chi Movement's Response to Global Climate Change. *Social Compass*, 62(3), 311-325. https://doi.org/10.1177/00377686155 87809.
② Huang, C. (2009). *Charisma and Compassion: Cheng Yen and the Buddhist Tzu Chi Movement*. Harvard University Press.
③ Lee, C., & Han, L. (2017). Faith-based Organization and Transnational Voluntarism in China: A Case Study of the Malaysia Airline MH370 Incident. *VOLUNTAS: International Journal of Voluntary and Nonprofit Organizations*, 27(5), 2353-2373.

募款并施行慈善工作，他或她很快就会被接受。慈济的志工大多是女性，时至今日慈济的许多领导也是女性。①

与传统佛教组织强调脱离世俗问题不同，慈济倡导积极参与社会事务。因此，志工们应该承担起照顾那些遭受痛苦的人的责任。由于慈济的宗教教义强调社会参与，常被视为现代中国人文佛教或人间佛教的典范。②正是就这一点而言，学者们把慈济看作是一种"入世与佛教"（engaged Buddhism）。③慈济在国外的传播最早发生在20世纪80年代末。美国和加拿大作为中国台湾地区移民的两个主要目的地，也是慈济最早传播的地方。后来，在20世纪90年代初，慈济传播到了东南亚国家。以下几节将探讨导致不同的传播过程和传播结果的机制。

五 传播是一个互相强化的过程：以马来西亚为例

本文探讨的第一个案例是马来西亚。与其他三个案例相比，慈济在马来西亚的传播可以说是最成功的。这从会员、分会和活动的数量就可以看出（见表1）。根据慈济的官方描述，这里的成功传播是由几位中国台湾移民发起的。叶女士就是其中一个例子，1987年她是槟榔屿一家工厂的经理。叶女士曾是中国台湾慈济的一名会员。作为当地工厂的外籍经理，她很有可能赢得了当地人的信任。于是，她开始把慈济的慈善工作移植到槟城。

然而，在一个伊斯兰教被合法化、制度化的国家，传播新宗教这一任务并不容易。这些移民的自愿行为得到了以华人佛教组织为代表的现

---

① Lee, C., & Han, L. (2016). Mothers and Moral Activists: Two Models of Women's Social Engagement in contemporary Taiwanese Buddhism. *Nova Religio: The Journal of Alternative and Emergent Religions*, *19*(3), 54-77. https://doi.org/10.1525/nr.2016.19.3.54.
② Goossaert, V., & Palmer, D. A. (2011). *The Religious Question in Modern China*. University of Chicago Press.
③ Huang, C. (2012). Religion-based Social Capital and Civic Engagement: A Case Study of a Buddhist Welfare Organization in Malacca, Malaysia. In A. Daniere & H. V. Luong (Eds.), *The Dynamics of Social Capital and Civic Engagement in Asia* (pp. 127-144). Routledge.

有社会网络的支持。在这些移民做这些工作之前，一些华人佛教组织已经与中国台湾地区的佛教组织建立了关系，并且知道慈济倡导的新的社会参与理念。慈宗（Cizong）是一位年轻的马来西亚僧人，住在吉隆坡的一座寺庙里，他曾定期组织到中国台湾和中国香港的海外访问。1972年他已和团队访问过慈济，了解慈济是如何开展工作的。慈宗显然对慈济的工作印象深刻。回到马来西亚后，他以帮助台湾的姐妹组织为由，开始在马来西亚发起类似的筹款活动。这在新宗教的传播中是不寻常的，因为发起者来自另一个宗教组织。马来西亚当地佛教徒自发的募款活动，甚至吸引了马来西亚最大的中文报纸《星洲日报》(*Sin Chew Daily*)的关注，报道为何这么多马来西亚华人热衷于支持慈济这个外来组织①。

20世纪80年代末来到马来西亚的中国台湾新移民，与现有的马来西亚华人佛教网络合作，帮助他们在当地华人社团传播慈济的名字。然后，这种合作使他们更多地与非华人和非佛教徒的网络接触。由于佛教的非排他性，加上慈济注重社会议题而非宗教皈依，使慈济比其他宗教组织更容易合作。慈济的人道主义医疗工作经常与农村地区的穆斯林社团合作，他们的领导层由本地的马来华人或本地马来人组成。这种新式合作的出现似乎相当成功地处理了不同种族群体之间的紧张关系。因此，慈济的做法很快被当地其他工厂采用，吸引了更多想要借鉴慈济做法的当地参与者。在这个过程中，没人要先皈依慈济。相反，正如转换机制所示，那些强大的本地网络被置换成了慈济的载体。因此，是当地社区和移民之间的合作，而不是移民们的个人努力带来了传播的成功。由于慈济的马来西亚分会是建立在这些紧密相连的地方网络上的，这证明了在危机发生时，其巨大的动员能力不容小觑。例如，在马航MH370事件中，马来西亚分会与马来西亚和中国政府合作，提供了数

---

① 《慈济月刊》第296卷，1991年（TCM, Vol. 296, 1991）。

千名志愿者的服务。①

六 取代冲突和包容：以印度尼西亚为例

在会员和分支机构的设立方面，印度尼西亚的情况仅次于马来西亚。然而与马来西亚相比，它的传播过程呈现出一种非常不同的模式。与马来西亚逐渐相互强化的过程不同，印尼的传播更像是集中在地方上一个小精英网络的突然爆发。与其他案例一样，20世纪90年代一些到达印尼的中国台湾移民，也想把慈济的慈善事业带到印尼。然而，他们很快就遇到了一些困难。首先，与华人占总人口1/3的马来西亚不同，在一个以伊斯兰教为主要宗教、华人只占总人口不到5%的社会，新宗教很难传播；其次，印尼社会普遍存在反华情绪，历史上多次上演反华运动。这些因素使得慈济在印尼的传播变得很困难。

然而，1998年5月发生的反华骚乱极大地改变了局势。骚乱持续了数周，造成数千名华人死亡。这一惨剧引发了强大的华裔精英们的反思，他们想要寻找新的方式来处理民族紧张关系。这包括华裔商业巨头——金光集团的创始人，印度尼西亚最富有的人之一黄奕聪（Tjipta Eka Tjipta Widjaja）、他的儿子黄荣年（Franklin Widjaja），和其他几位有权势的印度尼西亚华裔商业精英。作为一个可能缓解民族问题的方法，黄先生由一位中国台湾商人的妻子刘女士介绍给了慈济。1998年夏天，他率领一个印度尼西亚企业家团体（主要是华裔）访问台湾地区。慈济的工作人员为这些亿万富翁量身打造了一个新兵训练营，让他们了解传统慈善工作的缺点和局限性。仅仅给予物质上的东西并不能缓解这个问题；相反，更积极地参与更深层次的社会问题更为重要。从台湾地区回来后，利用企业集团的优势资源，黄奕聪很快建立了印度尼西亚慈济分会，他的儿子黄荣年不仅成为印度尼西亚慈济分会的委员，还

---

① Lee, C., & Han, L. (2017). Faith-based organization and transnational voluntarism in China: A case study of the Malaysia Airline MH370 incident. *VOLUNTAS: International Journal of Voluntary and Nonprofit Organizations*, 27(5), 2353-2373.

负责慈济在印度尼西亚的运营。[①]

与其他三个案例的传播过程相比,印尼的案例表明通过强有力的当地精英的工作,传播可以非常迅速地进行。在印尼,对冲突解决方案的寻求和更广大包容的养成,把慈济和一群印尼华裔商业大亨联系在了一起。这个联盟的力量在红溪河(Kali Angke)项目中得到了体现。红溪河是雅加达附近的一条河,有成千上万的贫民居住在那里,拥挤不堪。2002年的一场洪水使这些贫民窟的生活条件变得不堪忍受。经过精心策划,由黄荣年领导的印尼慈济召集印尼一群有影响力的企业家,实施了一个史无前例的项目,旨在全面改造这些贫民区。该项目包括建设几个新村庄,提供就业、教育和医疗服务。[②]

慈济在印尼的传播是自上而下发生的,而不是像马来西亚那样的自下而上。自上而下的进程给了印尼慈济巨大的力量。除了上述的红溪河计划外,印尼慈济也在2004年的南亚海啸中,成为参与救助的人道主义团体之一,派出数以千计的志工前往北苏门答腊岛的亚齐(Aceh)。得益于海外华人大亨的支持,一家最先进的慈济医院得以在雅加达附近建立。

七 稳定的困境:以新加坡为例

第三个案例是新加坡。凭直觉,新加坡应该是具有慈济传播的最佳条件。首先,作为一个小城市国家,新加坡是一个移民社会,众所周知,华人人口占主导地位。慈济的传播不会遇到其他三个国家类似的反华情绪。其次,新加坡有中国移民带来的丰富的中国佛教传统。[③][④] 这应该有助于慈济工作的传播。然而,慈济在新加坡的传播却出奇地缓慢。

[①] 《慈济月刊》第386卷,1999年 (TCM, Vol.386, 1999)。
[②] 《慈济月刊》第425卷,2002年 (TCM, Vol.425, 2002)。
[③] Chia, J. (2009). Buddhism in Singapore: A State of the Field Review. *Asian Culture, 33*, 81-93. http://asc.mcu.ac.th/database/wp-content/uploads/2018/09/jack-buddhism-in-singapore- 2009.pdf.
[④] Tan, C. S. (2009). *Religious Alternation, Spiritual Humanism: Tzu Chi Buddhist Foundation in Singapore* [Unpublished Master's Thesis]. National University of Singapore.

具有讽刺意味的是，这种缓慢传播的主要原因，可以归结为国家对宗教问题的严格控制和社会的稳定。

新加坡是第一个与中国大陆和台湾地区的佛教组织建立长期合作关系的国家。在离开中国前往东南亚的著名僧人中，有几位与慈济有着密切的关系。20 世纪 60 年代，中国著名僧人演培应新加坡佛教徒之邀，创立了灵峰般若讲堂（Leng Foong Prajna Temple）。演培法师在新加坡备受尊崇，他是新加坡佛教福利事业的先驱。从 1972 年开始，演培法师意识到慈济需要广大的资金支持他们的救济工作，便与新加坡最著名的慈善基金会李氏基金会接洽为慈济募捐。除了演培法师，新加坡唯一的尼众寺院宝光佛堂是由一位在台湾披剃出家并接受宗教教育的尼师创办的。

考虑到这些积极因素，我们可以预料传播会进行得非常顺利。然而，由于新加坡政府的严格规定，慈济在新加坡的传播受到了阻碍。因为慈济的工作需要积极参与社会议题（如扶贫），所以活动并不总是在私人场所里进行。然而在新加坡，有一些规定禁止公众集会和募捐（solicitation）。根据作者发现的报告，公众和政府也对在医院和其他机构如关爱中心志愿者的工作持怀疑态度。[1] 政府认为宗教的自愿捐助活动应保持在私人领域，不允许公众集会。这种情况一直持续到慈济通过医疗人道主义工作（如第一次海外骨髓移植）和赈灾证明了自己。另外据报道，由于新加坡政府善于解决社会问题，所以穷人比起其他三个国家要少。因此，在 20 世纪 90 年代，移民的慈济人能开展的活动并不多。

20 世纪 90 年代末以来，随着金融危机的爆发，社会不平等加剧，对经济造成了严重的影响，慈济的传播也发生了变化。城市贫困人口的增加、医疗费用负担的加重，以及需要关怀服务的老龄化人口为慈济提供了新的机会。新加坡慈济利用国内丰富的人力资源，在当地建立了慈济国际医疗协会的中心，派遣医生提供免费医疗服务。得益于其地理位

---

[1] 《慈济月刊》第 317 卷，1993 年（TCM, Vol. 317, 1993）。

置,新加坡政府将自己视为东南亚的区域中心,并鼓励这种合作。例如,据报道,新加坡军方在米拉布(meulaboh)协助慈济的救援工作,提供运输服务。①

八 分散传播:以菲律宾为例

最后一个例子是菲律宾。菲律宾的宗教生态和种族构成不同于前面的案例。菲律宾的主导宗教是天主教。华裔占总人口的比例(1.3%)与印尼(1.2%)大致相同。与马来西亚和印度尼西亚的情况相比,尽管慈济在菲律宾的传播比这两个国家开始得更早,其发展可以被贴切地形容为碎片化过程,其中不同的社交网络常常独立扮演传播者的角色而没有任何密切合作。

和马来西亚一样,菲律宾的华人佛教也是最早开始传播慈济的。1970年至1990年间,菲律宾的华人佛教寺院经常派人到中国台湾地区,并邀请僧人来佛寺和组织中担任要职。此外,当地华商和当地华人社团的知名人士组成的支持团体也逐渐成长起来。然而,与在马来西亚不同的是,这些网络的寿命往往很短。这些网络多集中在几个城市(如马尼拉或宿务),但它们之间缺乏横向联系。在主要领导人离职后,这些关系网很快就消失了。因此,当慈济的成员于20世纪90年代初从中国台湾地区到菲律宾时,他们发现基本上只能靠自己建立组织,没有现有的可以合作的社会网络。因此,他们选择了一个类似于印度尼西亚的策略,那就是从当地的华人商界精英中寻找支持者。

九 讨论和结论

通过揭示中国台湾地区最大的新宗教组织与东南亚四国之间这些被人遗忘的互动,本文旨在构建一个协同进化的框架来解释慈济在这四个

---

① 《慈济月刊》第459卷,2005年(TCM, Vol. 459, 2005)。

国家的传播模式。这个协同进化框架帮助我们克服了唯意志论视角下过分强调移民的能动性这一不足。并非否认这些先驱们的努力，我们也应该抛弃认为东南亚社会只是慈济等新宗教的被动接受者的观点。作者已经证明在传播过程中，当地的少数民族精英和现有的宗教网络所发挥的作用不亚于移民。自20世纪70年代以来，他们一直是该运动的重要支持者，并与该运动建立了联系。其中已经建立的网络中，有些与该运动一起发展（如马来西亚），但有些并没有（如菲律宾）。为什么有些网络存活了下来，而有些没有？这需要进一步研究。

将新组织形式涌现理论应用于研究宗教传播表明，不仅要关注传播的发起者，更要关注传播是如何在当地社会得以坚持和延续的。新宗教在异国的成功需要合适的网络生发机制来实现其继续自我复制。在这四种情况下，作者发现移民、转换、锚定多样性和取代—冲突机制是四种关键的网络生发机制。这四种情况都出现了移民。然而，在马来西亚和印度尼西亚这样的国家，被动扩散和主动扩散具有同等的重要性。现有的传播研究多集中于被动传播的效果，如考察传教士使用的传播策略，而对主动传播的研究较少。本研究发现，当地人积极寻求新的思路和解决方案，也起着重要作用。转换，即对现有网络或组织的积极改造，在马来西亚最为明显，在印度尼西亚的程度则较低。当地的宗教组织或种族群体从最初的目标转变为新宗教的传播者。取代冲突的情况在印度尼西亚最为明显，当地领导人将慈济慈善事业视为解决反华问题的一种方式，菲律宾也存在这种机制。锚定多样性意味着一种新的形式通过包容异质元素而出现，这在马来西亚的案例中可以清楚地看到。

成功的扩散可以通过一系列相互加强的有效机制来实现。但是也可以通过单一机制，如冲突—取代机制来实现，如印度尼西亚的情况，某个事件成为共同利益的威胁。这些网络生发机制取决于关键事件，包括1998年印度尼西亚的反华暴乱和2004年的东南亚海啸。本文揭示了这两个关键事件的重要作用，即它们如何为像慈济这样的外国宗教提供被当地精英接受的机会。

在网络协同进化的组织研究中，有人认为，不仅组织共同进化，网络结构的重组也将重塑网络中的人:"短期内,行动者创造关系;就长期而言,关系创造行动者。"[①] 在未来的研究中,应该进一步研究不同的传播模式,与各国慈济追随者的特征以及实践情况之间的关系。此外,海外行为对慈济国内活动的影响也值得研究。

---

① Padgett, J. F., & Powell, W. W. (2013). *The Emergence of Organizations and Markets*. Princeton University Press.

第三编　东南亚宗教的多元交汇

民间信仰与中华文化在马来西亚的传播

范正义

马来西亚华人民间信仰研究受到国内外学界的一定重视。马来西亚学者苏庆华、王琛发对当地华侨华人民间信仰进行了较为深入的调查与研究。苏庆华的研究成果结集出版为《苏庆华论文选集》五卷，其中有不少马来西亚华人民间信仰研究方面的成果，如《马来西亚华人的妈祖信仰——以〈马来西亚天后宫大观〉为探讨中心》《"祭祀圈"与民间社会——以马六甲勇全殿王爷与"五府王爷"崇祀为例》等。王琛发发表于各类期刊杂志上的有关马来西亚华人民间信仰研究的论文有数十篇，如《吾境南暨：19 世纪槟城闽南社会的闾山传承、保生大帝信仰与族亲认同》《从墓园祭祀延续儒家"仁"道教化——兼谈马来西亚华人殡葬的礼仪传承》等。国内学者以李天锡、石沧金成果较多。李天锡在《华侨华人民间信仰研究》一书中，探讨了妈祖、保生大帝、关帝、观音等中国各种神明信仰在马来西亚传播的情况。石沧金发表了《马来西亚四会籍华人的阮梁圣佛信仰》《马来西亚海南籍华人的民间信仰考察》《原乡与本土之间：马来西亚客家人的民间信仰考察》等十余篇有关马来西亚华人民间信仰的论文。中国台湾学者李丰楙出版的《从道教到圣教：马华社会的节俗、信仰与文化》对马来西亚华人的九皇大帝信仰、王爷信仰，以及祖先崇拜、敬天祀地等民俗的移植情况做了深入研究。以上这些研究成果，从不同侧面探讨了民间信仰随华侨华人传播到马来西亚的过程，以及民间信仰在马来西亚华人社会中的发展变异情况。民间信仰是中华文化普化于民间的产物，民间信仰在马来西亚华人中的传播，即代表了中华文化在马来西亚的传播。那么，民间信仰带来的中华文化传播背后的运作逻辑是什么？传统时期与现代时期华人利用民间信仰输入中华文化的运作逻辑有何不同？鉴于已有成果均涉及不深，本文拟对此进行探讨。

一 传统时期民间信仰与华人移居地的"华化"

传统时期，指的是从早期华人到马来西亚谋生，一直到1957年马来西亚建国之前。这一时期，华人将民间信仰带到马来西亚，利用民间信仰在"蛮夷之地"建设自己的新家园。民间信仰的传播，起到以华化夷的作用，"蛮夷之地"被改造为中华文化过化之区，实现华夷一统。鉴于笔者在《民间信仰与华侨华人生存空间的构建及其意义转换》[①]一文中，已经对华人利用民间信仰来"华化"当地，以改善自身生活空间的过程有详细的论述，这里仅做摘要性的复述。

我国历史上，由于华夏族居于中原，在文化上又高于周围的少数民族，华夏人便以文明人自居，并力图将自身与周边少数民族区别开来，由此形成了华夷之别思想。华夷之别强调华、夷在文化上的文、野之别。夷狄人到中原，习用了华夏文化习俗之后，就成了华夏族。而华夏族到了边远地区，习用了夷狄的文化习俗，就变成了夷狄。因此，华夷之别不在于血统，而在于所习用的文化，用华夏族的礼仪文化去改变四夷，把边远少数民族纳于华夏文化之下，就可达到化夷为华的目的。

马来西亚位于南洋，远离华夏文明中心，当地的地理风土人情也与

[①] 范正义:《民间信仰与华侨华人生存空间的构建及其意义转换》，载郑筱筠主编《东南亚宗教与社会发展研究》，中国社会科学出版社2013年版，第281—294页。

中华文明有着巨大的差异。这就导致在早期华人移民的眼中，马来西亚侨居地属于典型的"化外之地"，处于一种"蛮荒"状态。例如，咸丰元年（1851）海澄邱姓华人在《龙山堂碑》中指出侨居地与原乡之间的华夷之别："外国与中华殊俗，所谓槟榔屿，则尤远隔重洋，风教迥别。"①光绪十五年（1889）潮汕籍华侨华人在《重修庙宇碑》中也认为，他们到砂捞越谋生，是"别邹鲁之乡，入荆越之地"。②邹鲁是儒家文化的发源地，荆越即春秋战国时期的楚国，当时楚国人被认为是夷人。"邹鲁"与"荆越"之别，即侨居地与原乡之间的华夷之别。海澄人杨鹤鸣《重建城隍庙记》："夫槟城据西南之障，峥嵘数仞，蜿蜒千里。枕列岛而带长江，室壁分野，华夷交衡，为西洋之上流，作海邦之砥柱。而蓝缕启宇，王化不及，官礼未颁，不无山精水怪之为害矣。厥后英夷更张，楼阁虽新，而妖魂未除，常出以为民害者。"③杨鹤鸣的笔下，槟城是个妖魔鬼怪出没的地方，属于明显的"化外之地"。

早期华人将民间信仰带到马来西亚，在侨居地创建庙宇、祠堂、陵墓，按照他们在原乡的礼俗安排生活，由此达到了利用民间信仰来将侨居地改造为海外之"华夏"的目的。经民间信仰改造后，"蛮荒"之地有了"中华气象"。例如，移居槟城的福建省海澄县邱氏族人于咸丰元年（1851）创建龙山堂，堂内摆设完全沿袭原乡的传统："吾乡旧祀王孙大使，今欲无改乡风，堂中额沿正顺宫，以妥英灵。左福德祠，妥福德正神，右诒谷堂，妥新江历代祖考。盖诒谷堂即吾新江大宗题额，观此者如观于乡。"堂内举行的礼仪活动也与原乡一脉相承："凡族之神福赛会，以及新婚诸事，概于是堂以序长幼，敦敬让、修和睦。"龙山堂的摆设与原乡完全相同，堂内举行的礼仪活动也一仍其旧。这样，邱姓族人尽管身在槟城，但也能像原乡那样"序长幼、敦敬让，修和睦"，

---

① 傅吾康、陈铁凡编:《马来西亚华文铭刻萃编》第2卷，马来西亚大学出版部1985年版，第856页。
② 傅吾康、陈铁凡编:《马来西亚华文铭刻萃编》第3卷，马来西亚大学出版部1987年版，第1289页。
③ 傅吾康、陈铁凡编:《马来西亚华文铭刻萃编》第2卷，马来西亚大学出版部1985年版，第598页。

"恪守诸夏常仪"。① 也就是说，宗祠的兴建，使得邱氏华人得以将原乡的礼仪风俗带到槟城，从而使他们能够在侨居地继续践行中华文化礼俗。光绪戊子年（1888）陈宝琛在槟城《福建公冢碑记》中更明确指出，原乡的族葬之法移植到槟城后，旅槟华人"生有养，死有归，熙熙然中外一家之乐"。侨居地接受了中华礼仪风俗之后，"中外一家"，与原乡之间不再有别。也就是说，民间信仰传播到侨居地后，侨居地就被中华文化所改造，从夷转化为华，实现了华夷一统。

以上的这种文化传播逻辑，反映了中国人开疆拓土的精神。中华领土的开拓和定型，与历史以来中国人不断开发"蛮夷之地"，使之"华化"的过程有着密不可分的关系。华夏民族原来聚居于中原，就是因为民众不断对外开拓，传播中华文化，才使得版图不断扩大。从这种意义来说，传统时期民间信仰在马来西亚的传播，可视为中华文化的地理延伸，从中国跨越汪洋大海来到了马来西亚。

二 现代时期民间信仰与华族文化的本土再建构

1957年马来西亚建国后，华人从过去的落叶归根转变为落地生根。马来西亚是一个多种族并存的国家，华人落地生根后，想要作为一个种族（华族），与马来人、印度人等其他族群平等共存，就要消弭乡籍帮群之分，强调统一的中华文化象征。所以，这个时期马来西亚华人中掀起了传播中华文化的热潮。

（一）全力争取马来西亚华人文化古迹的保留

在马来西亚各地政府的用地发展规划中，马来西亚华人全力争取华人文化古迹的保留，以此证明华族也是马来西亚国家的开辟者。这些华人文化古迹中，有不少是民间信仰场所，比如新山柔佛古庙、马来西亚三保山、吉隆坡华人义山等。以下将以新山柔佛古庙为例，描述华人争

---

① 傅吾康、陈铁凡编：《马来西亚华文铭刻萃编》第2卷，马来西亚大学出版部1985年版，第856页。

取保留文化古迹的经过。

柔佛古庙位于新山直律街，据当地史家吴华先生考证，古庙是在19世纪中期由当时新山最具有影响力的会党（义兴公司）首领陈旭年发起建立的。在华人开发新山的历史中，古庙成为五大华人帮群会馆的共有财产，奉祀有福建会馆的洪仙大帝、海南会馆的赵大元帅、潮州会馆的玄天上帝、广肇会馆的华光大帝、客家公会的感天大帝。

20世纪70年代中后期，柔佛州政府欲征用部分古庙地段充为经济发展用途，华人社会为之哗然。华人维护自己的历史文化古迹的醒觉意识油然而生。以下简述新山华族争取柔佛古庙得以保留的全过程。

1977年，柔佛州政府看中柔佛古庙所在的甘榜彭亨这块黄金地带的商业价值，成立甘榜彭亨发展委员会，准备草拟计划，将这个以娼寮及陋屋而闻名的地区重建为繁华的商业中心。

1983年12月，在柔佛州经济发展局计划征用甘榜彭亨区土地以推行该区之发展计划的影响下，柔佛古庙应否搬迁的问题被提出。

1985年6月，宪报正式公布征用庙地LOT654及LOT653。12月，柔佛州经济发展机构函知新山中华公会，将征用庙地23252平方英尺，以作为扩建道路用地。

1986年1月，新山中华公会发表文告，明确表示保护柔佛古庙的意愿，并呼吁华社密切关注柔佛古庙事件的发展。4月，"推动全国华社宣言，贯彻民权九大目标"研讨会，提出古庙是华人之古迹，也是华人来新山之历史物证。

1988年6月，在古庙内举办，马新两地十余位知名书法家为廿四节令大鼓题字。

1989年6月，在古庙内举办"动地吟"诗歌朗诵会。

1990年1月，在古庙内举办"擂鼓、奏乐、挥春"民俗雅集。配合"薪传庚午运动"举行火炬传递仪式。9月，配合新山中秋园游会，举办"古庙闹秋月"活动，有夜光龙、潮州大锣鼓队、大头娃娃和书法家当众挥毫等节目。

1991年9月8日，举办"古庙闹秋月"活动，有镇安古庙大锣鼓队、大头娃娃表演、潮青醒狮团及宽柔中学廿四节令鼓等节目，以富有传统文化气息的活动来揭示古庙的历史见证作用。9月22日，为使古庙作为民俗文化广场的意义更为凸显，于古庙内举办"众灯拱月"民俗晚会，节目包括各华团代表集体上香仪式、合唱团、华乐、诗歌朗诵及歌曲演唱等。10月20日，举办"柔佛古庙水彩画展"，展出作品包括古庙山门与围墙、庙内香火、早晨及黄昏景色、大门特写及庙内各景。10月26日，举办"柔佛古庙儿童美术比赛"。12月29日，当局出动镇暴部队，并派出铲泥机摧毁柔佛古庙山门及风雨亭。12月31日，中华公会召开特别会员大会，决定成立护庙行动委员会，发起全国签名运动，采取法律行动起诉州政府拆除古庙山门，当年新年团拜集会不邀请柔佛州务大臣以示抗议等。

1992年5月，新山中华公会特别会员大会通过决议，取消1991年12月31日所议决但未执行的5项决议案，包括发起全国签名运动、采取法律行动起诉州政府拆除古庙山门等。这标志着华社抗议运动转向缓和。

1993年12月，内政部正式批准19名中国福建东方艺术建筑设计工程公司技工来马进行古庙修复。

1994年8月，举行修复柔佛古庙开工大典。

1996年11月，举行古庙修复竣工众神回驾庆典，持续时间9天9夜，由五帮会馆、宽柔中学和南方学院分别呈现节目。

在上述这次拆迁事件中，新山全体华社集体抵制政府拆迁，是因为柔佛古庙的"存在"，已经超越宗教信仰，成了新山华社关注的焦点。南方学院安焕然教授认为，"柔佛古庙不仅是民间宗教信仰的场所，同时更被视为是一个维护华人传统文化的象征，建构华人历史集体记忆的最显著地标"。[①] 著名学者颜清湟在为《柔佛古庙专辑》撰写的序言中也指出："自1957年马来亚获得独立以后，马来西亚（1963年以后称马来西亚）的华人已经融入当地成为这新兴国家的主人翁，他们向马来西亚尽不二的效忠。因此，马来西亚华族的历史就是马来西亚历史的一个

---

① 安焕然：《文化新山：华人社会文化研究》，南方大学学院出版社2017年版，第194页。

重要组成部分。马来西亚政府有责任保存华族史料和历史遗物。"[1]2019年8月，笔者在古庙调查时，古庙秘书告诉笔者，从宫庙经营的角度来说，庙方更愿意接受政府的建议，搬迁到新的地方。秘书介绍说，古庙留在原来的位置，有很多不便："一是交通问题，古庙没有停车场；二是古庙位处城里，受到很多约束，如不能点大香等；三是前面古庙，后面大厦，压迫感太强了，从风水学来说不好。"况且，当时政府答应赔地和赔钱，庙方索要5亩地，政府也答应了。这么大的地方，以后办理信仰活动就好办了。但是很多文人去写文章保护古庙，因为在文人的眼中，古庙是新山华人的历史古迹。[2]由此可见，当时华人精英是从保护华人史迹的角度出发去抗争政府的拆迁行为的。为了在抗争中凸显古庙的文化史迹意义，新山华人在古庙中举办了各种中华文化活动，古庙俨然成为华族文化的展示平台。

马六甲三宝山、吉隆坡华人义山等华人民间信仰场所，也遭遇类似柔佛古庙那样的摧毁命运。类似的，当地华人跟新山华人一样，进行了坚决的抗争，最终使得这些场所得以保留。这些场所的保存，对于华人来说意义重大。因为这些场所是华人开发马来西亚的历史见证，是马来西亚历史的一个组成部分。因此，保留这些场所，就是保留华族作为马来西亚国家开发者的历史记忆。如此，华人在马来西亚才是有根的族群，不至于"始终像游魂般寻不到历史著作的载体而无家可归"。[3]

（二）从中国输入中华文化

20世纪中国改革开放后，马来西亚一些华人信徒开始组团返回中国谒祖进香，并将中国的信仰仪式等带回马来西亚。其中，吉隆坡雪隆海南会馆天后宫从中国福建湄洲祖庙学习各种妈祖信俗仪式的行为最为典型。

雪隆海南会馆天后宫原址位于吉隆坡谐街49号，约建于清光绪十六

---

[1] 吴华等编辑：《柔佛古庙专辑》，新山中华公会1997年版，第9页。
[2] 采访地点：马来西亚新山柔佛古庙内，采访时间：2019年6月5日，受采访人：古庙秘书，采访人：范正义。
[3] 李丰：《从圣教到道教——马华社会的节俗、信仰与文化》，台大出版中心2018年版，第43页。

年（1889）前后。1989年乐圣岭新宫建成并投入使用，新宫规模庞大，背山面城，风景秀丽，很快成为吉隆坡的一处著名旅游景点。早先马来西亚各天后宫之间几乎没有互动，雪隆海南会馆天后宫理事会到中国大陆、中国台湾地区交流时，看到当地天后宫之间盛行分灵、进香、巡游、参访等庙际互动，非常羡慕。2002年5月，雪隆海南会馆天后宫组团到福建湄洲妈祖祖庙迎回一尊高约二尺的妈祖分灵金身，安奉于乐圣岭天后宫内，同时与祖庙约定，每三年回祖庙谒祖进香一次。这尊湄洲分灵金身的到来，促发了马来西亚各地天后宫与雪隆海南会馆天后宫之间的互动。2003年至2009年，这尊湄洲分灵金身"曾经往五个地区出巡，其中包括巴生港口和吉胆岛、槟城、柔佛淡杯、马六甲及柔佛峇株巴辖。妈祖銮驾到各地的巡游规模壮观，吸引了无数的居民驻足观看。妈祖的出巡更加强了雪隆海南会馆天后宫与其他各地天后宫的联系"。[①]

2003年雪隆海南会馆天后宫也将福建泉州天后宫的八佾舞表演搬到马来西亚。雪隆海南会馆天后宫邀请泉州艺校谢永健老师到马来西亚教导当地信徒学习泉州版的八佾舞。此后，泉州版的八佾舞在雪隆海南会馆天后宫每年的妈祖祭祀大典上都会隆重登场。雪隆海南会馆天后宫除了在自己的祭典上使用泉州版八佾舞外，"还与国内其他州属的天后宫互相配合，在他们的妈祖祭祀大典上给予支援，以推广此项深具中华民族文化色彩的祭典"。[②]2017年，雪隆海南会馆天后宫担任福建湄洲妈祖祖庙举办的"妈祖下南洋，重走海丝路"活动的首站，当地信徒看到湄洲版的八佾舞表演后，认为湄洲是妈祖文化发源地，湄洲版更正宗，于是派人赴湄洲学习。2018年10月，在雪隆海南会馆天后宫主办的"2018马来西亚妈祖国际文化旅游节"上，由马来西亚人演绎的"湄洲版本"八佾舞，在雪隆海南会馆天后宫户外广场完整地呈献给在场的海内外嘉宾。这次妈祖祭典，八佾舞采用湄洲版本，但祭祀则继续

---

① 李雄之主编：《雪泥鸿爪》，马来西亚雪隆海南会馆（天后宫）妈祖文化研究中心2009年版，第135页。
② 张玳维主编：《雪隆海南会馆史料汇编》，马来西亚雪隆海南会馆（天后宫）2019年版，第215页。

民间信仰与中华文化在马来西亚的传播

沿用泉州版本。

雪隆海南会馆天后宫也把福建莆田的湄洲女发髻与服饰文化输入当地。湄洲女的发型和服装，相传为妈祖亲自设计，也称"妈祖装"，主要特征为"帆船头，大海裳，红黑裤子寄平安"。湄洲女发髻又称"妈祖头"，2009年妈祖信俗被列入联合国非物质文化遗产，"妈祖头"是妈祖信俗的重要组成部分。2018年3月，雪隆海南会馆天后宫邀请湄洲祖庙的三位妈祖发髻梳妆老师，即天后宫艺术团副团长谢淑真、诵经团团长林玉桑、劳动服务公司出纳程珍珠，前来吉隆坡给雪隆海南会馆天后宫招募的梳髻学员提供5天4夜的密集训练。经过湄洲祖庙人员的培训后，雪隆海南会馆天后宫组建了一支由52位马来西亚女生组成的湄洲女发髻和服饰队伍。2019年4月雪隆海南会馆天后宫在举办妈祖诞辰出巡绕境仪式时，首次上演了湄洲妈祖发髻梳妆秀。52名马来西亚女生梳湄洲女发髻，穿湄洲女特有服饰，排成8排，每排6人，"摆出48人'六佾阵'，配搭一人领头，3人殿后，整齐排列地向崇高的妈祖致敬，而在这52位模特儿的后方，就是替她们梳髻的四十多位学员，全程陪同游行"。由此，马来西亚版的湄洲女发髻和服饰队列，成为此次出巡绕境活动中"最亮丽的风景线"。[①]

（三）打造中华文化大本营

近年来，马来西亚一些影响较大的民间信仰宫庙利用中华文化元素来装饰自身，同时利用中华年节等时机，于宫庙内举办传统文化活动，从软、硬件两方面打造自身的中华文化大本营地位。例如，前述柔佛古庙举办的"古庙闹秋月""端午诗节"大鼓题字仪式等活动，其目的即在于将古庙打造成为传播中华文化的阵地。类似这么做的宫庙还有不少，其中最有名的是雪隆海南会馆天后宫。

首先，雪隆海南会馆天后宫从硬件上打造自身的中华文化大本营地位。新建于乐圣岭的天后宫，其整体建筑及各个组成部分汇聚了中国南北建筑文化特色。天后宫屋脊的燕尾及龙凤顶饰为典型的中国南方建筑

[①] 《首创大马版湄洲妈祖头，六佾阵队列最美风景线》，《海南之声》2019年5月第56期，第8页。

样式，前面牌楼直线型屋脊的两段各有咬脊龙作终饰，乃典型的中国北方建筑样式。天后宫的外景布置也带有强烈的中华文化色彩。宫前三角地右侧为怡心园，水池中树立一尊观世音菩萨像，像后矗立一座石山，可供善信和游客许愿祈福，广场可供练习太极拳；主体建筑右侧斜坡为中华药圃，栽种近 300 种中草药，以保留和发扬中华草药文化；中华药圃下的草地排列着十二生肖塑像，并附以英文说明，以方便外国游客对中华十二生肖文化有了解；主体建筑左侧山体斜面改造为巨大的中国象棋棋盘；主体建筑后面是从福建惠安专门购置的 24 尊二十四孝雕像，十分壮观。

其次，雪隆海南会馆天后宫从软件上打造自身的中华文化大本营地位。1989 年迁入乐圣岭后，雪隆海南会馆天后宫经过不断摸索与实践，成功打造家喻户晓的"春节系列活动"，使得国内外游客在这里感受到了浓厚的华人新年气息。雪隆海南会馆天后宫历届举办的春节活动中，有 9 项活动是每年春节活动的固定节目，在马来西亚深入人心。这 9 个春节固定活动如下：（1）接财神；（2）春节大团拜；（3）春节大联欢；（4）乐龄之夜餐宴舞会；（5）全国挥春赛；（6）温情满人间；（7）松鹤之夜；（8）博爱满人间；（9）元宵晚会。这 9 项固定活动，有些本身就是中华新年的传统节俗活动，其他一些虽为新创活动，但这些活动体现的理念均为孝道、敬老、助人为乐等传统中华文化价值观，且中间穿插着不少舞狮、舞龙、二十四节令鼓等中华民间技艺的演出，带有浓浓的中华文化色彩。除了以上 9 项固定节目外，每年春节还会根据当年具体情况添加新的活动项目。例如，2019 年为己亥猪年，会馆天后宫以《西游记》中的猪八戒为春节主角，通过生动有趣的户内外舞台表演，再配合廿四节气铁艺剪纸艺术装置、壁画、盆栽精品等多个景区，打造了独具当年年份特点的春节文化。①

---

① 参见《春节颠覆八戒负面形象：走一趟天后宫取经之路》，《海南之声》2019 年第 56 期，第 24—25 页。

三 结论

以上，笔者从传统和现代两个时期入手，论述了民间信仰带动的中华文化在马来西亚传播的现象。在文章的结尾，笔者拟对两个时期民间信仰促成的中华文化南传马来西亚现象背后的运作逻辑略加说明。

传统时期，华人以中国为依归，他们出于以华化夷的目的在马来西亚传播中华文化，来改善自身的生存环境。出于这一目的，华人一般都是原封不动地将家乡的文化带到马来西亚侨居地，甚至以侨居地的文化礼俗越接近原乡越好。因此，这属于一种单向度的中华文化的地理延伸。这种运作逻辑下，华人走得越远，中华文化传播的空间范围越广。

现代时期，华人利用民间信仰来传播中华文化，更多的是出于一种政治策略的目的。马来西亚建国后，华人落地生根为马来西亚公民，成为在人数上仅次于马来人的第二种群。按照马来西亚宪法，华人可以拥有自己的宗教信仰与文化。为了在马来西亚多种族社会中争取自身的地位，华人们开始积极投入传播中华文化的洪流中。但是，由于华人在政治上认同于马来西亚，所以他们这一时期传播的中华文化，不是中国人的中华文化，而是马来西亚华人的中华文化，即马华文化。安焕然指出："马华文化和中华文化根源虽同，但客观条件和面对的问题不一样，解决的方式当然也有不同。"[①]此时期华人积极引入中华文化，或打造自身的中华文化大本营地位，其实就是利用中华文化来解决华人在马来西亚面临的问题，即如何完善自身的华族特色，以便在马来西亚多种族社会中占据优势的问题。因此，这一时期民间信仰带来的中华文化在马来西亚的传播，不仅仅是中华文化的地理延伸，同时还是马来西亚华人立基于本土关怀的族群文化再建构的过程。在这个再建构的过程中，中华文化成为华人建构马来西亚华族本土文化（马华文化）的重要资源。

---

① 安焕然:《文化新山：华人社会文化研究》，南方大学学院出版社2017年版，第8页。

总之，对于马来西亚个案的研究，有利于反思当前世界各地华人主动接受中华文化背后的逻辑所在。这种反思，对于我们提高中华文化输出的效率，进而在全球范围内进一步提升中华文化软实力来说，是有裨益的。

唐卡：藏传佛教与内地佛、道及世俗文化交流的艺术结晶

吴秋野

一 唐卡起源现阶段研究成果综述

对于藏族唐卡艺术的起源，很多学者都提出过极其有价值的看法。比如意大利学者图齐（Giuseppe Tucci, 1894—1984）在其编撰的《西藏画卷》一书中提出，唐卡源于印度，① 他从绘画风格、形式传播角度入手，考察了唐卡与印度绘画之间的联系和可能的传播途径，为唐卡起源研究开拓了一种思路。目前，藏学界普遍认同这种观点。

此外，唐卡与尼泊尔、克什米尔等地区绘画之间的相互影响和联系，也受到学者们的广泛重视。藏民族最终形成的 7 世纪，也即唐卡艺术形成时期，吐蕃王朝与尼泊尔有着密切的政治文化联系，王室联姻、

---

① 详见图齐《西藏图卷》(*Tibetan Painted Scrolls*)，日本讲谈社欧洲部（Kodansha Europe / SDI），2006 年再版本，第二卷、第三卷。其中第二卷说明了 195 件唐卡的保存情况、流传信息。提出唐卡是一种外借的艺术，源于印度的布画，印度语称 pata，传入藏地后，藏人逐渐将自己的想法融汇其中，形成了独特的艺术样式。第三卷列有这些唐卡的精美插图。但全书并没有说出唐卡的印度师承。

商贸往来等活动直接为尼泊尔艺术的藏传提供了可能。现存早期的唐卡绘画作品中，有的就直接与尼泊尔文化有关。著名的热振寺阿底峡高僧肖像唐卡，据载就是阿底峡临终前，其弟子格西·那措译师托尼泊尔画师绘制的，这幅唐卡创作于 11 世纪，很可能是目前存留的最早唐卡作品。热振寺还有一幅噶当派开宗祖师钟·杰瓦穷乃时期的唐卡，该唐卡描绘的是八位随从簇拥下的四臂观音，其绘画风格、佛像的度量，也明显带有尼泊尔绘画的特征。参照其他唐卡和藏族壁画作品，可以看出，该唐卡大致代表了 11—13 世纪唐卡和藏壁画的一种流行风格。此后，希岗巴活佛开创的希岗巴画派更注重向尼泊尔绘画传统的学习，甚至有人把这一画派直接称为"尼泊尔画派"。从地域风格上来看，藏西地区由于与尼泊尔文化往来密切，其唐卡艺术也多受印风、尼风的影响。近世以来，尼风画派更得到了广泛的认可，成为与汉风画派、藏风画派鼎足而立的重要唐卡艺术流派。这些都说明，尼泊尔绘画确是唐卡艺术的营养源之一。

11 世纪前叶，大译师宁车赞波从克什米尔带回一批工艺家到西藏，这是有记载以来最早的、具有官方性质的西藏与克什米尔地区的艺术交流活动，从此，不断有西藏画师到克什米尔去学习绘画技艺。杰居毕画派即是由噶玛曲央多杰等人在藏画基础上吸收了克什米尔画风而创立的。直到现在，唐卡中一些描绘水生物、湖泊、池塘、森林、植物、香烛等事物的图案依然保留着克什米尔画风的传统，可见唐卡艺术与克什米尔绘画之间的联系。

然而唐卡是一种综合艺术，一幅唐卡的完成包括制作、起稿、上色、勾线、装裱等多道工序，仅从文化间绘画风格的相互影响来考察唐卡，或者可以解释唐卡绘画发展中的诸多问题，但解释作为完整独立的艺术形式的唐卡的起源，显然还不够全面。

首先，一些藏学学者认为唐卡是在藏民族艺术的基础上，融合周边各族艺术逐渐发展起来的。从艺术传播学的角度来看，这种说法确实有稳妥、不容置疑的一面。事实上，几乎任何艺术种类都有与周边相邻艺术相互交流、相互影响的过程。但谈到唐卡的藏画基础，却是个很难确定的概念。唐卡之前的藏地绘画，今天已很少见到。由于7世纪前，藏民族并不统一，各部落间的文化也有差异，绘画的风格、材料甚至工具都有区别，所以，与其说唐卡是继承了藏画传统，不如说唐卡是以一种新的绘画形式整合、刷新了藏画传统。这一点，从现存原始藏画与唐卡的风格差距中就可以得到证明。其次，这种观点依然不能明确指出唐卡与外民族艺术的具体联系，严格地说，还只是一种研究方向的设想。

谢继胜先生提出了另一种看法，他认为唐卡艺术的形成是受汉地的影响。[①]他从《巴协》里找出唐卡的古写法，再把唐卡与宋代的装裱艺术乃至于敦煌时期的"幡"作比较，指出这两者之间肯定存在相互流变和影响。这种见解颇有建树，理据充分，但它所侧重的是唐卡形制的起源研究，而宋裱的形成晚于唐卡发生期，它与唐卡的形制虽有极其相似之处，但两者互相影响的因果线索却无法得到确证。即便这样，这种观点对唐卡的起源研究依然具有开拓性的意义。首先，它探询"唐卡"这一概念的古意，实际上已经注意到，"唐卡"一词的形成过程本身即有着丰富的文化含义；其次，它关注到了唐卡的材料、形制等具体的唐卡艺术的文本因素，对目前普遍盛行于美术史研究中的风格分析方法无疑是一种补充。

事实上，要探求唐卡的起源，首先有一个问题必须解决，那就是"唐卡"一词的原始含义，也就是说，要弄清在唐卡形成时期，藏人是如何理解唐卡这种艺术形式的。其次，还应注意到，从材料、工具、具体绘画方法入手是考察唐卡与外族艺术关系的重要途径，比之风格流传，材料、工具、绘画方法的传播相对要受到较多的限制，因此其发展也较为稳定，其中所包含的唐卡艺术的原始信息也将更为丰富。本文即以这两方面为起点，从探询唐卡形制、材料、绘画方法的形成途径入手，考察唐卡的起源。并进而讨论唐卡与唐代绘画风格之间的联系，以期寻找出唐卡中保留的唐代画风的化石性因素，为更好地研究唐代绘画开辟一种途径。

---

① 详见谢继胜《唐卡起源考》，《中国藏学》1996年第4期，第101—120页。

二 "唐卡"原始词意考释

"唐卡"是藏语的汉语音译词。现代藏语中，已无从考证"唐卡"的具体含义。在藏佛教教徒中，对"唐卡"一词有一种普遍认识，即认为"唐"的含义与空间有关，表示广袤无边，就像在一块布上，既可画几百甚至上千尊佛，也可只画一尊佛。"卡"有点像魔术，指的是空白被填补。但在藏语中，并没有发"唐"音的表示空间的词汇。这种解释显然不是从辞源学角度进行的，很可能是后来教徒们把佛教含义附加于唐卡而形成的。

那么"唐"的原初含义是什么呢？这要追索到唐卡的发生期来具体考察唐卡发生的历史背景。据《大昭寺志》记载，吐蕃赞普松赞干布在一次神示后，用自己的鼻血绘制了第一幅唐卡：白拉姆画像。相传这幅唐卡由果竹西活佛藏入白拉姆神像腹内。这当然只是一种传说，不能作为科学考证的确据。但这个故事却昭示了唐卡的产生时间大致就在吐蕃王朝松赞干布时期。这一时期，藏画已日臻成熟，从现存于布达拉宫、大昭寺、小昭寺等寺院的早期藏壁画遗迹上，可以想见，吐蕃时期的藏画技艺已经达到了相当高的水平。也就是从这一时期开始，关于唐卡的记载出现在各种典籍中。虽然受到纸张、丝绸、布匹等材料保存年代的限制，传说中吐蕃时期的唐卡现在已很难见到，但上述壁画的存在，佐证了当时唐卡绘画所能达到的成就。也就是说，唐卡最迟在公元7世纪中叶就已经出现了。而这一时期，在汉地正初现唐王朝盛世、各民族日趋融合的局面。这一时期，也是汉、藏文化交流日趋频繁的时候。文成公主入藏、商贸往来，使棉、麻、丝、帛等农业文明成果和技艺迅速进入藏地，松赞干布迁都拉萨，在客观上加快了藏地的农业化进程，这些都为以纸张、丝织品、竹木器和各种矿物植物染料为材料的唐卡的产生，提供了坚实而具体的条件。

尤其值得注意的是，从魏晋南北朝经隋入唐，正是汉地接受外来佛教文化影响、绘画与装裱技艺逐渐走向成熟的时期。传为顾恺之所著的

《论画》中记：

> 凡画，人最难，次山水，次狗马；台榭，一定器耳，难成而易好，不待迁想妙得也。①

说明那时汉地绘画已经有了人物、山水、动物等画类分科。至唐初，朱景玄在《唐朝名画录·序》中进一步谈到了绘画分科：

> 夫画者以人物居先，禽兽次之，山水次之，楼殿屋木次之。……近代画者，但工一物以擅其名，斯即幸矣。②

可见绘画分科不仅越来越细，画家们更是在分科中有了"术业专攻"，这从一个侧面反映了绘画在唐代的繁荣。而一个多世纪以来，从敦煌藏经洞等地陆续出土了多件唐代绢画作品，说明至少到唐代，汉地在丝织品上作画的技术已臻成熟。至中唐后，汉地已出现了装裱技术的文字记录。张彦远《历代名画记》载：

> 自晋代以前，装背不佳，宋时范晔始能装背。宋武帝时徐爱，明皇时虞龢、巢尚之、徐希秀、孙奉伯编次图书，装背为妙。梁武帝命朱异、徐僧权、唐怀充、姚怀珍、沈炽文等又加装护，国朝太宗皇帝使典仪王行真等装褫，起居郎褚遂良、校书郎王知敬等监领。③

这说明装裱技术到唐代，也有了完备的发展。比之藏本土文明，唐

---

① （东晋）顾恺之：《魏晋胜流画赞》，俞剑华编著《中国古代画论类编》修订版（上）《第二编 品评》，人民美术出版社1998年版，第347页。
② （唐）朱景玄：《唐朝名画录·序》，俞剑华编著《中国古代画论类编》修订版（上）《第二编 品评》，人民美术出版社1998年版，第22页。
③ （唐）张彦远：《历代名画记》卷三《论装背褾轴》，秦仲文、黄苗子点校，人民美术出版社1963年版，第46页。

文化里显然有更成熟的布上绘画、装裱、使用毛笔等直接使用于唐卡的技术。在文化交流中，这些技术也随之由汉地传入藏地，为唐卡的产生奠定了最初的条件。

也就是说，唐卡的基础技术与汉地唐文化的联系更为直接。其以"唐"音冠名，就是这一点的确证。

汉语与藏语同属汉藏语系，在发音方法、部位上有很多共同之处。对于唐王朝的称呼，藏语也保留着"唐"音本色，这个"唐"音即表示"唐地""唐文化""唐朝"之意，是汉语词在藏语中的音译。以"唐"命名唐卡，即表示唐卡是一种来源于唐地、唐文化的艺术形式，这正是藏人对唐卡的最初理解。而"唐"音的这种原始意义，正好暗合了在藏地流传的另一种关于唐卡起源的说法，这种说法认为唐卡源自可以悬挂的布面文书、公告或画像。史载，文成公主入藏后，松赞干布仰慕汉文化，脱掉毡裘，改穿绢绮，藏人开始大量使用丝织品，丝织品也就自然成为藏人心中的"唐来品"。那么，藏人把以织物为主要材料的唐卡看作是源自唐地的物品，也就是顺理成章的事了。

而以唐字音冠名从唐传来的事物，在藏文化里还有其他的例证，如大昭寺外，传为松赞干布与文成公主亲自栽插的柳树，被藏人称为"唐柳"，意即从唐地、唐时传来的柳树。直接音译汉语词而形成的绘画用语至今在藏语里也有遗存，如唐卡的着色称为"存"，有学者认为"存"音即是汉语"皴"字的藏音译词，[①]这种音译汉语词的藏词的存在，也佐证了"唐"音被直接用于藏语的可能。

至于唐卡的"卡"音，无疑是用来描述唐卡这种艺术形式的词汇，它很可能与藏语统一前的某种古藏语有关。另外，藏佛教用语中一些表示织物服装的词包含有"卡"音，如僧袍被称为"卡仁"、僧褂被称为"堆卡"，以此来看，"卡"音或者是对纺织品的一种称谓。确切考证出"卡"音的来源，无疑会对唐卡在文化交流中得以产生的具体情况有更深入的了解。但就唐卡起源这一问题而言，"唐"这一字音的考察显然

---

① 参见张世文《藏传佛教寺院艺术》，西藏人民出版社2003年版，第138页。

比"卡"音更为重要，它直接说明唐卡这一艺术形式来源于唐代文化的影响。

当然，正如前文所述，要探明唐卡与唐代绘画之间的联系，仅从"唐卡"一词的语音上考察还远远不够，我们还需要对两者的制作方法、绘画技术、材料工具、画风形制等绘画文本因素做具体的比较研究，以期得到更为深入的认识。

三 唐卡与唐代绘画载体制作技术比较

正如上文所述，目前能看到的对唐卡历史的研究，多以风格与图像分析为基础，特别是西方学者，他们本着实证精神，从大量实物出发，在这方面建树颇多。但对于一件艺术品来说，风格及图像只是最后完成的表象，它并不能直接表达这件作品的材料构成和技术体系，而不同材料与技术手段的绘画，同样可以进行风格、图像上的交流。事实上，我们对于唐卡研究的缺陷就在于，我们过于忽视唐卡作为一种独立艺术的技术、材料的发展情况。即使近年来越来越多研究藏族艺术的学者开始关心这些问题，也多是从实践技法上进行研究，也没能把材料、技术因素纳入史的范畴中。而当我们把唐卡的诸种技术、材料等文本因素分解开来，把它们与相对的唐代绘画因素进行逐一对比分析，我们就会看到一条唐卡与唐代绘画之间紧密联系的线索。

在纺织物上作画，第一道工序就是整理制作画布。

汉文化历来注重绘画艺术，而社会科学的进步、绘画技艺的发展，促使作为绘画载体的画纸、画绢在几千年的文明史中不断得以更新改良。今天我们所能看到、使用的画纸、画绢与千余年前唐代的画纸、画绢已大为不同，这使我们几乎无法想象唐人是如何处理画布，使一块织物能顺利完成作品绘制的。好在早期画论，为我们留下了这方面的零星记载。传为顾恺之的《魏晋胜流画赞》中就有这样的章节：

凡将摹者，皆当先寻此要，而后次以即事。凡吾所造诸画，素幅皆广二尺三寸。其素丝邪者不可用，久而还正则容仪失。以素摹素，当正掩二素，任其自正，而下镇使莫动其正。①

虽然这里讨论的是摹画，但已可以看出，当时人们用绢绘画时，已注意到画布的扯正、固定问题，所以在绘画之前，要先将画布镇正，以使将来的画面不至于变形。

米芾《画史》进一步记录了唐人制作画布的工艺：

古画至唐初皆生绢，至吴生、周昉、韩幹，后来皆以热汤半熟入粉，捶如银板，故作人物精彩入笔。今人收唐画必以绢辨，见文粗便云不是唐，非也。张僧繇画、阎令画，世所存者皆生绢。南唐画皆粗绢，徐熙绢或如布。②

南宋赵希鹄《洞天清录》又记：

河北绢经纬一等，故无背面。江南绢则经粗而纬细，有背面。唐人绢或用捣熟绢为之，然只是生捣，令丝扁不碍笔，非如今煮练加浆也。古绢自然破者，必有鲫鱼口与雪丝，伪作者则否。③

这说明，盛唐以后，画家们除了注意画布纺织的经纬对画面正斜造成的影响，还渐渐发展起一套制画布的技术，这套技术包括煮绢、给绢上浆粉、然后对制过的绢进行捣磨。其目的是使画绢的经纬线纹不影响笔触的流利，同时控制画绢的渗化使墨色与颜料保持清晰。古典画论中还普遍记载唐人有另一道画布制作工序，那就是"装潢"。所谓"装潢"就是在画布（纸）使用之前和画布（纸）绘成之后，用黄蘗皮煮水将画

---

① 沈子丞:《历代画论名篇汇编》，文物出版社 1982 年版，第 7 页。
② 沈子丞:《历代画论名篇汇编》，文物出版社 1982 年版，第 110 页。
③ （宋）赵希鹄:《洞天清录论临摹鉴藏》，俞剑华编著《中国古代画论类编》修订版（下）《第六编 鉴藏、装裱、工具和设色》，人民美术出版社 1998 年版，第 1242 页。

布（纸）染一遍，绘前染可使颜料和墨更好地附着于布纸上，绘后染可对画面起到保护作用。这种技术在南北朝就开始兴起，《齐民要术·杂记》记："凡潢纸，灰白便是……写讫入潢避蠹也。"但这道工序真正成熟，还在唐以后，《唐六典》有记："崇文馆装潢匠五人，秘书省装潢匠十人。"那时已经有了专门的官设的装潢工匠。而随着时代的发展，最初的黄蘖皮水渐渐被矾胶水所代替，明清以后的许多画论，对矾胶水的使用都有明确记载，《芥子园画谱》甚至对不同季节矾胶水兑制材料的不同比例都有详细记载。直到今天，工笔画家们依然使用矾胶水制画。

而类似的制画布技术，在唐卡绘制中也有体现：唐卡绘制之前，首先要将选好的画布沿四边缝在一个细木画框上，再用结实绳子把细木画框牢牢地绑在大画架"唐卓"上面。这样做的目的显然是使画布固形。"唐卓"之名亦无考，从其以"唐"命名看，似乎亦与唐地文化的流传有关。在"唐卓"上固定画布后，画师们会在画布上涂上薄薄一层胶水，晾干之后，再薄涂一层有石灰的糨糊。等第二层涂料干后把画布铺到木板或桌面之类的平坦地方，用一块玻璃或贝壳、圆石等光滑的东西反复摩擦画布面，直到画面平整如滑为止，正如《画史》中记"捶如银板"。这样做的目的是防止画布吸附、渗入颜料；防止颜料在画布上"变花"。

唐卡是一种传承性艺术，在宗教精神的作用下，它的每一道工序和技艺都带有很强的程式化，历代画师将这些近乎程式化的技术口手相授，严格地按照"三经一疏"[①]的厘定范式作画，各种藏画典籍，如《甘珠尔》大藏经中的《时轮》《总源注疏》、宗喀巴大师的《影像观察明镜》、曼拉端珠的《如来尺度如意宝》等著述对唐卡的形制、绘制方法也有严格规定。可以想见，流传至今的唐卡画布制作工艺中，同样包含着唐卡发生期的原始信息。藏人至少在唐卡成型期，已经懂得了唐卡画布的制作。从现有文献材料来看，藏人大致在 7 世纪才普遍以纺织物代替兽皮，此后唐卡包括唐卡画布的制作技艺迅速成熟，显然以如此速度

---

① 即《造像量度经》《绘画量度经》《佛说造像量度经》《佛说造像量度经疏》。

娴熟驾驭纺织品，已超出纺织文化在藏文化中独立发展的可能性。因此，外来影响的作用不容忽视。从这个意义上讲，唐卡画布制作与唐代绢画制绢技术之间的相似，就绝非偶然。

当然，在唐王朝周边的外族文化里，布面绘画也普遍存在一个制画布的过程。这是古代纺织技术不发达造成的必然结果，在现代意义上的画绢、画布产生之前，纺织品都不是针对绘画而生产的，为能使之适应绘画需要而对其进行加工，就是绘制中必需的工序。事实上，7世纪前后，亚洲各地纷纷兴起了布画绘画，画布加工工艺也基本上大同小异，唐画与唐卡的画布制作都可能受到多种文化的影响。问题是，唐卡画布的这种加工，最终是为了适应毛笔及水质、胶质颜料而设置的，这使得唐卡与唐画之间的亲缘关系表现得更为紧密。

四 唐卡与唐代绘画工具、材料比较

而这也正是我们要进一步探讨的，从绘画工具、颜料途径看唐卡与唐绢画之间的联系。

毛笔是中国画的独特工具，在几千年的历史中，毛笔也一度突破汉文化的区域限制，影响着周边民族的文化。比如在现存的古代西域、西亚的壁画艺术中，就有大量使用毛笔绘制的作品。但随着时代发展，毛笔的影响力也渐渐收缩。现在在汉文化区以外，依然保留毛笔作为绘画工具的地区除了汉文化传统深厚的韩国、朝鲜、日本、越南、蒙古等邻国，就几乎只有藏、维、蒙等少数民族地区了。作为藏画代表的唐卡始终以毛笔为工具。藏毛笔的基本材料亦如汉笔，使用竹（木）和动物皮毫。其中笔毫材料的要求特别严格，马鬃根部的细毫，十月的猫脖子至脊梁部分的粗毫，羊胫上的短毫，黄鼠狼的尾毫、耳毫、狼毫、狐毫，都是藏笔毫材。而藏画笔中锋常以猞猁尾毛制成，目的是使中锋有硬度，笔端能够拖动浓重的矿物质颜料。但总的来说，藏笔之变不离汉笔之其中。这种工具上的一致，是唐卡在多项绘画技术上与唐绢画相近似的决定性因素之一。

唐卡

二者之间另一重要纽带是颜料。从现存实物来看,唐之前汉地绘画的颜料相对简单,汉以来渐以"丹青"一词代指绘画,说明当时人们对绘画颜色的印象,还大致局限于"丹""青"等为数不多的色系中。至唐,张彦远《历代名画记·论画体工用拓写》对各种颜料及其产地做了详细记载:

> 武陵水井之丹,磨山差之沙,越嶲之空青,蔚之曾青,武昌之扁青(上品石绿——著者注),蜀郡之铅华(黄丹也,出草本——著者注),兴之解锡(胡粉——著者注),研炼澄汰,深浅轻重精粗。林邑昆仑之黄(雌黄也,忌胡粉同用——著者注),南海之蚁铆(紫铆也,造粉燕脂,吴录谓之赤胶也——著者注)。①

显然这时绘画颜料种类已大为丰富。总的来说,这些颜料分为矿物质和植物质两种,矿物质颜料如空青、曾青、扁青、蚁铆等;植物质颜料如铅华、黄等。传为顾恺之的《魏晋胜流画赞》已经有了对画胶的记载:

> 竹、木、土,可令墨彩色轻,而松竹叶浓也。凡胶清及彩色,不可进素之上下也。②

《历代名画记》则进一步对画胶进行了讨论:

> 云中之鹿胶,吴中之鳔胶,东阿之牛胶,采章之用也。漆姑汁炼煎,并为重采,郁而用之。古画皆用漆姑汁。若炼煎谓之郁色,于绿色重用上之。③

---

① 沈子丞编:《历代画论名篇汇编》,文物出版社1982年版,第38页。
② 沈子丞编:《历代画论名篇汇编》,文物出版社1982年版,第7页。
③ 沈子丞编:《历代画论名篇汇编》,文物出版社1982年版,第38页。

可见中原地区的绘画发展到唐代，主要以水、胶调制矿物颜料、动植物颜料的色彩体系已相当成熟。而这种色彩体系也正是唐卡所使用的。

传统的唐卡颜料取材于藏地常见的矿物质和植物，如朱砂、铜矿、黄铁矿、藏红花、大黄、蓝靛等。为了表达宗教精神，唐卡还特别注重贵重颜料的使用，如金、银、珍珠、玛瑙、珊瑚、松耳石、孔雀石等珍贵的矿物宝石颜料。这些颜料经水与胶调制，作画面底色的颜色有时还需调入石灰粉。正是因为有了这样严密精当的用色技术，唐卡才能保持金碧辉煌、历久不褪色的画面。藏画用胶，也是用动物的骨、皮熬制。而藏墨的制墨技术与中原地区也十分相似，基本都是以动植物材料煅烧成烟炱以胶类调制。藏族形成之后，普遍使用毛笔和墨来书写绘画，显然这是受强大的汉文化影响而形成的民族习惯。

现存的藏画典籍中，并没有明确的取法汉法制色制墨的记载，倒是在中原文化里，保留了很多汉藏绘画交流的遗迹。比如许多画家都注意到，在唐以前，中原绘画中没有花青这种颜色，唐以后，国画中花青色的使用越来越多，最后甚至成为文人画的重色。儿童学习国画，老师们往往要传授一句口诀：无花青、赭石不成画。而花青是藏画的重要颜色，直到今天，花青还有"藏色王子"之称。拉萨附近的尼木和昌都地区就有优质的花青和蓝绿色矿。看来，中原使用花青等色，很可能是受藏地影响。

《青在唐画学浅说》中还有一则记载：

> 唐画中有一种红色，历久不变，鲜如朝日，此珊瑚屑也。宣和内府印色亦多用此。①

可见唐画也使用珊瑚颜料。珊瑚本在汉魏间从西域传入中原，但用

---

① 《青在堂画学浅说》，巢勋临本《芥子园画传》，胡佩衡、于非闇选订，人民美术出版社1960年版，第29页。

于颜料的记录，始于唐代，或也是一种藏、印、尼、汉间文化传播的结果。既然汉藏间存在文化交往，文化相对落后的藏地就必然要向中原学习绘画技术，藏画在形成期，也就是七八世纪的唐代，受唐画影响就十分自然了。

五　唐卡与唐代绘画绘、裱技术比较

无论从各种藏画典籍对唐卡绘制的记载要求来看，还是从现传唐卡的绘画技术来看，唐卡的绘制都与汉地重彩工笔画的绘制十分相似。

唐卡绘制的第一道工序是起稿，然后用淡色（墨）描出线描稿。接着就要开始着色工作了。前文已谈到唐卡的着色藏语中称为"存"，有学者认为是汉语"皴"词的音译。而这个词的意义现已超出了"皴"的原意，涵指唐卡的总体着色程序了。唐卡的着色原则与国画如出一辙，先浅后深、干湿并用。着色后即要整色、勾线。唐卡勾线线条富于变化，一般来说，起线与收线处较细，中间略粗，突出的部分要勾勒得快捷、有力、圆润。这种线条的丰富表现，既是使用毛笔工具的必然结果，也是文化积累交流的结果。有的画家直接称唐卡的线描为铁线描，可见对唐卡汉画法的普遍认同。在唐卡绘制完成后，画面上还要刷一层胶清或清漆，这和国画画完后，画面铺矾胶水的作用是一样的，是为了更好地保护颜色和画面。

描金的使用在宗教绘画中十分普遍。从现存文献来看，中原地区在隋代就确切地使用了金色，[1]盛唐以后，金色的使用扩展到世俗绘画中，典型的就是金碧山水的出现。虽然对中原来说，使用金色也是一种外传画法，但中原的使用比藏地早。藏传佛教之所以形成了独立的宗教体系，很大的原因就在于它是一种多文化的结合，藏传佛教的传藏途径，现在看来也不是单一的，唐卡中金色的使用也不能排除汉地的影响。

至于唐卡在装裱形式上与中原绘画间的一致，已被很多学者注意。

---

① 参见王家鹏主编《藏传佛教唐卡》，上海科学技术出版社2003年版，第15页。

前引谢继胜博士所论,即以唐卡装裱与宋宣和裱进行比较,找到了唐卡与汉地艺术间的联系;王家鹏先生在其主编的《藏传佛教唐卡》一书中也提到:"(唐卡)画成后用绸缎镶边装裱,安装天杆地轴,与国画的装轴形式近似,可见唐卡艺术形式与国画有紧密的渊源关系。"[1]可以说,目前学者们对唐卡与中原艺术之间关系的探讨,最普遍的途径就是研究二者在装裱形式上的联系。但这样的讨论一如西方学者从绘画风格上探讨唐卡的起源,都还只停留在视觉形式的层面上,而没有深入技术和材料研究。事实上,技术和材料才是保证风格较为稳定的因素,而风格变化后面往往蕴含着技术、材料的发展。

张彦远《历代名画记》中详细记载了当时人们装裱书画的技术:

> 凡煮糊必去筋,稀缓得所,搅之不停,自然调熟。余往往入少细研熏陆香末,出自拙意,永去蠹而牢固,古人未之思也。……候阴阳之气以调适,秋为上时,春为中时,夏为下时,暑湿之时不可用。勿以熟纸背,必皱起,宜用白滑温薄大幅生纸,纸缝先避人面及要节处。若缝缝相当,则强急卷舒有损,要令参差其缝,则气力均平。太硬则强急,太薄则失力。绢素彩色不可捣,理纸上白画可以砧石妥帖之。宜造一太平案,漆板朱界,制其曲直。古画必有积年尘埃,须用皂荚清水数宿渍之,平案扦去其尘垢,书复鲜明,色亦不落。补缀抬策,油绢衬之,直其边际,密其缝隙,端其以纬,就其形制,拾其遗脱,厚薄均调,润洁平稳。然后乃以镂沉檀为轴首,或裹辟尘金为饰。白檀身为上,香洁去虫。小轴白玉为上,水精次之,琥珀为下。大轴杉木漆头,轻圆最妙。前代多用杂宝为饰,易为剥坏。故贞观、开元中,内府图书一例用白檀身、紫檀首,紫罗织成带,以为官画之。[2]

---

[1] 参见王家鹏主编《藏传佛教唐卡》,上海科学技术出版社2003年版,第15页。
[2] (唐)张彦远:《历代名画记·论名价品第 论装背裱轴》,俞剑华编著《中国古代画论类编》修订版(下)《第六编 鉴藏、装裱、工具和设色》,人民美术出版社1998年版,第1233页。

也就是说，至少在张彦远所在的中晚唐之前，汉地的装裱已经形成了制浆—配料—配背—托画心—方正画心—粘串—镶嵌—包边—磨画—配杆—包杆—系绦等一系列程序，技术日臻完善。而唐卡装裱所使用的，也正是这一套技术。直到今天，唐卡虽然历经千余年的发展，涌现出许多不同风格的派别，但装裱却一直保留着和汉地相仿的技术。

1973年出土于湖南战国楚墓的《人物御龙帛画》，已出现装裱技术的最初萌芽。这件文物的上横边裹着一根很细的竹条，上系有棕色丝绳，显然是为了展卷、悬挂方便而设置。后来在马王堆一号汉墓出土的T形帛画也有这样的装置，同时该画中部和下部的两个下角，均缀有青色细麻线织成的筒状绦带。这说明，中原地区装裱工艺的产生，至少可以追溯到先秦时期，至唐装裱技术趋于成熟，这个过程大致经历了千年左右。而唐卡在7世纪出现，即以布画的形式存在，可以说，唐卡的装裱与唐卡的绘画技术是同步发展的。唐卡装裱发展的这种先期性，充分说明了唐卡的产生，并非一族文化自足发展的结果，而带有外来文化的引入成分。

六　唐卡与唐代绘画风格比较分析

但这些分析，并不能否定西方学者从风格学、图像学角度对唐卡起源的研究。以杜齐为首的西方人正是从这种途径入手，辅助以佛教传播情况的考察，找出了唐卡与印度绘画、尼泊尔绘画之间的联系。但把唐卡的产生简单归于印度、尼泊尔文化的影响，显然忽视了如下几个问题：

第一，绘画风格、图像特征可以在不同技术体系的绘画间流传，因此不同技术类别的绘画可以表现出相接近的画风，即风格图像研究可能模糊绘画更根本的文本构成因素。

第二，风格图像研究不应该脱离对历史环境的考察，事实上，在西方学者从现存图像来挖掘唐卡产生与印度、尼泊尔绘画之间的关系时，恰恰没有考虑唐卡产生时汉地绘画与印、尼绘画之间的关系，即唐代绘画与印、尼绘画的风格联系。

取于敦煌、现存于大英博物馆的斯坦因第 32 号收藏品，即千手观世音菩萨曼陀罗是一件可以给我们颇多启发的文物。这幅作品的下半部已经毁坏，颜色褪却，丝绸变成褐色。画中央的涡卷纹上写有藏、汉两种文字的题记，这表明，该作品很可能是 781 年至 848 年间，吐蕃占领敦煌时期的作品。在这幅作品中，出现了有明显的尼泊尔画风的形象，最突出的是药师佛下侧，一对面向药师佛的菩萨，有些西方学者直接把它们描述成"按藏族—尼泊尔风格创作"。[1] 但这幅作品的藏文题记，却明确记录该作品是按汉族风格创作的。这就出现了一个有趣的矛盾：为什么从图像上看有明显尼泊尔风格的形象，在八九世纪绘成之际，题记者却标明其为汉画风格？答案只有一个，那就是现在看来的尼泊尔画风，在绘制这幅作品的当时，也即是汉地画风。换句话说，当时，也即唐代的中原绘画风格与尼、印地区的画风有许多相通的因素。

这让我们不由想起，苏立文曾在《山川悠远》一书中，意味深长地称 8 世纪的唐代绘画为一种"远东国际风格"的绘画。也就是说，盛唐绘画体现着一种亚洲乃至更广大区域中绘画的一种普遍风格，它与通过佛教传教影响远播的印度、尼泊尔绘画必有一定的联系。这一点，从许多文物中都能获得佐证。如现存于西北地区的唐代佛教洞窟壁画中，有大量的绘画体现出西亚、印度的风格。原传为张僧繇作、后鉴定为唐人梁令瓒所作的《五星二十八宿神形图卷》即是一幅有明显西亚风格、确切的唐代表作品，它或能体现唐人绘画的一种常见风范。而我们今天说它们具有西亚风格，完全是从今人的眼光出发来定义的。在当时的人们来看，它们应该就是被广泛接受的中原画风。

事实上，在中唐水墨之变以前，中原地区的绘画并没有表现出今天我们能看到的这么强烈的民族性。现在我们划分的印度风格、尼泊尔风格、中原风格都是以水墨之变后，汉、印、尼地区新的画风区别为基准

---

[1] 参见 [法] 海瑟·葛尔美《早期汉藏艺术》，熊文彬译，河北教育出版社 2000 年版，"斯坦因第 32 号收集品"一节。

的。这样就会产生一种误会，我们很可能把唐以前的汉地画风误认为是印度、尼泊尔的画风，从这样的角度来探讨唐卡，自然也就难以得到准确的结论。换句话说，西方学者从风格图像的途径探讨，认为唐卡的起源与印度、尼泊尔地区的绘画有关，恰可以证明，唐卡与唐代绘画之间的风格渊源。

由于唐卡为宗教服务，有着近乎程式化的强烈的传承性，它所保留的七八世纪间中国绘画的信息就远比经过水墨变革的中原地区更为丰富。一些汉地唐代的绘画形式，在中原地区已近乎散落，但在藏地的唐卡里却顽强地保留着，如金碧山水就是这样一种绘画形式。这种绘画形式的存在，也反证了唐卡与中原唐代绘画的渊源关系。同时这也启发我们，要更好地了解唐代绘画，就不能放弃对唐卡进行更深入的研究，因为唐卡绘画中的许多因素，很可能就是唐代绘画的活化石。

20世纪80年代，中国一批青年画家被日本绘画的色彩技术所吸引，远赴日本，欲求学习这些技术。可结果却惊奇地发现，日本人的这些技术却来自从唐代绘画学习来的传统，千余年来，日本画家们秉承着这些传统，不断探索钻研，形成了现代日本绘画的色彩局面。因此日本绘画从载体、工具、颜料的制作整理，到铺色、染色的各种技术，都包含有大量的汉地古代文化的信息，而水墨精神强烈的中原地区，却渐渐忘记了这些传统。

唐卡的情况与日本绘画有些类似，所不同的是，唐卡是一种宗教艺术，它在起源的时候，所要吸收的汉地画风也主要是汉地宗教绘画的画风。至于这种宗教画风与当时的世俗画风有怎样的联系和区别，则是另一有待探讨的问题。

结　语

当然，论述了唐卡与唐代绘画之间的关系，并不是否定唐卡与印度、尼泊尔等异域绘画存在互相影响和交流。事实上，任何一种艺术都不可能完全孤立地成长。藏地接受佛教，本来就是一种文化传播的结果，而唐卡又是佛教的艺术，它受佛教来源地印度、尼泊尔文化的影响，就是再自然不过的事了。只是因为藏地与汉地有着更深刻的文化渊源，汉地文化，具体说是唐代文化更直接地提供了唐卡产生的条件，所以我们认为唐卡与唐绘画之间的关系更为紧密。从唐卡的载体制作、工具、颜料、绘画技术等绘画文本因素考虑，我们甚至可以认为，唐卡即属于唐代绘画体系，其化石性地保留了唐代绘画的许多特征。在其发展过程中，唐卡又不断吸收、接纳周边印度、尼泊尔、西亚等地区的绘画技巧和风格影响，逐渐形成了今天唐卡的局面。

唐卡是一种多文化交流所产生的艺术种类。但在以往的研究中，却恰恰忽视了汉地艺术对唐卡的影响。原因之一是，汉地绘画艺术在水墨变革后发生了巨大的变化，从今天的印象出发，往往对唐以前的绘画产生误解，因此也就淡忘了唐卡与汉地唐绘画之间的联系。明确唐卡艺术的唐文化渊源，不仅对理解藏画发展有重要意义，对唐代绘画的研究，也将提供有益的帮助。

马来西亚道教与民间信仰探略

[马来西亚] 何文庆　黄永锋 *

一　绪言

在厦门大学道学与传统文化研究中心主任黄永锋教授的带领下，笔者于 2012 年 9 月中旬生平第一次踏上了柘荣这块土地。柘荣是位于闽东北的内陆山区县，是福建省人口最少、区域面积最小的一个县。由于长年居住于都市之中，偶尔来到了民风淳朴、风光明媚的柘荣山区，使笔者的身心如沐春风，别有一番滋味。而且，该次出行是受邀出席"第二届柘荣马仙文化旅游节"的活动，颇有上山寻仙求道的感觉。马仙，亦称马氏天仙、马元君等。马仙信仰始于唐中叶，源自浙南，盛行于闽浙，流传于赣、粤、台、港、澳乃至东南亚地区。福建的马仙信仰以宁德柘荣为中心，马仙与妈祖、陈靖姑并称"福建三大女神"。

此次活动，除了各个马仙庙都有相关的祭祀之外，文化节筹委会还特地举办了一项"道学与养生文化体验暨慈善周"活动，邀请专家学

---

* 本文由厦门大学哲学系博士、马来西亚籍何文庆先生主笔，厦门大学哲学系黄永锋教授指导文章选题、写作思路和修改文稿。

者莅临作学术演讲，包括四川大学的詹石窗教授、中国社科院的陈静教授、厦门大学的黄永锋教授等。此外，当然也少不了游街活动与民间艺术表演等项目，一周之内充满了浓浓的"道"的味道，是笔者之前从未体验过的。

主办方热情地招待笔者，除了负责食宿外，还带笔者参观灯火山的清阳观与东狮山的清云宫，不只让笔者得以一睹庄严肃穆的道教宫观（包括三清殿与马仙庙）。道长们的分享让笔者进一步了解中国的道教文化和民间信仰，此行收获颇丰。

二 马来西亚道教与民间信仰源自中国

从柘荣回到马来西亚之后，有感于当地马仙文化的深厚底蕴，便决定写一篇关于马仙在马国的传播情况的文章，以纪念柘荣之行。为此，笔者向马来西亚道教总会询问，也向马来亚大学中文系（笔者本科毕业的院系）专门研究道教的严家建教授请教，结果均答复不知道，这让笔者下决心对马来西亚的道教信仰和民间信仰进行一番探究。

其实，身为一名马来西亚华裔，笔者熟悉马国华裔的宗教信仰状况。在马来西亚，信奉道教的马来西亚华人人数众多，但是道教在本地长时期没有形成规范化的组织，即使是道教总会，碍于地缘会馆、氏族宗祠及各道教团体与庙宇各自为政的种种限制，亦无法完整统计道教与信俗庙宇的具体情况。此外，道教也缺乏精英知识分子的认同和参与，可以说是处于较低层次的发展状态，其传播主要还是在民间祭祀、祈祷的应用层面，在学术理论的建树方面严重不足。

马国道教的另一个现象便是道教与民间信仰的信众数量颇多，但自认为道教徒的人数竟不超过华人人口的百分之一。[①] 根据维基百科马国 2000 年人口普查的数据，约 19.2% 的人口信奉佛教，信奉儒家、道

---

① 王琛发：《建构马来西亚道教文化遗产的认识与传承》，2006 年 5 月无锡《太湖论道》国际学术研讨会与会论文。

教和其他华人民间宗教信仰的只有 2.6%。若只以华人人口计算，75.9% 登记为佛教徒，道教徒为 10.6%。由于马国法律不允许公民为无神论者，因此每位国民在 12 岁领身份证时必须在宗教栏填写个人的信仰；而大部分华人家长都会为子女填上"佛教"，即使他们平日的宗教活动是祭拜道教神仙与民间信仰崇祀的神明，其中最主要的原因是华人对自己的宗教信仰认识不清，佛道不分。

国际知名老庄研究学者刘笑敢在其《道教》一书中说："世俗的道教信徒则不太容易确认，持守道教信仰、参与道教仪式的人很多，而统计上的道教信徒的数目却很少。其中的原因很多，例如，中国的宗教活动通常与家庭生活和社会生活交织在一起，只有那些离开家庭住在道观里的职业宗教徒是例外。在中国文化中，宗教传统很难与道德实践、哲理学说、社会风俗、民间传说明显区分开来。"① 此书的原版英文版是 1993 年发行的，虽已经历了二十年，但笔者相信此种现象至今依然如故。

然而，从宗教文化学的角度看，道教正式教徒人数之有限与道教文化影响之广大形成鲜明对比，这在其他宗教极为少见。道教信徒历来是五大宗教（中国的五大宗教是指：道教、佛教、基督教、天主教与伊斯兰教，与下文的马来西亚五大宗教有所不同）中最少的，从未超出几十万人。但道教对中国文化的影响却远远超出教徒的范围而达到社会各阶层、各领域、各地区，其影响是全局性的、持久的。②

这里面牵涉两个问题，一是为何持守道教信仰的人会称自己为佛教徒？二是需要严格区分道教与民间信仰吗？这两个问题其实可以归纳为一个主题，那便是中国传统文化。因为道教是源于中国古代文化的土生土长的宗教，它也吸收了佛教的养分，但更多表现出来的是中华民族传统信仰的特质，蕴含着中国传统文化的基因。换句话说，这本是儒释道三教合一而形成的中国传统民间信仰的课题，本是一个"杂而多端"的

---

① 刘笑敢：《道教》，陈静译，上海古籍出版社 2008 年版，第 8 页。
② 牟钟鉴、张践：《中国宗教通史》（上），社会科学文献出版社 2000 年版，第 260 页。

道教源头的老话题。

　　的确,历年来,道教和民俗之间,除了它们自身内容与实践的演变外,奉行道教教义的民众也深受居政治正统的儒家学说、广泛流传民间的佛教的影响。更何况,儒释道三者的哲理和价值观也有重叠之处。三者之间经过漫长岁月的互动、交流,已逐渐渗透进入民俗;对一般民众来说,鉴别分清习俗的来源已很困难,而且分清也没有什么实际意义。①

　　有鉴于此,深入研究马来西亚的民间信仰,有助于深化对马国华人继承与发扬中华传统文化的了解。笔者一直以来都认为这些民间信仰多为迷信,只是一种偶像崇拜的无知行为;如今方知包含民间信仰的道教文化内涵十分丰富,是中国传统文化的重要组成部分。

　　从这里也可以看出马来西亚道教界所面对的问题:即使是高级知识分子如笔者,对道教与民间信仰背后的真正含义也模糊不清,遑论一般的平民百姓。可见,马国的道教界确实长期以来只有仪式与崇拜而缺乏教义的传播,多数道教信徒去道观参拜只不过是寻求现实利益,加上道士利用身份诈骗钱财的现象时有发生,致使道教的社会形象远不及佛教。因此,厘清观念、正本清源应该是马国道教界长期致力的一个目标。

　　马来西亚道教总会在其官方网站上如此描述:"马来西亚道教的开端可追溯至先祖们南下马来亚时,把中华民族的文化、生活习惯、宗教信仰等等一并随着到来并传播在这片国土上。"该总会成立于 1994 年,经过多年的奔走与争取,终于在 2006 年使道教正式成为马来西亚的官方宗教之一,允许国民在官方文件宗教信仰资料上填写"道教";同时期,道教总会也成为五大宗教咨询理事会成员之一,与较早时的四大宗教佛教、基督教、印度教与锡克教代表一起共同推动马来西亚的宗教发展。这是作为有组织性地推动正统与正信道教的一个好的开端,然而基于上述的种种客观因素,全面提升与传播道教教义与建树正统道教哲

---

①　黄大志:《道家、道教与民俗文化研究·丛书导论》,新加坡八方文化创作室 2008 年版。

学的前路依然漫长，仍需各个道派与学术界的通力合作，逐步地完成使命。

三 马来西亚民间供奉的神

据历史记载，19世纪下半叶，大量华人移居南洋，英属马来亚与婆罗洲的英殖民政府大量引进华工。这些从中国东南沿海落户到马来亚的华工将他们家乡的神明也一并移植至当地，以作为在异乡寻求传统信仰的慰藉。多年来，这些神明被供奉在华人的住宅、私人神坛或庙宇之中，一尊尊的神像，接受信众的膜拜。透过对神明的参拜与禀告，信徒们祈求神明庇佑一切如愿顺利，这是华人们对未来的一种精神寄托，同时也是在加强自身的信念。这种民间信仰的实践，已然构成一幅马来西亚华人社会浓厚的文化图像。

马来西亚华人供奉的神明，主要是受到道教与民间信仰的影响。它是以元、明、清时期于中国东南沿海尤其是闽粤地区的信仰为主体，同时兼容了儒释道的神佛如观音、玉皇大帝、孔子等。这些宗教信仰，就如道教总会网站所说的，是华人先祖当年南下马来亚时所带来并传播在这片国土上的。同时，由于受到马国当地社会、经济、文化发展的影响而产生一些变化，形成了马来西亚独特的华人宗教信仰，有些甚至有别于中国现存的信仰。

在华人的家里，一般会在门前安置一副"天官赐福"的牌匾，厨房供奉灶君，主神龛上随籍贯的不同而供奉各自信仰的神明如观音、关圣帝君、大伯公等，神台底下则供奉土地神。

在马国，天神又称为天公，但这天公究竟指的是玉皇大帝还是"三官"中的"天官"呢？众说纷纭。从"天官赐福"牌匾上的文字来看，可以说成天官；然而，马来西亚有多间天公庙，供奉的是玉皇大帝，所谓的天官又指向玉帝。但无论是天官也好，玉帝也罢，都是道教中的神仙，也是马国华人供奉的民间信仰中地位最崇高的神明。农历正月初九是天公诞，马国的福建人大事庆祝，视正月初九大过大年初一，在福建人居多的北部城市槟城的天公坛，更是从年初八开始通宵达旦开放到年初九供信徒参拜祈福。

继天神之后，马来西亚华人家庭（佛教徒与基督教徒家庭除外）的必拜之神为土地神，一般称为土地公。从民间信仰的角度看，土地神源于远古人民对土地的崇拜，依据阴间的行政系统，土地神是城隍手下管辖各村各城的一方小神，只管某一地面、某一村庄的事务。不过，在某村某地的百姓心中，其地位有如阳间的地保之类，总会尽力护佑当地当村人民的福祉。基于专注处理当地人民事务这一职能的角度看，马国华人对土地神是格外尊重的。值得一提的是，马国华人供奉的土地神牌匾上写着两行字"五方五土龙神，唐番地主财神"，"唐"是指中国，"番"是指外国或外族人，说明以前华人初到南洋之时，除了供奉华人（唐）的地主之外，还供奉外族（番邦）的地主。这样的神牌在中国可能是难得一见的。

对土地神的崇拜还衍生了马来西亚地地道道的"本土神"——大伯公和拿督公。这两个在东南亚本土化的土地神，不只盛行于马来西亚，在新加坡、印度尼西亚与泰国也颇为流行。"大伯公"其实是"福德正神"（土地神），在东南亚被称为"大伯公"，主要是因为客家人称土地神为大伯公。马国很多华人家庭都有供奉大伯公，大伯公庙也有不少。此外，华人坟场或义山都有大伯公祠，一般都在大伯公庙焚香之后才进墓园祭拜。至于拿督公，则真正是唯有在东南亚才供奉的地道土地神。"拿督"（Datuk）在马来语中是"爷爷"的意思，"拿督"也是马来西亚由皇室统治者颁发的一种有功于社会的勋衔。某些地方领袖因为曾对当地人民有所贡献，在他去世后人民封他为地方神。"拿督"是正统伊斯兰教教义深入马来人民间之前的一种信仰，后来马来人放弃之后，被华人吸收而成为"拿督公"，其神牌以华人喜爱的红色为主调，每逢拿督公诞则会请道士为拿督做醮。在马国的一些工厂、建筑工地、神庙甚至某地的大树下都安奉着"拿督公"，目的是祈求拿督公（一方土地神）保佑众人出入平安，做事顺利。跟土地公的神牌一样，"拿督公"牌匾上也是刻上"唐番拿督公"字眼，意指拜祭中国与番邦的土地神。

灶君，是中国古代神话传说中主管饮食的神，又称"灶神"或"灶王爷"。民间认为，灶君是一个专门收集一家一户隐私，然后向玉皇大帝打小报告的神明，玉帝根据灶神所报该家之善恶进行奖惩。因此，灶神其实也间接掌握人的寿命大权，所以每家每户所悬挂的灶神牌匾都写着"司命灶君"。在马国的华人家庭里，老人家会告诉子孙说，灶神会在每年农历年尾回到天庭，向玉帝禀告人间家庭的善恶，所以每年岁末大家都会祭拜灶君，希望灶君在天上可以为自家美言几句。之后，在除夕晚上，灶君会与其他诸神一同来到人间，因此在除夕夜，马国华人家庭会再次祭拜灶君。不论灶君的社会职能是否像传说中的是一个向玉帝打小报告者，祭拜灶神其实是在告诫人们奉公守法、弃恶扬善，是道教劝善文化的精髓，有其积极向善的一面。

在天公、土地神（含大伯公与拿督公）以及灶神这三个必拜的神之外，马来西亚华人家庭最常供奉的神明尚有观音、关圣帝君、弥勒佛等。观音与弥勒佛同为佛国菩萨，是道教信众亦膜拜的两位佛教诸菩萨。观世音菩萨，马国称之为观音娘娘，在民间信徒的名声与影响力不亚于释迦牟尼。在信众心中，观音菩萨是一位法力无边、大慈大悲、救苦救难的神明，世间众生遭遇苦难时只要念诵"观世音"其名，菩萨就会寻音救苦，为人们消灾解难。另外，佛教典故之中并没有"送子观音"，民间信仰中却出现了具有如此功能的观音，那些久婚无儿女的夫妇会祈求送子观音庇佑获得子嗣。至于弥勒佛，民间参拜这位神明倒不是因为佛祖释迦牟尼曾预言弥勒佛将继承自己的佛位成为未来佛，而是其送子功能，这在佛教经典中是闻所未闻的。关圣帝君即是三国英雄关羽，是被神化的儒家圣贤，同时也是道教与佛教（迦蓝）的护法神，也是民间的武神、财神与正义之神。拜祭关帝爷主要祈求驱邪避恶、治病除灾乃至招财进宝、庇护商业等，被警察、军人、武师、典当、命相等奉为行业神。

以上所述诸神明，多为马国华人家庭最常供奉的。除此之外，尚有许多道教与民间信俗中的神祇被供奉在马来西亚全国各地的道观与神庙之中，其中最重要的神灵包括玉皇大帝（家庭供奉的多为"天官赐福"

神牌而无神像)、斗姆元君、九皇爷、妈祖、哪吒三太子诸神。玉帝是人们心中至高无上的天神,马国各地建有多间天公庙或玉皇殿。斗姆元君是九皇爷的母亲,全国各地有很多斗姆宫和九皇爷庙,九皇爷庙中也多数会供奉斗姆元君。每年的农历九月初一至初九是九皇爷诞,连续九天,是马来西亚道教信徒茹素吃斋的日子,象征向北斗诸星礼拜,祈求消灾延寿,福禄双至。九皇爷游行亦是信徒每年的一大节目。妈祖是中国民间影响最大的女神之一,在马国天后宫也不在少数,每年的妈祖诞民间也会举办游行节目。哪吒三太子在马国是以其上身的乩童而著称。

至于道教的最高尊神——三清天尊,就只有太上老君(太清道德天尊)为马国信众所熟知,很多人甚至没听说过玉清元始天尊与上清灵宝天尊,除非是道教的正式信徒。虽然如此,马来西亚还是有不少三清殿,其中以东马砂拉越州的莲花三清殿最具规模,其大殿的主体不再是民间信奉的神灵,而是道教正式传统的三清天尊。

继承了中国道教多神崇拜的传统,马来西亚民间信仰所参拜的神多不胜举,除了上述神灵,尚有城隍爷、王母娘娘、张天师(张道陵)、文昌君、济公、法主公、华光大帝、玄天上帝、齐天大圣、保生大帝、清水祖师等,分布在马国的大约1500间庙宇之内。

四 马来西亚华人文化何去何从?

笔者的幼年时光是在马来西亚北部城市槟城度过,那是马国华人人口比例最多、也是唯一一个由华人担任政府首长的州属。可想而知,槟城的华人文化气息是全国最盛的。笔者的父母虽然是土生土长的马来西亚公民,但他们却继承了从中国南来的祖父祖母和外公外婆的宗教信仰,家中供奉多位神祇。两位老人家每天都很虔诚地给天官、观世音菩萨、土地公、灶君等神灵上香,祈求家人出入平安,数十年如一日。笔者从小就经常跟父母到庙宇烧香拜神,那时尚不懂事,只觉得上香很好玩,看着庙里供奉着的一尊尊神像,也不知道是何方神圣,仅仅是跟随父母向神明祈福而已。每逢观音诞或妈祖诞举行的街头游行,笔者亦不知其中的意义，只当作艺术表演欣赏。

及长，懂得用逻辑思考问题，对这些无法证实其存在性的神明开始产生怀疑。尤其无法接受的是，当笔者家人有任何一个久病而医药不愈之时，母亲便说是犯上了某鬼神而必须去庙里问神或乩童，取些符咒烧了放于饮水中喝下便可去病。不止如此，凡遇上无法解决的难题之时，母亲的"咨询顾问"就是庙祝（解签）或乩童。这对笔者来说是完全没有科学根据的事，好几次为了喝符水的事和母亲发生口角。

这就是马来西亚华人传承中华文化的一个缩影：祖先从中国东南沿海来到马国落地生根，在辛苦工作谋生之余，不忘保存包括宗教信仰的华人传统文化。到了像笔者父母的那一代人，没有受过文化教育，经济条件也不好，但却能谨遵父母之言而将传统文化延续下来。笔者的这一代人，仍有很多接受华文教育，懂得儒释道文化，仍尽力维护华人文化的完整性。至于笔者的下一代，物质条件都普遍提高了，但对于持续华人文化传统这一块，却已大不如前了。时下的年轻一代大多深受西方文化洗礼，"中华文化"与他们渐行渐远。

宗教信仰只是文化的一小部分，教育方是维持某种文化的命脉。基于政治与种族因素，马来西亚华人先贤长期以来都竭力维护华文教育，力求长久传承中华文化。多年来的努力有目共睹，致使马国的华文教育成为东南亚国家中发展得最好的之一。教育这一部分笔者相信会一代接一代传承下去。然而，道教与民间信仰方面则没那么乐观，传到笔者这一代已有多方面衔接不上，遑论下一代。

华文教育保存如此完善的马来西亚尚且无法确保来自中国本土的道教与民间信仰可以永续流传，那么已被同化的印度尼西亚与泰国华人社群以及高度洋化的新加坡华人，又会是怎样的一个局面呢？值得深思。

五　结语

以上所描述的，对中国大陆的道教学者来说，可能只不过是马来西亚道教与民间信仰的一些常识而已。然而对笔者而言，却是儿时记忆的印记所引发的对传统文化传承的思虑。

也许是笔者想得太多了，马来西亚作为一个多元民族的独立自主国家是从1957年开始，即使是从明朝开始有华人移居马来亚算起，也只不过是几百年的事，而道教与民间信仰发展至今已有两三千年的历史，它总会随着历史的脉络流传下去，只不过因时因地的转移而变迁而已。从柘荣马仙的祭祀活动，让笔者回溯儿时的民间信仰境况，想起家中供奉的诸神，想起庙宇中的人潮与香火，想起热闹的街头送神游行种种往事，这一切不只是求神拜佛那么简单，还是一种信念的表现，是一种精神的寄托，更是一种文化的传承。

参考文献

陈文龙：《福建马仙信仰与地域文化——以柘荣为个案的研究》，硕士学位论文，福建师范大学，2006年。

洪修平：《中国儒佛道三教关系研究》，中国社会科学出版社2011年版。

黄大志：《道家、道教与民俗文化研究·丛书导论》，新加坡：八方文化创作室2008年版。

李刚：《中国道教文化》，长春出版社2011年版。

刘笑敢：《道教》，陈静译，上海古籍出版社2008年版。

罗传芳主编：《道教文化与现代社会》，沈阳出版社2001年版。

[德] 马克斯·韦伯：《儒教与道教》，洪天富译，江苏人民出版社2008年版。

牟钟鉴、张践：《中国宗教通史》（上），社会科学文献出版社2000年版。

卿希泰：《道教文化与现代社会生活研究》，四川出版集团巴蜀书社2007年版。

卿希泰主编：《道教与中国传统文化》，福建人民出版社1992年版。

孙亦平：《道教文化》，南京大学出版社2009年版。

王琛发：《建构马来西亚道教文化遗产的认识与传承》，2006年5月无锡《太湖论道》国际学术研讨会与会论文。

王琛发:《马来西亚百科全书·宗教卷——马来西亚道教与华人信仰》（英文版），吉隆坡：Editions Didier Millet，2005年。

《文史知识》编辑部:《道教与传统文化》，中华书局2005年版。

谢路军:《中国道教文化》，九州出版社2008年版。

叶明生:《闽浙马仙信仰与地方仪俗之探讨——柘荣马仙信仰文化调查》，《温州大学学报》（社会科学版）2010年第4期。

詹石窗:《道教文化十五讲》，北京大学出版社2003年版。

周晓光、裘士京主编:《中国传统文化史概论》，安徽大学出版社2006年版。

附录：马来西亚道教与民间信仰考察图

吉隆坡乐圣岭天后宫

由槟城《光华日报》出版的《槟城庙宇文化》，收录了槟城具有代表性的 27 处佛教寺庙与道教宫

具有两百多年历史的槟城观音亭，香火鼎盛，从未间断

位于吉隆坡的一处关帝庙

东马美里的三清殿

设于树下的拿督公神

马来西亚道教与民间信仰探略

唐番拿督神牌

从儒佛道三教看中越文化关系

曹振明

"文化区位优势"是近年来郑筱筠先生提出的一个概念,主张在我国与周边国家及国际社会的交流交往中,特别是在"一带一路"倡议的推动与建设中,应"努力挖掘和发挥民族、宗教的积极作用,以正确引导,以民族和宗教的文化区位优势与经济区位形成互补机制"。[①] 中国曾经由古代丝绸之路与世界诸多国家和地区保持政治、经济、科技、民族、宗教和文化等多领域的频繁交往,构成中华传统文化三大主干的儒佛道三教,将成为审视中国与其他国家或地区的"文化区位优势"的主要因素。本文以中国和越南为例,对此作出分析探讨。

[①] 参见郑筱筠《当代东南亚宗教的现状、特点及其发展战略》,载郑筱筠主编《东南亚宗教与社会发展研究》,中国社会科学出版社2013年版,第36—48页;《东南亚宗教对我国对外发展战略的影响》,《中国民族报》2013年4月16日第6版;《东南亚宗教情势研究报告》,载郑筱筠主编《东南亚宗教研究报告》,中国社会科学出版社2014年版,第3—9页;《积极发挥南传佛教在"一带一路"战略中的作用》,《中国民族报》2015年5月12日第6版;《发挥宗教在对外交流中的战略支点作用》,《中国宗教》2015年第10期;《试论南传佛教的区位优势及其战略支点作用》,《世界宗教文化》2016年第2期;《"一带一路"战略与宗教风险研究——基于可能性和必要性视角》,《世界宗教研究》2016年第6期;《"一带一路"沿线国家民族宗教热点问题研究》,《思想战线》2019年第6期;等等。

一 中华传统文化的"西进东传"

在几千年的历史发展中,中华传统文化形成了以儒佛道三教为三大主干的文化格局,①特别是儒佛道三教"你中有我,我中有你"但"你还是你,我还是我"的鼎足而立与共生交融态势,充分展现出中华传统文化的内在特质和生命魅力。值得注意的是,中华传统文化曾广泛传播到中国的周边地区,不过从总体上看,中华传统文化的向外传播呈现出一定的"西进东传"格局。

中国很早就与中亚发生了联系。考古证明,公元前6世纪至公元前5世纪欧洲人已得到中国丝绸,②这说明中国与中亚及其以西的地区很早就有断断续续的联系。史书将张骞的"凿空"壮举誉为丝绸之路的正式开辟,从此中国和中亚地区的政治、经济和文化交流进入前所未有的水平。汉代王朝也将势力深入"西域"地区并设立政治机构,中国与中亚地区的联系十分密切。魏晋南北朝时期,中国与中亚地区的交流取得不少成就,儒家经学在西域的凉州地区形成学术气候,成为向中亚传播的桥梁,而中亚则成为佛教大规模传入中国的重要支点。

隋唐时期,中国与中亚地区的交流往来空前活跃。此时,中国逐步击败东西突厥及吐谷浑等部,扫清通往中亚的道路,控制西域广大地区,并设立安西和北庭两都护府及羁縻州,西域以及西突厥所控制的中亚地区纳入唐朝版图,中国与中亚地区的往来愈加频繁,关系愈加密切,彼此的政治、经济、科技、民族、宗教和文化等各领域的交流往来空前活跃。隋唐王朝繁荣强盛,文明发达,开放包容,声誉远播,令包括中亚在内的欧亚大陆各国慕风向化,丝路沿线各国的使节、商人、宗教徒、留学生、科学家和旅行者等,在广阔的欧亚大陆之间往来不绝。其中,以儒家等为代表的中华传统文化向西有所传播,而不同宗教和文

---

① 洪修平:《中国儒佛道三教关系研究·自序》,中国社会科学出版社2011年版,第1页。
② 林梅村:《丝绸之路考古十五讲》,北京大学出版社2006年版,第8页。

化特别是佛教经由中亚地区陆续传入中国。

中国亦很早与朝鲜半岛、日本和越南等东亚和东南亚国家和地区发生紧密联系，特别是汉唐时代以来，以儒佛道三教为主干的中华传统文化大量传入东亚和东南亚地区，形成了以中国的汉字、儒家、道家道教和中国化的佛教等为主要内容的"东亚文化圈"（含越南等东南亚国家和地区）。作为通常所言的"东亚文化圈"的核心组成部分，越南早在先秦时期已出现于中国的《尚书》《墨子》《楚辞》等文献之中，被称为"交趾"。秦汉以来，中越之间的交往交流更加紧密。秦始皇平定岭南后，越南北部区域被正式纳入中国版图（象郡）。汉武帝灭南越后，在南越区域设立多个郡县，其中的交趾、九真、日南等三郡即在今越南境内。此后，越南中北部隶属中国版图的汉唐千年期间以及越南独立政权以来，中越的政治、经济、科技、民族、宗教和文化等各领域的交流往来空前活跃和密切，对越南的社会文化产生深远影响。

回顾中国和周边地区的文化交往历史，有一个问题可以引起我们的注意：数千年来，以儒佛道三教为主干的中华传统文化，曾大规模地传播到且深刻地影响了东亚和东南亚国家和地区，从而形成了"东亚文化圈"（含越南等东南亚国家和地区）；而域外的不少宗教与文化曾经中亚地区传入中国，特别是传入中国的佛教在发生中国化转变的同时亦对中华传统文化发展产生了重要影响，中华传统文化向中亚地区有所传播，但与向东的传播与影响相比则显得相对薄弱。在此意义上，中华传统文化的向外传播总体上似乎呈现出一定的"西进东传"格局。

因此，从打造和发挥我国国际交往中的"文化区位优势"角度而言，"东亚文化圈"（含越南等东南亚国家和地区）中的国家和地区无疑拥有得天独厚的巨大优势，构成中华传统文化三大主干的儒佛道三教也无疑将成为打造和发挥这一"文化区位优势"所应关注的一个核心内容。

二 中越传统文化的"同源同质"

与中国一样,儒佛道三教也构成越南传统文化的三大主干,越南的儒佛道三教几乎与中国同步展开,且儒佛道三教关系亦延续了中国儒佛道三教关系的根本格局,同样保持了鼎足而立与共生交融的发展基调。从本质上看,中越传统文化表现出鲜明的"同源同质"特征。

中国儒学传入越南已有2000多年的历史,成为越南传统文化的重要内容。儒学传入越南最早可追溯到秦汉之际,尤其是汉武帝"罢黜百家,独尊儒术"之后,当时中国中央政府委派的地方统治者对儒家在越南的早期传播与发展发挥了重要推动作用,同时移居此一地区的一些汉地民众也将儒家文化带入了越南。汉唐时代,纳入中国版图的越南中北部地区,同中国一样基本形成了以儒家思想为主导的社会文化格局。中国五代宋初时期的越南吴朝、丁朝和前黎朝以后建立的独立的越南历代王朝,更是日益效法和奉行中国王朝以儒家为政治思想的做法,对儒学的尊崇越来越有热情,他们大力兴办儒学教育,修文庙祭祀孔子,崇尚仁义礼乐风俗,推行科举考试等等,使儒家思想对越南各个领域产生了深刻的影响。近代以来,亦与中国相似,越南遭受列强侵略并不断走向近现代化历程,作为传统文化的儒家思想有所衰落,但依然对越南社会文化保持重要影响。

以道家思想为基础且"杂而多端"的中国道教,传入越南已有近2000年的历史,并与越南本土信仰结合而成为越南的重要传统宗教。一般认为,中国道教创立于东汉末年,以主要流行于民间的五斗米教和太平道的出现为标志。在中国创立后不久,即于公元2世纪末至3世纪初,道教就传播到了越南地区。道教在越南地区的最初传播,虽然离不开当时统治者的支持,但为避汉末以来中国频繁战乱而迁移到越南地区的不少汉地民众发挥了十分重要的作用。魏晋南北朝时期,入越的中国士民和高道们继续将道教带入越南地区,其中包括葛洪等中国著名高道。隋唐时期,与道教在中国受到社会各级阶层的大力推崇一样,道教在越南也得到很大的传播和发展。由中国传入的道教,与越南固有的原始宗教和本土信仰相结合,获得了很大的生命力,成为深受民众欢迎而影响至今的越南重要传统宗教信仰。

佛教对中国而言原是一种外来文化,但自传入中国之初的两汉时期,佛教即与中国固有文化相融合而发生中国化的转向。印度佛教曾由海路传入越南地区,不过越南的佛教主要是从中国传入的中国化佛教。中国化佛教传入越南的历史至少可以追溯到汉末前后。如汉末赴交趾(今越南境)避乱、崇信佛教的牟子,在《理惑论》中将佛教的形象描述为"道德之元祖""亦得无为""恍惚变化,分身散体,或存或亡,能小能大,能圆能方,能老能少,能隐能彰,蹈火不烧,履刃不伤,在污不染,在祸无殃,欲行则飞,坐则扬光"[1]等,这显然是当时中国所流行的与黄老神仙方术合流的中国化佛教。此后,在中国不断形成的具有中国特色的佛教文化(如出现以禅宗、净土宗等为主要代表的中国化佛教宗派等),也逐渐传入越南,并成为越南佛教的主要内容。

越南传统文化中的儒佛道三教格局,不仅紧随中国儒佛道三教格局起步之时(汉代)而形成,而且与中国一样亦形成了儒佛道三教鼎立的共生交融的发展基调。汉魏之际的牟子《理惑论》,即是出现于交趾(今越南境)的以佛教为主的儒佛道三教合流的重要文献。此后,越南的历代统治者(不管是所谓北属时期还是独立时期)多推行三教并举的基本国策,并深受中国儒佛道三教合流风气(特别是宋代以来)的影响,有意地推动了儒佛道三教的相互融合。比如,越南陈朝第一任皇帝陈太宗(1218—1277)即倡导"未明人妄分三教,了得底同悟一心"[2],这是对中国唐宋之际以来所形成的以"心性"为立场的儒佛道三教融合思潮的反映和延续。此后,越南三教合一的思想风气随着中国宋元以来三教合一思潮及其世俗化的不断发展而日益流行,"(越南的)佛道儒三教合流是所谓'殊途而同归'……在越南人的信仰中,在寺庙皆有三教

---

[1] 牟子:《理惑论》,《弘明集》卷1,《大正藏》第52册,第2页上。
[2] 转引自[越]释清决《越南禅宗史论》,博士学位论文,中国社会科学院研究生院,2001年,第116页。

祖师：释迦牟尼佛在中间，老子在左边，孔子在右边。这是越南的三教精神'三为一'实质的体现"①。

对于越南传统文化而言，儒佛道三教在中国汉代前后陆续传入越南并构成越南传统思想文化的三大主干，越南儒佛道三教关系亦几乎与中国同步展开并与中国一样保持了鼎足而立与共生交融的发展基调。包括越南学者在内的学人指出，"纵观我国（指越南）思想学术史就会发现从古至今只盛行三种学派，即孔学、佛学和老学"②，而越南儒佛道三教关系则"以融合为主流，发展趋势是相互渗透、补充和走向合一"③。这充分体现出中越传统文化的"同源"与"同质"的鲜明特征。

三 中越传统文化的"同中之异"

当然，以儒佛道三教为三大主干的中越传统文化亦表现出一些不同的具体特点，如越南传统文化有时形成以佛教为主的三教关系、佛道二教融合更加深入甚至较多出现佛教"道化"现象、与越南固有文化交汇而呈现出本土化色彩等。这可以看作是中越传统文化在"同源同质"基础上的"同中之异"。

与中国汉代以来以儒家为主的三教关系格局有所不同，越南有时形成以佛教为主的三教关系格局。中国汉唐时代，虽然佛教逐渐发展兴盛，对儒家的主流地位日益产生挑战，但儒家并未失去国家统治思想的"正统"地位，从整体上而言，中国汉唐时代依然形成了以儒家为主的儒佛道三教关系格局。在中国汉唐时代，越南中北部地区不仅在版图上隶属中国，而且在文化系统上亦处于中国以儒家为主的儒佛道三教关系之中。公元939年吴权击败中国南汉称王，其后越南先后出现丁朝和

---

① [越] 乔氏云英：《从〈氏敬观音传〉看越南佛教文化的特点》，《世界宗教文化》2010年第4期。
② [越] 陶维英：《越南文化史纲》，越南文化信息出版社2000年版，第285页；宇汝松：《道教南传越南研究》，齐鲁书社2017年版，第189页。
③ 梁志明：《论越南儒教的源流、特征和影响》，《北京大学学报》（哲学社会科学版）1995年第1期。

前黎朝等独立政权，此时的越南统治者宠佞佛教，佛教在越南取得优先地位，形成了以佛教为主的儒佛道三教关系。这种格局曾波及此后出现的越南李朝，但李朝不断提高儒学的地位，逐渐将儒家思想确定为政治统治思想，陈朝后越南更加推崇儒学，日益形成以儒学为主的儒佛道三教关系格局。纵观中越传统文化发展进程，中国汉代以来的儒佛道三教关系始终是以儒学为主的态势，但越南儒佛道三教关系的主次地位有所波动起伏，有时形成以佛教为主的三教关系格局，不过持续时间并不很长，而后又形成以儒学为主的儒佛道三教关系格局。

与中国佛道二教在融合的同时存在一定斗争有所不同，越南佛道二教融合更加深入甚至较多出现佛教"道化"现象。中国的佛道二教有很多的思想理论的融合，不管是两汉之际佛教的黄老神仙方术化，还是魏晋时期的佛教"格义"和佛玄合流，还是隋唐时期兴盛的道教重玄学思潮，抑或中国化佛教宗派特别是禅宗等对老庄道家思想的吸收融会等，均是中国佛道二教不断融合发展的重要表现。不过，在思想理论相互吸收融会的同时，中国的佛道二教在历朝历代依然不同程度地表现出宗教与信仰上的某些斗争与冲突，最为集中的表现就是中国古代的四次灭佛运动或多或少与道教有一定的关系。但越南的佛道二教更多地表现为相互的包容与融合，这不仅体现在越南佛道二教道术上的彼此兼修，而且也表现在越南佛道二教宗教场所的互通使用，更表现在佛道二教信仰对象的共同尊奉等等，以至于越南出现较多的佛教"道化"现象，即佛教中掺杂了很多的道教内容，甚至使我们有时很难划清越南佛道二教的严格界限。这是越南儒佛道三教关系中与中国有所不同的重要方面。

中国的儒佛道三教与越南的固有文化交汇后，呈现出一些不同于中国的本土化色彩。从世界范围看，各个宗教与文化在不同地区的传播与发展，通常都会经历本土化或民族化的转向，从而产生与原来形态有所不同的内容和特点。中国的儒佛道三教传入越南后，同样面临如此情况。中国的儒学是以儒家经学为重要基础的，而且产生了具有较高理论深度和庞大体系的诸多学派，但越南儒家学者在接受中国儒学时，似乎不太热衷于复杂的经学研究和深度的理论探索，而更加偏向简约和实用。越南佛教虽然主要来自中国化的佛教，但又形成了与中国化佛教思想理论一脉相承而具有自己内容与特点的一些佛教派别，如灭喜禅派、无言通禅派、草堂禅派和竹林禅派，等等。中国的道教原本就具有"杂而多端"的特征，特别是与中国先秦以来的神话传说、鬼神信仰等深度结合，在民间得到广泛传播；传入越南后，道教似乎继续发扬了这一传统，而与越南的原始宗教和本土信仰等发生了紧密的结合，呈现出鲜明的越南本土化色彩，也因此得到越南民众的广泛信仰，在越南民间信仰中保持着强大优势。

不过需要注意的是，越南在儒佛道三教及其关系方面所表现出的不同于中国儒佛道三教及其关系的具体特点，是否意味着越南的儒佛道三教冲破了中国儒佛道三教的根本属性了呢？或者说，越南的儒佛道三教是否与中国的儒佛道三教产生了本质上的差异而不再是儒佛道三教了呢？答案是否定的。正如越南学者所指出的，"当儒教、老教、佛教在中国兴盛之时，我交州之地还属于中国，因而我们的人也皈依了这些宗教。后来我国自主之后，这些教更形兴盛。"[①] 因而，以儒佛道三教为三大主干的中越传统文化虽然表现出一些不同的具体特点，但这应当被视为中越传统文化的"同中之异"。

四 结语

儒佛道三教是中国传统文化的三大主干，它们各有优长和特点，在几千年深厚积淀的中华文明整体系统中，形成了鼎足而立与共生交融的相对稳定的关系结构，对中国传统思想文化的不断发展创新、中华民族精神世界和心理结构的深刻塑造等产生重要而深远的影响。

中国的儒佛道三教在汉代前后陆续传入越南，同样构成了越南传统文化的三大主干，越南儒佛道三教关系亦几乎与中国同步展开（如牟子《理惑论》等），更为重要的是，尽管越南儒佛道三教及其关系表现出不

[①] [越]陈重金：《越南通史》，戴可来译，商务印书馆1992年版，第55页。

同于中国儒佛道三教及其关系的一些具体的个性特点，如越南传统文化有时形成以佛教为主的三教关系、佛道二教融合更加深入甚至较多出现佛教"道化"现象、与越南固有文化交汇而呈现出本土化色彩等，但从本质上看，越南的儒佛道三教延续了中国儒佛道三教的根本属性，越南的儒佛道三教关系亦保持了中国儒佛道三教关系所具有的鼎足而立与共生交融的发展基调，成为越南传统文化发展演变、民族传统心理与精神品格最为重要的推动与塑造力量，充分体现出中越传统文明的同源与同质的鲜明特征。

因此，有一个重要问题需要我们加以思考，那就是如何更好地打造和发挥中越之间的"文化区位优势"，以更加有力地深化中越两国之间的交流交往，为构建中越两国命运共同体增添重要的生命力量，在这其中，作为中越两国传统文化共同的三大主干——儒佛道三教，应成为我们充分关注的核心要素。而在推动"一带一路"建设的过程中，我们也应更加意识到，中国要加强同丝路沿线国家和地区的持续深入交流合作，不仅要取决于双边政治和经济关系的不断深化，更要取决于中国是否能够与丝路沿线国家和地区构建出有效的"文化区位优势"。

第四编　地方社会的宗教生活

瑞丽勐力新村景颇族的宗教生活研究*

马居里　蒋　晓

基督教的本色化可以追溯到18世纪末在欧洲与北美的基督教会兴起的传教运动。当时传教士在世界各地宣扬教义，建立教会，以欧美文化为优，鄙视亚非各国传统文化。19世纪下半叶，亚非拉各国人民民族意识高涨，在反对殖民主义的同时也对外来的基督教文化与本土文化的结合进行反思，出现了以民族传统观念习俗和艺术形式来表达基督教教义与礼仪的种种改革，逐渐产生了摆脱西方文化影响、结合本国传统文化与现实争斗的神学思想。

20世纪下半叶，中国学界对基督教的研究关注点基本放在中国与西方列强之间文化与民族冲突上，学者们关注的主要是教案以及基督教与中国士绅民众的冲突。[①] 改革开放以后，随着思想的解放以及学术界对基督教在华传播的新解读和认识，许多学者把视野从基督教在华传播与西方列强的政治关系逐渐转向侧重于社会文化方面，即"基督教中国化"进程中基督教文化与中国本土文化的交流碰撞、相互影响的情况。

---

* 本文为国家社科基金西部项目"中国景颇族基督教信仰的本色化研究"（项目编号：17XZJ008）的阶段性成果。

① 王丽：《近十年基督教在华活动研究综述》，《首都师范大学学报》（社会科学版）2004年第3期。

基督教的本色化，是中国信徒接受了基督教后，又从这种外来的文化中提炼出基本要素，将这些要素与本民族、国家的历史经验结合起来，形成中国本色的基督教义、典章、仪节、礼式等。①本色化是一种文化变迁的过程，是当一种文化进入另一异文化场域时，新进入的文化急需找到它的立身之本，在与其他文化相碰、相融时找到属于自己的落脚点，并且使自身的一些文化内涵被其他文化接纳，进而发展、生成新的文化。②本文在"基督教中国化"的背景下，探究基督教与景颇族文化相适应后本色化现象的呈现，文中本色化指的是基督教在非基督教文化中的融入问题，即基督教在景颇族中的传入、传播、发展过程中，通过与当地本土文化的对话、交流，进而融入本土文化，与本土文化共同发展，表现出具有当地特色的基督教文化。

一 瑞丽勐力村的宗教信仰与传播

瑞丽市地处中国西南边陲，东连芒市，北接陇川，东南、西南、西北三面与缅甸的克钦邦、掸邦相连，国境线长169.8千米，是中国对缅甸贸易的最大陆路口岸，亦是通向东南亚、南亚的重要门户。

勐力新村辖白沙地、芒丙、勐力、新社、库翁和云安6个村民小组，该村为汉族、景颇族的混居地，民族构成以汉族、景颇族为主。2016年年底，该村有农户333户，人口1123人。③

（一）基督教信仰在勐力村的传播与发展

1. 基督新教

1907年，缅甸勐巴坝浸礼会的克钦族传教士德毛冬到瑞丽等嘎传教并建立教堂，开创了景颇族信仰基督教的历史。1947年，缅甸雷基的牧师诺东来到勐力建立了基督教教会。1949年4月20日，雷基教会牧师丁任诺委任缅甸贵开神学院毕业的听楠督为勐力教会传道，于

---

① 刘廷芳：《为本色教会研究中华民族宗教经验的一个草案》，《真理与生命》1926年第1期。
② 林治平：《基督教在中国本色化》，今日中国出版社1998年版，第1—2页。
③ 关于勐卯镇勐力新村的材料由勐力新村村委会提供。

1949年6月初在勐力山顶建立了一所教会学校。随后又在十几个寨子相继建立了教会，如科马、班尊、东崩、库翁、雷庄等。1950年，雷基教会把勐力学校搬到瑞丽与畹町之间的科坎邦，把此地名改为圣经名字卡南（迦南），从此卡南成了新寨和新学校。1953年5月初，听楠督回雷基，有许多村民跟着一同去了缅甸，勐力的传教活动一度停滞。改革开放以后，勐力重新恢复基督教信仰。

> 在缅甸牧师回去之后，勐力的传教活动受到了很大打击，甚至一度出现无人领导的状况，教区的传道员到九几年才有，之前是由几位长老带领着做，但只是认识一点景颇文，《圣经》知识没有多少，勉勉强强地带着大家做。以前么我们宗教建设、管理也不是这么严，不像现在不允许去外面（缅甸）读，整个瑞丽有备案的牧师很少。从90年代开始，整个德宏州的传教员去云南神学院、保山神学院、大理神学院和缅甸读书回来之后进行事工，以前我们很多牧师都是去缅甸密支那、kunkai（贵开），腊戍、hensen这几个神学院读的书，然后回来到教堂工作。[①]

基督教在瑞丽为一个总的教区，总部位于瑞丽市区的帕色教堂，另外有4个教区，分别为卡南教区、帮达教区、户育教区、等嘎教区，勐力村是卡南教区管辖下的一个村。

2. 天主教

1696年罗马教廷在云南设立教区，20世纪20年代以后，天主教的传播重心开始向云南西部地区转移，德宏地区的传播从盈江县的沙坡寨[②]开始。1930年初，大理圣心会派遣法籍神甫郑绍基、罗维聪等来到沙坡传教，[③]郑绍基在这里建立了德宏首座天主教堂。1933年，缅甸允

[①] 资料来源：来自对牧师B的访谈，2018年7月1日。
[②] 沙坡，盈江县平原镇芒章行政村下辖自然村。
[③] 刘海飞：《天主教与云南边疆少数民族的社会互动——以20世纪天主教在德宏州傣族、景颇族中的传播为例》，《文山学院学报》2015年第1期。

山的克钦族传教士争坎糯将天主教传入瑞丽户育乡的雷弄村等地,瑞丽天主教的传入自此开始。其后,缅甸克钦族堵毛奴、董泡奴和英籍传教士也先后来到这里传教,并在等嘎、户兰创办了教会学校。1950年,瑞丽的天主教合并等嘎分堂,划归陇川垒保总堂统管。1951年到1953年,争坎糯回到瑞丽传教,重办教会学校,发展教徒,天主教的传道活动缓慢发展。[1]信徒分布在勐秀、户育、弄岛、等嘎、南京里等9个村寨。1990年,瑞丽有信徒136户,700人,其中受洗礼316人,占景颇族人口的6.62%。[2]截至2019年1月,勐力新村的天主教信徒有7户。

(二)景颇族原生性宗教

景颇族的原生性宗教经过漫长的演化在当下依然存在,其观念也随自然条件、社会变迁而有些相应的改变。

1. 神鬼体系

从景颇族流传至今的史诗中考究,其神鬼观念包含着从月亮神、雷神等到家木代、家鬼等。其神鬼体系表现为天鬼、地鬼、人鬼三个系统,这是自然崇拜与祖先崇拜在社会变迁下的产物。在景颇族原始生死观中有两个世界,生者世界和亡者世界,人的死亡并不是消亡,而是从这个世界去到了另一个世界,是一次远行和回归。

2. 主要仪式

景颇族原生性宗教的主要仪式包括祭祀自然、祭拜祖先、日常占卜等,董萨是景颇族原生性宗教里的占卜师和祭师,除了担任整个族群的祭祀、日常占卜活动,还掌握着族群的医学、历史、教育等多重知识,是景颇族传统文化的继承者和知识的传播者。

(1)祭祀自然

在景颇族原生性宗教观念中认为任何事物都存在鬼神,各种自然现象也受到某种超物质存在的影响,他们每年按照农事活动的时段定期祭拜,为这些天、地、山等自然神建造"龙尚"供他们居住。随着社会不

---

[1] 刘鼎寅、韩军学:《云南天主教史》,云南大学出版社2005年版,第214页。
[2] 陈江:《瑞丽市志》,四川辞书出版社1996年版,第704页。

断发展,"龙尚"中供奉的神灵不再仅仅是自然神,还包括一些具有社会职能的社会神如管财务的神,甚至后来连部落的酋长和氏族长的祖先也供奉在里面。

"龙尚"一般建在景颇村寨的寨尾附近(有的在寨头)地势平坦的地方,主要是保佑村寨人畜兴旺、五谷丰登,是一种综合性的、集体性的大型祭祀活动。"龙尚"旧时是一座没有墙壁、用4根柱子支撑起的草棚,里面摆着小竹筒,象征着各种公共鬼,由全村人供奉,"龙尚"四周竖立着鬼桩、竹架等用来放置祭品。每年祭"龙尚"根据不同具体情况,一年有时举办一次,有时举行2—3次,在春种前,用以祈求作物丰收,秋收入仓之后正式举办第二次祭祀,庆祝丰收,感谢"龙尚"的保佑,如在秋收前发生了天灾,就会举行额外的祭祀。

(2)祭拜祖先

景颇族原生性宗教观认为死去的祖先都生活在另一个世界,给故去的家人送葬意为他送行。在为死者举行完送魂仪式之后,也还是认为死者的灵魂与活着的人的灵魂保持联系,为了使死者的灵魂继续保佑家庭成员的身体健康、生活顺利,家庭也会有为亡者祭祀的仪式。

(3)日常占卜

景颇族人在日常生活中很多情况都需要祭祀,祭祀之前需董萨先进行占卜,确定祭祀的鬼的种类,以及在什么时间、什么地点举行活动,祭品的数量及种类等。另外,还有个人请求董萨解决问题时也会用到占卜,董萨的占卜里一般分为三类:烧竹子占卜、鸡骨头占卜、鸡蛋占卜。

(三)勐力新村基督教信徒构成状况

2018年5月勐力新村信教的景颇族人有64户,共计200多人,天主教徒有7户,共30人左右。[1]

行业分布状况:勐力新村的景颇族信徒大多以务农为生,也包括一些外出打工的工人、在周围做点小生意的商人、教师等。总的来说,信

---

[1] 勐力新村村委会成员在2018年3月份统计的资料。

徒以农民居多，占80%以上。

文化层次状况：教众人员构成单纯，信徒从文盲、半文盲到大学生都有，但文盲半文盲偏少，占10%左右，小学文化学历者居多，占60%左右。

年龄、性别结构状况：勐力新村的信徒各个年龄层次的人都有，但主要以50—70岁以上的人居多，占60%，且这些人中多以女性为主；年轻人相对较少，25—50岁的占30%；通常礼拜时所能看到的都是50—70岁左右的女性。

村子里天主教信徒有7户，分布在芒丙、库翁，距离瑞丽市天主教堂总堂很近，所以勐力新村的天主教信徒每周日的弥撒都是去这个教堂。

传统的血缘纽带和家庭观念为乡村基督教、天主教的信仰性、宗教性组织提供了最稳定、持久的群体凝聚力。[1] 勐力新村中的信徒，恰好就是由这一血缘纽带而稳固下来的信仰团体，他们中的很多人在其祖父母辈就已经信教，到了现在也是像从小的习惯一样来信仰，他们大多数人对信仰的理解并不是很深，只是单纯把它当作一种习惯，甚至有时候因为有事而没办法去参加每周的礼拜。

二 勐力景颇族的主要宗教生活

涂尔干将宗教现象分为了两个基本范畴——信仰与仪式，"节日和仪式，即膜拜，并不是全部宗教。因为宗教不仅是一个仪轨体系，还是一个观念体系"，宗教作为仪轨体系和观念体系的结合体，其目的是要解释世界。[2]

---

[1] 吴飞：《麦芒上的圣言》，宗教文化出版社2013年版，第78—91页。
[2] [法]爱弥尔·涂尔干：《宗教生活的基本形式》，渠东等译，上海人民出版社2006年版，第563—564页。

（一）日常生活中的宗教活动

1. 祈祷

崇拜具有群体和公开的功能，祈祷是相对个人的表达，每一个祈祷可简单分为三个部分：引言、目标导向明确的主题部分以及结语。

本文中采访的所有基督徒教和天主教徒，几乎每天都要做晨祷和晚祷以及饭前的祷告，甚至在某天遇到特别的时候也会做祷告，祷告行为几乎贯穿了他们的日常生活，成为一种习惯性的行为。

> 每天从睁眼就开始做祷告了，祈祷今天的生活顺顺利利。做完晨祷么我去上班，一日三餐餐前也会做祷告，感谢神给我们食物，然后到晚上睡觉前会做晚祷，感谢神保佑我们一天，这个是晚祷，有时候周天有事去不了教堂的时候就会自己在家做祷告。①

在日常生活中人们经常会遇到无法独自面对的问题，祈祷能让他们自觉地与神灵沟通，缓解对现实世界的畏惧和焦虑。

> 每当我遇到什么困难，觉得生活没有希望，一切都完了，天都塌下来了的时候，想到还有上帝保佑着我，我可以向他祈祷。特别是我哥哥他们家前不久出了很大的事，哥哥嫂子在外面打工，突然有一天嫂子跑不见了，我们大家都在为她祈祷，希望她早点回家，可能是神听到了我们的祈愿，她过了几天回来了，问她为什么跑了，她说她也不知道，等她醒过来的时候已经离家很远了，幸亏有神保佑。于是哥哥他们一家放下了工作的事情，专程赶回老家，叫上所有家人还叫了牧师来做了一次感谢神的家庭祷告会。②

村里的基督教堂每周的礼拜，由不同的人轮流到讲台带着大家做祷

---

① 资料来源：来自对 KL 的访谈，2018 年 7 月 12 日。
② 资料来源：来自对 KL 的访谈，2018 年 7 月 12 日。

告，这样大家对于礼拜更有参与感，加强信徒间的集体观念和信徒与神的联系。涂尔干认为，人们进行各种宗教仪式的目的在于加强个人对集体的归属感，让个人团结于集体之中，强化其集体观念，进而维系这一社群共同体。①

2. 礼拜和弥撒

宗教礼仪是一种集体仪式，这种仪式具有共同关注对象和不同的情绪，即对神的关注。②信徒对于信仰的增强主要是通过参加宗教仪式而逐渐加强的。

（1）勐力新村教堂的礼拜

礼拜是勐力新村基督教信徒的主要宗教集体生活形式，在勐力新村的教堂里举行，时间为每周日的中午12:30到14:00左右，参加礼拜的基本上都是村里的信徒，也有一些村民是去瑞丽帕色教堂做礼拜。有时候也能见到一些缅甸人，他们是来瑞丽打工，然后在村子里租住，到周日的中午就会来参加礼拜，顺便结识一下村民。

虽然村子里的基督徒有60户左右，但参加礼拜的人数通常在20人左右，且主要为中老年人，妇女明显多于男人。

每一次礼拜的活动由赞美、祈祷、讲道三个仪式组成，圣餐日的仪式会多加一个环节——圣餐。

表1 勐力村教堂主日礼拜程序③

步骤	时间	礼拜程序	主要内容
1	12:30	宣召	宣布召集：读《圣经》，然后说现在大家开始敬拜了。
2	12:40	祷告	把这次的敬拜交托在神的手上。
3	12:45	唱赞美诗	全体起立，手捧诗集。
4	12:55	读启应文	主持人读启应文。
5	13:05	祷告奉献经	主持人带领大家祷告奉献经。

---

① 王铭铭：《西方人类学名著提要》，江西人民出版社2004年版，第91—108页。
② [美]罗德尼·斯达克、罗杰尔·芬克：《信仰的法则：解释宗教之人的方面》，杨凤岗译，中国人民大学出版社2004年版，第132页。
③ 资料来源：由笔者在勐力新村教堂记录的田野笔记整理所得，2018年5月19日。

续表

步骤	时间	礼拜程序	主要内容
6	13:10	献唱	献唱赞美诗，每周由不同的人带来的诗歌献唱。
7	13:15	讲道	牧师开始讲道。
8	13:55	事功报告	报告教会里的事功（教务）。
9	14:00	结束祷告	大家起立一起唱赞美诗。 结束祷告，唱一首诗歌，然后牧师祝福奉献。

（2）勐力新村村民在圣伯多禄堂参加的弥撒

天主教的弥撒主要包含五个部分，即进堂式、圣道礼仪、圣祭礼仪、领圣体礼、礼成式，并且在这其中主祭和辅祭的诵读速度很快，圣道礼仪时的集体唱咏也很密集，让人全程都很有参与感。每个星期日都会在教堂做弥撒，逢重大节日如圣诞节、复活节会做大型的弥撒，并接受教徒的奉献。

表2 圣伯多禄堂的弥撒[①]

序号	弥撒程序	弥撒内容
1	进堂式	集体唱歌，神父走进来。
2	圣道礼仪	主祭和辅祭诵读《圣经》，由神父读福音。
3	圣祭礼仪	祝圣面包和葡萄汁，其作为耶稣基督的身体和血的象征，吃了以后会与耶稣同在，获得救赎。
4	领圣体礼	神父讲道完毕，信徒上前领圣体圣血。
5	礼成式	神父降福给信徒，礼成。

村里的几户天主教人家并不经常周日去做弥撒，因为最近的圣伯多禄堂离村子都有约6.4公里，对村民来说来往很不方便，所以更多时候他们是在家做简单的祷告，偶尔才会去教堂。对信徒来说，弥撒很重要的一个功能就是每周在固定的时间来教堂接受心灵的洗礼。

3. 团契活动与小组活动

除了每周日的敬拜仪式，村里的基督教会还会组织青年团契、妇女

---

① 资料来源：由笔者在瑞丽圣伯多禄堂记录的田野笔记整理所得，2018年7月1日。

团契、周间祷告会及假期学习班。团契活动分散在一周中,如周间团契在周二晚上9点,1小时左右;妇女团契是在周日的上午9点举行,而青年团契则是教会有需要召集大家的时候才会举办,假期学习班是一年举办一到两次。

天主教的小组活动主要有妇女组、青年组、男教友组。与村里教堂的小团体团契不同,天主教的小组活动是面向整个瑞丽市的,所以参与的人数更多,小组活动的内容也不太一样,例如妇女组、男教友组,会有一些关于养殖种植的培训班,同时不管是成家的还是未成家的,对他们的信仰、情感方面也会有安慰作用。

4. 家庭祷告会

家庭祷告会有别于礼拜聚会、团契活动、小组活动等,是一种活动范围更小、更集中的聚会。其参与人数少,人们联系更紧密,更加体现了勐力新村的景颇族人如何将基督教民族化、本土化。

一般情况下,举行家庭祷告会可以是家庭里面有成员过生日,或是恰逢新年伊始或年终岁末,或是家庭中有值得庆祝和祷告的事情发生等等,甚至单纯认为每年都需要做这样的祷告会。大家普遍认同的是,一年需要做至少两次家庭祷告会。

在田野调查的过程中,我们参加过几场家庭祷告会,有关于孩子生日的、消灾祈福的、家庭发生重大变故的,等等。

表3 两场家庭祷告会[①]

	基督教家庭祷告会	天主教家庭祷告会
举办时间	5月26日下午2点左右	7月16日下午5点左右
举办事由	家庭成员的回家及特殊事由来感谢神	为孩子举办的生日祷告会

① 资料来源:笔者根据田野调查资料整理所得。

续表

	基督教家庭祷告会	天主教家庭祷告会
步骤	一、主持人主持家庭祷告会开始，并为这场家庭祷告会进行交托祷告	一、主持人主持家庭祷告会开始，并为这场家庭祷告会进行交托祷告
	二、全体参与者唱诵景颇文赞美诗	二、全体参与者唱诵景颇文赞美诗
	三、主人家说明本次家庭祷告会需要代祷的事项	三、神父举行弥撒：祷告+讲道
	四、牧师开始讲道:《圣经·诗篇》121篇	四、神父为孩子做生日洗礼
	五、唱赞美诗	五、主持人朝生日蛋糕做感恩祷告
	六、牧师进行祷告	六、神父降福给信徒，礼成

就程序和形式而言，家庭祷告会类似于小型的礼拜活动，不同的是，家庭祷告会除了为自己做祷告还要为所有人做祷告，家庭祷告会强调的是以特定的家庭为中心所举行的祷告仪式，祷告的内容更多侧重在自己家人身上发生的灾难、欢喜、灵性需求。通常情况下，多数家庭祷告会选择在周日下午举行，因为上午需要参加统一的礼拜/弥撒，而且周日是需要举办这些仪式的一个特殊日子。举办者会提前几天通知大家来参加，或者提前一周告诉牧师或神父让他们在每周礼拜和弥撒完之后通知所有人，想来参加的人都欢迎，也可以在周日上午的礼拜结束后，他们找到自己的熟人邀请对方在下午去自己家里面参加祷告，然后大家相约前往举办家庭祷告会的人家中。

家庭祷告会是一种范围较小的宗教聚会，信徒们不定期地举办家庭祷告会，不仅通过这种方式表达和重塑精神面貌，度过人生阶段遇到的困难，也起到维持和巩固彼此间的人际关系的作用。

（二）人生礼仪

1. 婚礼

（1）原生性宗教的婚礼

景颇族社会传统的婚姻关系是按照姑舅表婚原则进行的。岳父家称为"丈人种"，女婿家是"姑爷种"。讲究的是单方的姑舅表婚关系，即姑家男性可以娶舅家女性，但与此相反，姑家女性绝不能嫁给舅家的男性,即所谓的"血不倒流"。① 这种婚姻关系一旦确立,姑舅表间的婚配规则就一直世世代代沿袭下去。

景颇族的青年男女社交自由,但结婚前还需定亲,其方式有多种。一是明媒正娶。通过一定的礼仪,男方到女方家先提亲,信鬼神的人家会请"董萨"卜卦,女方家长同意后,即高定聘礼,准备迎娶。二是旧时所谓的"抢亲"或"偷亲"——男子如果选定了喜欢的女子,即放出话来要娶她,等到女方家长默认后,男方就会把姑娘"抢来"或"偷来"藏到媒人家,然后去女方家商量聘礼和结婚的事宜。时代不断发展,抢亲这种形式也渐渐淡出人们的视线了,现在大多数是按第一种形式来做。聘礼方面,男子多为牛、铜锐、龙袍、羊毛毡花垫子、猪肉和酒等,女方回礼为铜炮枪、长刀、衣裙、首饰、炊具及生产用具等。②

传统意义上的景颇族婚礼,董萨起到了非常关键的作用,也会有杀牲祭祀的传统习俗在里面。

(2)基督教的婚礼

基督教的婚礼有相应的程式。在田野调查中,我们参加了一次基督教的婚礼活动。新人女方是芒丙寨子的,男方是陇川的,新郎新娘自由恋爱,两人是在外面打工的时候认识的,谈婚论嫁之后,男方就找着媒人一起上女方家提亲,商量聘礼及相互认亲。结婚之后姑舅表关系随即生成,在以后的节日及其他家庭活动中,双方的亲戚在姑舅表的规则下行事。

结婚当天,新郎新娘从早上就开始忙起来,新娘穿着景颇族传统女装,头戴西式婚纱的头巾,新郎身着景颇族男性正装。婚礼在家里的客厅举行,大概能容纳25人,桌上摆上了鲜花,旁边放着一个装着腰包和景颇刀的托盘。

这场婚礼有两位牧师,一位讲道,另一位主持,由于夫妻双方都是景颇族人,且为基督教信徒,与上文提到的礼拜仪式和家庭祷告会仪式

---

① 《景颇族简史》编写组:《景颇族简史》,民族出版社2008年版,第83页。
② 德宏州史志办公室:《德宏州志·社会卷》,德宏民族出版社2015年版,第25页。

作比较，能发现其实这些仪式的步骤都差不多，而不同的地方就是：有的稍隆重的，仪式步骤会增多，并且讲道人在讲道时会选取《圣经》中不同的内容。

表 4　勐力村基督教信徒的婚礼仪式 ①

步骤	程序	内容
1	主持人宣布婚礼开始	新郎新娘入场坐在中间的板凳上，村民在四周坐着。
2	唱赞美诗	大家合唱赞美诗。
3	交托祷告	牧师做开场祷告，祈祷婚礼顺利。
4	读经文	牧师选择《圣经》中关于婚姻家庭的经文诵读。
5	讲道	牧师选择《圣经》中一段相关经文，讲解其含义以及对婚姻家庭的警示。
6	唱赞美诗	
7	宣誓	牧师主持新郎、新娘婚礼并进行宣誓，双方交换信物：景颇族传统刀和背袋。
8	结束祷告	牧师为婚礼做总结，并且为所有人做祷告。

仪式结束后主人家会为大家准备饭菜，这种请客吃饭的地点通常选择在村里的公房，因为家里摆宴场地不够。来参加婚礼祷告的全是信徒，而仪式结束之后来赴宴的就不止信徒，还有主人家的各类亲戚朋友。

在勐力村的基督教家庭中，涉及本民族传统的婚礼仪式已经渐渐简化，甚至不做，只是在景颇族人心目中根深蒂固的姑舅表婚观念从来不曾淡忘。

2. 葬礼

世俗世界与神圣世界是两个完全不兼容的世界，这样的话，就必然存在一个中间阶段来使一个个体从一个世界过渡到另一世界。②

（1）原生性宗教的葬礼

景颇族一般是土葬，原生性宗教的葬礼从墓地的选址到出殡都有一

---

① 资料来源：笔者根据田野调查资料整理所得，2018 年 1 月 24 日。
② [法]阿诺尔德·范热内普：《过渡礼仪》，张举文译，商务印书馆 2012 年版，第 4 页。

套完整的规则。亡者属正常死亡的，葬在自家田地或者村旁的山上，下葬的时候由"董萨"操持送魂仪式。死者去世后通常在家停放三天，下葬时间由"董萨"通过打卦确定。选址时，"董萨"将一枚生鸡蛋抛在新选址的地上，蛋破表示吉利，预示死者愿意埋葬在这里，蛋不破则另选，墓地的选址一般在死者死后停留在家中"鬼门"[①]时选定。死者过世后，家中亲眷会通知附近的亲属邻居家中有丧事，请大家过来帮忙。接着由相同性别的人为死者洗身，洗完之后换上景颇族传统服饰，穿戴整齐安置于棺材中，停放在家里的鬼门前。到了晚上，死者家人围坐在棺材旁，"董萨"开始为遗体祈福。这几天还会跳为死者送行的舞蹈，如"格本""弄董戈""龙洞舞""金斋斋"等丧葬舞。出殡下葬的那天，举行"送魂"仪式。景颇族原生性宗教观念中认为灵魂不死，去世的人的灵魂只是去到了另一个世界，以另一种形式存在，因此需要把死者的灵魂按一定路线顺序送回到遥远的故乡和祖先团聚。出殡时"董萨"先在家中举行一场祭祀，除了念祭词外，还要背诵死者家族的家谱，倒念祖先迁徙的路线，以便于灵魂能够顺着路线找到回祖先的地方。[②]之后众人合力将棺木抬到墓地下葬。属非正常死亡的，比如车祸或者小孩子夭折等，会选择火葬，埋在寨子外面专门的坟地。

（2）基督教的葬礼

基督教传入勐力后，丧葬仪式与原生性宗教观念下的仪式差别很大。信徒不信鬼，相信人死后会上天堂。在墓地的选择上，信徒一般是将死者安葬在以前去世的家人墓地的旁边，如自家田地里，并没有什么特别的要求。死者去世后家人会通知亲戚来帮忙，为死者换上干净的衣服然后放到棺木里，再用鲜花在棺木周围装饰，停放在家中三天。这三天通知亲戚朋友前来吊唁，并且请牧师做祷告。牧师这几天每天都要到信徒家中举行祷告，程序和家庭祷告会类似，内容上稍作改变，譬如死者为老人，则会在祷告时把他/她的生平事迹提一下，年轻人的话一般

[①] 信鬼神的家庭每家每户都会在院子的角落设一个专门供奉祖先鬼、家鬼的房间，称为鬼屋。
[②] 石锐：《景颇族原始生死观浅析》，《云南民族大学学报》（哲学社会科学版）2002年第6期。

就不会有这样的生平回顾,不过如果是家人觉得有需要说的地方也会提前告知牧师以做准备。基督徒也实行土葬,下葬时在墓边再做一次祷告,祷告主要是宽慰活人,让家人不必太伤心,死者是去了天堂,去到了幸福的国度。基督教所强调的是把握今生的现在,人既然死了,就盖棺定论。所以丧礼是为活人,不是为死人。

（三）节庆活动

1. 母亲节、父亲节及双亲节

每年5月的第二个星期日为母亲节的日期,父亲节一般设在6月的第三个星期日,勐力村的基督教信徒们遵循这样的惯例来庆祝节日。

2018年的母亲节在5月13日举行。当天的活动由属于整个卡南教区的信徒们一同在卡南的教堂参加。除上文表中提到的礼拜程序,在礼拜期间会有唱诗班及个人演唱者演唱母亲节的相关歌曲,KL说道:

> 做母亲节这个活动的前段时间我们就会开始做准备了,因为我会和我母亲她们一起去台上唱歌,而且还有好多人约好会来参加卡南的庆祝活动。我们分成好几组准备了一些节目,我因为工作关系只能当天才去到,但是我母亲她们在这个母亲节开始前的两三天就会聚在一起做一个关于《圣经》的培训,村里面得闲的妇女也是会提前两天就去到卡南那边了。有牧师来讲解关于《圣经》中母亲的角色的重要性,还有从信仰上和生活上教育孩子问题的相关内容。到了母亲节当天,我们作为子女的也会给母亲以及那些作为母亲的女性带去礼物,教会也会发给她们礼物,当天就发了纪念品碗筷。

6月17日的父亲节规模没有母亲节那么大,基督徒村民在村里的教堂参加,共有11位男士。一位平时没见过的男性说:"平时么也没有太多时间来教堂,今天这种父亲节是专门为我们男的设立的,一年也就这一次,我平时来的次数本来就很少了,这种特殊的日子还是要来参加一下的。"当然这次的节日教会也准备了纪念品——景颇族传统头巾,发给每一位来参加的男士。

5月13日的母亲节和6月17日的父亲节因为是周日，村里的天主教信徒都去了圣伯多禄堂参加弥撒，但教会的传道员D1告诉我们，他们在7月29日过双亲节，把60周岁以上的老人聚集到一起，年轻的信友们准备一些小节目和小礼物送给他们，提倡信友们尽孝心、多多赡养老人，为老人祈福祈祷。

2. 感恩节与圣诞节

传统上，信徒们都在12月24日、25日过圣诞节，但2018年的圣诞节整个卡南教区将圣诞节和感恩节合并一起在12月14—16日举办，7个寨子一起去忙弄举办。在提到为什么要把两个节日并在一起过时，长老A说："我们卡南教区有好几个寨子种着甘蔗，因为糖厂计划要在12月的下半个月开始榨糖，所以村里的劳力需要提前几天砍甘蔗，时间上掰不开，砍甘蔗我们是集中人力砍完这个村又去另一个村砍的，主要有科玛、卡南、珂岛这几个村。我们村子从山上搬下来之后就好多人没有种甘蔗了，本是不砍甘蔗的话我们是按原计划24、25号过的。"他也说道："其实11月的时候每个家庭单独有自己过感恩节的，大家会在自己家里面吃新米饭，相当于每年自己家种出来的粮食，煮了第一次吃。种出来无论什么东西都可以拿出来，先让传道员祈祷，祈祷完了然后吃。现在搬下来了么不种田了，大家去找钱了，之后买来也相当于种田得来的一样，去买米来意义是一样的，但是自己种的新米种出来格外的香，吃着也好吃，街上卖的哪个认得是新米么老米。自己在家做，牧师、长老、传道员都要去的。"

KL描述了一些细节：

我们勐力新村可能去了三四十个人，当天到芒弄的总共可能有两百多人的。等嘎、户兰、邦达咯这些寨子都一起去的。早上过感恩节祷告，下午过圣诞节祷告聚会。我大概是5点多过去的，我到那会儿牧师正在讲道。做完祷告之后吃晚饭,吃完饭每个村子就开始表演节目了,每个村子至少准备了两三个节目,每个寨子都有老人组、青年组这些表演节目。我妈他们是前一天就去芒弄了,去住了两晚上,我是当天去当天回来,我妈他们这些老人们舟车劳顿不方便,就周五晚上去,然后周天早上参加完礼拜才回来。这天牧师讲道的内容上也是围绕着圣诞节的来历、圣诞节的意义来说的,因为大部分人是村民,所以就很浅显地跟他们说:"圣诞节不是来吃来喝的,不是为了来看表演节目,而是上帝派他的儿子来拯救我们的。"以前我才搬来村子那会儿,我会在家里举办圣诞节的聚会,请牧师和教会上的朋友一起来我家,先是让牧师祷告,然后我们在一起吃饭,之后互相送礼物。

圣伯多禄堂在圣诞节的庆祝与帕色教堂很类似,会举行盛大的庆祝仪式,村里的天主教徒们也去参加。24日晚上有平安夜弥撒,并且在教堂做完前夕弥撒后就在教堂前的空地上搭建起了舞台和凳子,各个小组及唱诗班都准备了丰富的文娱活动,及至23点左右会举办子夜弥撒,而到25日白天接着黎明弥撒和天明弥撒,这四场弥撒在天主教礼仪中需完整做完。

3. 跨年

基督教与天主教的跨年差不多。勐力村教堂举办的基督教的跨年是12月31日。晚上8点,信徒们就开始聚集在教堂了,大家把四个奉献箱搬到中间然后围坐四周,每人带几样东西来分着吃,自此跨年狂欢开始。村民开始一个一个轮流唱歌,大概1个半小时后开始围着奉献箱跳舞。而来参加的人员远不止在教堂里围坐的人,教堂外的空地上架起了篝火,有村民搬来大锅和烤架,一些人也会来烤火或者围着火玩。娱乐活动大概持续到11点半,人们陆陆续续回到教堂,把凳子、箱子搬回原位,继而开始做跨年祷告。祷告的形式与团契差不多。因为牧师并没有来参加,就由长老带着信徒做祷告。在献唱的环节,有信徒自发提前与主持人报备,到献唱的环节,信徒就会演唱自己为这次祷告所准备的歌曲。祷告从11点50开始到凌晨1点半左右结束，结束之后村民还会继续在教堂聚上半个小时再回家。

在这次的跨年祷告上，来参加的人员除了有勐力村的村民，还有一些之前仍然住在山上或已经搬到其他村子居住的人们，以及前文提到的来瑞丽打工住在村子周围的缅甸克钦人。

4. 复活节

2018年4月1日是复活节。3月上旬的时候，教会就开始联络各个教区的人们，商量关于复活节的举办事宜，以便安排每年的举办地点、奉献的赞美诗与舞蹈等。勐力村一般是到卡南教区举办，到中旬的时候各事项安排妥当，通知随即而至，信徒就开始准备村子要出的节目。3月30日上午，全村大部分基督徒往村里的教堂集合，随即统一驱车前往卡南寨的教堂，也有的信徒提前一天就过去住下。到教堂之后开始复活节的聚会，聚会的程序与礼拜大致类似，讲道的内容主要是《圣经》中有关耶稣受难与复活的经文，还有平时很少有的信徒献诗和献唱的环节。欢乐的气氛在4月1日"复活日"当天达到了高潮，这天不仅有前几天的祈祷仪式，还有整个卡南教区每个村寨表演节目的环节。

复活瞻礼是天主教礼仪年的核心，2018年瞻礼的准备在节期前的40天就开始了，这段时间称为封斋期。封斋期的开始是圣灰节，这40天神父引领祈祷、默想、做补赎，准备迎接耶稣复活的那一天。复活节前一星期日进入"圣周"，圣周的星期四、五、六三天，称为"逾越节三日庆典"。勐力村的天主教信徒参加圣伯多禄堂的活动。周四为主的晚餐纪念日，上午祝圣圣油，晚间建立圣体圣事，这天主要在教堂举行晚餐弥撒，主祭身穿黑色祭衣；周五为耶稣受难日，因为这一天并非公休日，庆典礼仪设在晚间，主祭身穿红色祭衣举办弥撒；周六晚纪念耶稣安息于坟墓之中，并在守夜中期待复活的一天。这三天的弥撒与上文提到的弥撒形式程序上是一样的，略有不同的就是主题和经文的选择不同。

5. 目瑙纵歌节

现在景颇族目瑙纵歌从形式、内容、意义及目的方面都发生了一些变化，从古老的祭祀性活动，逐渐转变为集商贸、旅游、文化交流于一体的文化节日，由大"祭奠"变为内容丰富的节日。①现在不只景颇族本民族的人过节，该节已发展成当地全民参与的节日。

基督教不允许信徒信鬼神，但这样的信仰并不妨碍信徒参加目瑙纵歌节。村民 Q 这样对我说：

> 神让我们不要有偶像，而且我们都信了基督教了，肯定就和信鬼那边不一样了，但是目瑙纵歌节作为我们景颇族的传统节日，只要我们不参加最开始的祭祀活动就可以了，后面大家围着目瑙示栋跳舞，参加这种狂欢是可以的。去年在瑞丽那个目瑙纵歌场我们朋友一大帮子人全部去参加啦，一般目瑙纵歌舞会举办 4 天，我们就约着得空那天去跳。瑞丽这个场特别大，能容纳几千人，"瑙双"头戴"戴胜帽"，手拿长刀，在队伍前面领着大家按照一定的路线围成圆圈，这种路线是按照我们祖先迁徙的路线编排出来的，我们大家玩得很开心。

显然，在德宏这样的少数民族聚居区，人们对民族文化的认可已经深深扎根在心里。

三 勐力村景颇族人宗教生活的本色化分析

勐力村景颇族进行宗教活动的场所主要在勐力新村的教堂，宗教活动形式有主日礼拜、弥撒、家庭祷告会、团契聚会、小组活动、宗教庆典活动等，参与宗教活动的人群则主要是勐力新村的景颇族村民，间或有少数几个来村里租房的缅甸克钦人。

崔小莉总结王治心、贾玉铭、诚静怡关于本色化的思想都有其相同之处，认为本色教会就是要在发展自身教会文化的同时与中国文化相融

---

① 石木苗、闵建国：《景颇族目瑙探源》，云南民族出版社 2000 年版，第 57 页。

合，进而具备某些中国文化的特质，满足民众的心理需求，适合中国社会的发展。传入中国的基督教要想在这里立下根基、有所发展，就要根植于中国的文化环境，吸收文化养分，适合本国的发展，并与中国各个具体地区文化相融，产生本地的文化意义，这是基督教需要在中国进行的本色化。[1] 赵士林对基督教的处境化也有相似的观点，他指出基督教在保持自己的教义内涵、精神内涵内在坚定的前提下，努力融入当地民族的传统文化、风俗习惯等所构成的生存处境之中，以此来获得当地群众的理解与接纳，进而得到广泛的传播。[2] 无论是本色化还是处境化，其核心问题都是要解决以基督教为代表的西方文化与中国本土文化的关系。基督教传入瑞丽亦显示出强烈的灵活性和可塑性，在积极融入社会以及保持自己独立性方面做出了巨大努力。

（一）基督教的独立性

《圣经》中"十诫"的第一诫和第二诫有言："除我之外，你不可有别的神……也不可侍奉它。"所以，基督教对于偶像崇拜是反对的。由于基督教与景颇族原生性宗教是两个不同的宗教，在信仰上就令信徒相互分化。"我们信基督教的和那些信鬼的平时都是不来往的，他们有时候家里有人死了会叫董萨去跳几天几夜，我们都不会去看。"由于基督教反对偶像崇拜，所以在信徒的认知中，"鬼"也是不存在的，教义也教育他们，崇拜其他的偶像是不行的。我们分别访问过两个信徒，一个是从小就信仰基督教的Q，另一个是中途转信基督教的W，在"鬼"的存在上，他们的回答有明显的不同。Q认为：

> 世界上根本就没有鬼这种东西，我们信耶稣的就不会像那些信鬼的一样去搞那些，我们只知道世界上只有唯一的主耶稣，其他的一切都是假的。

---

[1] 崔小莉：《贾玉铭神学思想的本色化、处境化与中国化辨析》，《齐鲁师范学院学报》2017年第1期。

[2] 赵士林：《基督教在中国——处境化的智慧导论》，载牟钟鉴《宗教与民族（第六辑）》，宗教文化出版社2009年版，第71页。

W则说：我现在信了耶稣就不会再去信别的东西了，以前我家为了搞鬼那一套花了好多钱，但是还是不知道哪里没搞对，招惹了鬼，给我家人整了好久的霉运，后来我信耶稣之后心就安了，家里面家人也好了，也不生病了，我是不会再去搞信鬼那些事了。

可以看出，基督教在保持自己的独立性及正统性上做得很好，既让信徒归顺了自己，又防止信徒再转投向其他宗教的怀抱。

（二）基督教与景颇文化的融合

在教会信仰与其他文化的交流上，有的学者谈到乡村基督教、天主教与民间信仰的互动，本文想谈的是这些西方信仰与景颇族文化之间的纠缠。在百年来的传播中，教会的文化已与景颇族文化在概念符号、仪式民俗等方面有着密不可分的关系。在除偶像问题之外的事上，教会文化在融入的过程中主动改变某些方式来迎合景颇族的文化。

1. 日常服饰、行为的融合

在每周日的礼拜和弥撒中，信徒们会身着景颇族的传统服饰，而牧师们在讲道时也会戴上景颇族男士会佩戴的帽子。又如，婚礼时男女双方除了穿着景颇族传统服饰外，举行祈祷仪式后也有一个交换双方信物的环节，桌面上摆着男性用的长刀背包，男方在仪式的最后把戒指戴到女方手上，女方再把桌子上的长刀与背包挎到男方腰侧。

景颇族基督徒的行为秩序仍遵从姑舅表婚的伦理，KL说道：

我们这边遵循的是丈人种为大，像我以前嫁出去的时候，每年过什么感恩节、圣诞节，我都要背礼篮回去。再比如我家弟他们进新房或者有别的事，作为我是家里女方来看，我是必须要提供牛啊这些东西，这些是我必须要做的。我们女人回到自己家，面对自己的弟兄们是必须要尊敬他们的。比如我有一个女儿，另外有一个哥三个弟，那么有人要来娶我女儿的话就得牵4头牛来，然后我兄弟又反过来按其价值当众回送一套景颇族男子的佩物（长刀、铜炮枪、筒帕、包头）、女子的银袍和一套基本生活用具（三脚架、锅、背箩等)。

2. 节日活动中的相互理解

在目瑙纵歌节中，信徒虽然信仰基督教，但这并不妨碍他们把关于祖辈的记忆留存，并且提到目瑙纵歌的舞步是按照祖先的迁徙路线来跳的，看待目瑙纵歌也并不是当成原生性宗教那一套加以排斥，而是积极参与到这样的活动中。无独有偶，在上文提到的以前信仰原生性宗教的人们在丧葬仪式中送魂这一环节，董萨也会按照祖先迁徙路线来送亡魂回到景颇族的发源地。从这些事例可以体会出景颇族人关于族源的重视，多次提到他们的祖先是从很远的地方跋山涉水、经历重重艰难险阻最终来到德宏。这种对祖先的重视与基督信仰的共存显然已经成为了一种常态。

还有，勐力村的信徒们对基督教的节日与景颇族节日的理解。如上文提到的感恩节中访谈人 A 说，会将每年自家收获的粮食拿出来庆祝，这其实和景颇族传统节日新米节有着相似之处。每到新米节，人们会择吉日邀请亲朋好友来家里庆祝，在那天会准备各种水酒、粮食等祭献神明，感谢他们保佑这一年的丰收，接着将肉和米饭拿给狗吃，感谢狗为人们祈求五谷种子，然后亲朋好友共进美食。信徒俨然将自己传统文化中的新米节与基督教的感恩节混在了一起过，感谢神为他们带来的食物，也感谢自己一年来的辛勤付出。

3. 景颇语《圣经》的使用

现有的景颇文是在基督教传教士的创制或启发下，以拉丁字母为基础创制的拼音文字。1890 年，美国浸礼会传教士欧拉·汉森（Ola Hanson）在缅甸八莫一带当地景颇族知识分子的帮助下，成功创制了景颇文并翻译了《圣经》，1895 年，在缅甸首都仰光出版了景颇文的《约翰福音》（新约）。而 1907 年缅甸克钦族传教士德毛冬最早到云南景颇族传教，[①] 但直到 1914 年前后，景颇文才开始传入我国，最初是在瑞丽

---

① 景颇族调查组:《景颇族:瑞丽弄岛乡等嘎村》，云南大学出版社 2001 年版，第 175 页。

县弄岛乡等嘎村开办景颇文学校,之后陆续在德宏其他地方也相继开办了这样的学校。①

文化的本土化始于民族文字的创立。景颇文用拉丁字母拼写,结构简单容易掌握,只需要很短的时间就能读写。因为文字的创制,也使得基督教能够更大范围、更短时间、更迅速地传播到少数民族地区。当然,教会学校也大量地应运而生,这种以民族文字和教会学校相辅相成的传教方式,在这些少数民族地区取得了相当大的成功。②在最近十几年中,无论是勐力新村里的基督教堂、瑞丽城区的帕色教堂、整个瑞丽的其他堂点,抑或是分布在瑞丽的天主教堂,在每年暑假期间都会开办景颇文班,招收从8岁到18岁不等的小孩来学习景颇文。教堂不仅是宣扬教义的地方,而且转化为一个传承景颇族文字和文化的场所。

4. 基督教音乐的民族化

笔者在田野期间看到基督信徒使用的一本赞美诗集《NAWKU SHAKAWN MAHKAWN MANGOI》,中间列出了景颇文曲名。其中一首赞美诗《MUNGKAN KABU U》,谱例取自《NAWKU SHAKAWN MAHKAWN MANGOI》第27首的其中一部分,是景颇族新编赞美诗。这首乐曲使用的是西方五线谱并标注拼音。节奏上,在每一行谱的第一个符号后明确给出二四拍的节奏,并且贯穿始终,显现出西方音乐的特征。旋律上,起伏不大,多以和音为主,音域较宽,充满西方教堂音乐的特点。景颇族中许多人生来就具备较为优质的歌唱天赋,几乎每个景颇族人都能歌善舞,他们音质好、音域广,还能较容易演唱高音和拖音,这种情况可从景颇族的民歌中得到体现。结构上,呈现出多乐段结构模式;在起音上是两个连音,并没有出现景颇族音乐经常使用的长音做开头,景颇族的山歌常用长音旋律来作为一首歌的开头,这是因为景颇族先民以前住在山上,这种茂密的山林或较远距离的地方,需要通过长音来招呼同伴,因此发展演化成为现在的山歌。③通过对这首

---

① 云南省社会科学院编:《云南省志·民族志》,云南人民出版社2003年版,第392页。
② 申晓虎:《云南民族地区基督教本土化的几点思考》,《科技视界》2014年第17期。
③ 曹云华:《德宏景颇族民间音乐的现状及发展对策》,《艺术科技》2017年第6期。

乐曲的分析，我们可以看出它糅合了两种音乐文化在里面，呈现出了"音乐本土化"的特点，达到了基督教文化与本土文化的适应与融合。

本文通过对基督教传入德宏瑞丽地区后勐力村景颇族信徒的研究，在对其宗教生活的几个方面的观察，得出结论，基督教在该地区的本色化实践是通过日常生活、人生礼仪、节庆活动宗教生活形式表现出来的，这种本色化进程在该地有相应的影响。

首先，本色化对景颇族信徒的日常生活产生了影响，具体表现在宗教的几个社会功能上，即社会整合功能、心理调适功能和行为约束功能。

其次，在勐力新村传统的景颇族文化方面，基督教在保持自身独立性的条件下适当地与景颇族文化相融合，显示出强烈的灵活性和可塑性，出于对教义反偶像崇拜的认可而对景颇族文化中的鬼神观念表现出排斥，并以此保持自身的独立性。因为教会传教的需要，在除偶像崇拜外的其他事项，如信徒日常服饰、思想行为、对节庆活动的理解、景颇语《圣经》的使用、基督教音乐的民族化等方面，教会与景颇族文化又有了融合。

宗教信仰和宗教生活作为社会生活的重要组成部分，也是观察基督教影响景颇族信徒的一个切入点，在它传入并且逐渐本色化的过程中确实取得了成效，与当地文化相互交流、融合并得到了发展。

基督教在红河流域花腰傣社会的发展史*

李守雷　徐绍仙[①]

红河发源于中国云南省中部哀牢山东麓，河源海拔 2650 米，东南流向。上游礼社江出大理州巍山县在三江口接纳东侧支流绿汁江后称元江，由红河州河口入越南后称红河，自河内各分支流入太平洋的北部湾。元江流经新平县境，三江口以上称石羊江，三江口至河口大桥称戛洒江，河口大桥以下为漠沙江，于漠沙镇阿迭村流入元江县境。红河流域居住的傣族大约有 15 万人，大约占中国傣族人口的 13%。红河上游新平、元江等地的傣族主要是花腰傣，包括傣雅、傣卡和傣洒等支系。

一　中华人民共和国成立前基督教在花腰傣地区的传播

（一）美国长老会在红河流域傣族社会的传播

1920 年前后，美国传教士翰兰勒夫妇一行人从澜沧江流域西双版纳景洪来到红河流域元江、新平的花腰傣地区，与金沙江流域楚雄武定

---

*　本文是国家社会科学基金重大项目"基督教中国化背景下的农村基督教问题研究"（项目批准号：17ZDA231）、中国博士后科学基金面上资助项目（第 64 批）"基督教中国化在傣族社会中的多样性研究"的阶段性成果。

[①]　李守雷，昆明学院教师；徐绍仙，泰国清莱皇家大学教师。

的傣族传道人一起在此宣教。1920年前后，缅甸籍传教士就进入元江坝区和甘庄坝区的傣族村寨传教，在漫漾傣族村建盖了几间竹楼，定居下来。这些传教士是"黄种人，又通晓傣语"，估计是受西方宣教团差派的缅甸傣泰民族基督徒。红河流域傣族地区虽然前后来过几批传教士，但是没有大规模开展活动，影响有限。[①]

据新平县仙鹤教堂《漠沙基督教会简历》记载，1920年初，正当漠沙花腰傣族在早稻插秧之际，有一老一少两位基督教传道人自元江沿河而来，在龙河村大六库传教。村民听后议论纷纷，无一人相信。几天后，仙鹤村村民白鹏章夫妇邀请这两位传道人到家里讲道，接受了基督教信仰，成为漠沙最早的基督教家庭。不久，武定籍傣族传道人李鸿恩也从元江来到漠沙，与前两位传道人一起传教，后来与当地傣族妇女结婚，常住下来。当时，附近村民每晚聚集在白鹏章家中听《圣经》，学唱赞美诗。星期日，信徒就集中在大树下进行礼拜。三位传道人传教效果显著，不到半年时间发展信徒三百余人。《暹罗基督教历史（1828—1928）》记载，1921年，杜德夫人在两位泰国北部泰族传道人和两位金沙江流域傣族传道人的陪同下，由景洪出发，目的是在临安府（建水县）建立一个宣教点。从澜沧江向北经过十六天的行程，到达红河流域的元江。两个文献对杜德夫人进入红河流域的时间出入不大。杜德夫人分派几位传道人在元江宣教，自己带一部分人继续向临安府进发。这期间，当地一位傣族妇女和一个傣族儿童病重，生命垂危。基督教传道人为他们祷告，进行简单医治。不久，这两位病人竟然康复了。这个惊奇的医疗故事，瞬间传遍整个红河谷地。周围百姓纷纷邀请这些传道人为病人治疗和祷告。几百人主动接受基督教，承诺放弃原生性宗教的鬼神崇拜，烧掉家中的神龛。一时间，包括儿童在内两三千人登记为基督徒。面对如此形势，漠沙地方官员对基督徒罚款，强迫其放弃基督教信仰，回归原生性宗教。基督教传道人写信给长老会差会，请求外国传教

---

① 李清华：《元江县基督教的历史与现状》，载杨学政、邢福增《云南基督教传播及现状调查研究》，宣道出版社2004年版，第361页。

士前来处理此事。杜德夫人返回元江和漠沙。①

1921年，美国长老会传教士翰兰勒、贝比，泰国籍传道人佬佬、苦肯真、苦香蕉以及武定籍傣族传道人李茂昌等来到漠沙，在仙鹤村旁边买地，按照本地傣族的土掌房式样，建立教堂、小医院和学校。1921年办起了明诚小学，校名一直沿用至今。学校以识字班的形式开展教学，教学内容以泰国文字为主。1922年，巴克夫妇到达漠沙。②年底，教堂建盖完工，可容纳七八百人。由于房屋跨度较大，又严重漏雨，就改用镀锌铁皮屋顶。牧师住房、医院改为瓦顶屋面。1920年至1932年，漠沙教会处于兴盛时期，每次礼拜聚会有数百信徒，乃至千余人；传教范围扩展到曼蚌、戛洒等傣族地区。仙鹤基督教会每年有两个大集会，包括农历正月的"教友会"和公历12月25日的圣诞节。圣诞节期间，举办两天的庆祝盛会，既包括学生组织的文艺演出，还有哑铃操、跳高、跳远、打拳等体育节目。教会要宰杀黄牛，款待信徒聚餐。学校有60多名学生，不分是否信仰基督教一律招收。教会医院为当地傣族民众看病施药。随着信徒逐年增多，为了使本地傣族信徒自己能长期管理教会，根据长老会的传统，漠沙基督教会仙鹤教堂设置了十二位长老，即团田村白贵宝，小曼竜李永富，大曼竜刀万年，丙帽村刀石保，仙鹤村白鹏章、李鸿恩，龙坡村白世文、刀智义，偏哈村杨永清、白记来等人，协同牧师管理教会事务；并按立刀文明、杨永清等为传道员，负责下村传道和探访信徒。教会工作分为三个组，即教会工作组、教育组、卫生组。此次教会组织结构建设是漠沙傣族信徒探索基督教中国化的重要举措。

　　1921年开始建教堂。瓦面是镀锌铁皮，是从广西拉过来的，用车拉到山头，然后由信徒再挑下来。一楼一底，可以容纳七八百

---

① George Bradley McFarland, *Historical Sketch of Protestant Missions in Siam 1828—1928*, Bangkok Times Press, 1928, pp.186-189.
② 《漠沙基督教会简历》中，美国长老会传教士的名字为：克兰德、毕牧师、巴夫妇，笔者根据西双版纳基督教文献统一为：翰兰勒、贝比、巴克夫妇。

· 243 ·

人做礼拜。又建了学校,是土房;牧师的住房是瓦房;然后又盖了医院,是瓦房。有内科和外科医生,都是外国人,巴医生、巴师母。像阑尾炎这些一般的手术,这里都能做。我们村有个人做了手术,子孙后代就得了一个绰号,叫"破肚子"。

(访谈对象:李志诚,男,武定籍傈族,1932年出生;访谈时间:2017年4月18日)[①]

杜德夫人最先到达元江,以元江为基地在红河流域花腰傣宣教。之后,杜德夫人、巴克夫妇与翰兰勒夫妇先后来到漠沙,处理当地官员迫使信徒退教事件。1922年,巴克夫妇与翰兰勒夫妇从新平进入元江传教,其后,又在离元江城十里的漫漾山头购置土地,建立礼拜堂、医院和住房。同时,教会开办了明德小学,校长由傣族刀永辉担任,请新平县漠沙的刀永明和当地漫漾村的白文亮任教,招收一二年级学生。传教士通过施医送药和建校教书等方式博取当地人的好感,扩大教会影响,以此进行传教,取得一定的效果。四年后,巴克牧师及其儿子查理因身染疟疾在元江病逝。[②]

传教士在红河流域开展的传教工作,吸引了大量汉族、傣族和居住遥远山上的哈尼族。外国传教士与泰国北部的泰族传道人、当地花腰傣和汉族工作人员紧密合作。当时有二十多个夜校,多数是由当地工作人员负责。他们负责培训新入教人员,帮他们做圣礼准备,培养阅读和书写能力。以农产品作为当地工作人员的报酬。宣教团制订了年度工作计划,用3个月到各个村寨进行探访宣教,然后再用3个星期在培训中心进行《圣经》学习和聚会。长老会在红河流域花腰傣地区,以基督徒提供劳力和土坯,宣教团负责木料的合作方式,共建了6所小教堂。教会

---

① 本文对陈述人和健在的教职人员进行了匿名化处理,包括李志诚、李明宽、刀家兴、刀家林和刀家富。
② 李清华:《元江县基督教的历史与现状》,载杨学政、邢福增《云南基督教传播及现状调查研究》,宣道出版社2004年版,第362页。

登记信徒有400多名，在圣诞节庆典上有1100—1200人参加。①

（二）美国长老会牵连下红河流域与其他地区傣族的基督教交流

元江教会与新平漠沙教会形成统一的系统。美国长老会在泰国一直致力于在傣泰民族传教，并由泰国北部清迈向中国西双版纳、玉溪等地傣族传播，形成了一条跨越国界的傣泰民族基督教传播带。1840年，美国长老会（American Presbyterian）进入泰国传教，以曼谷为中心致力于向傣泰民族宣教。1868年，美国长老会牧师麦吉尔瓦利（McGilvary，Daniel）在泰国北部政治文化中心——清迈建立了第一所教会，开始向老挝、缅甸和中国的傣泰民族传教。1893年，美国传教士罗伯特·欧文（Robert Irwin）和麦吉尔瓦利从泰国北部经缅甸、老挝，第一次踏入西双版纳的疆界。1906年前后，内地会传教士张尔昌（Gladstone Porteous）、郭秀峰在滇北楚雄州武定县洒普山地区设立传教点，在一个傣族村寨发展了17户基督教家庭。1913年6月，张尔昌联系泰国曼谷的长老会宣教团，寻求傣泰文化方面的帮助。1918年6月，美国传教士杜德（William Clifton Dodd）夫妇到达洒普山，教授内地会传教士王怀仁（George E. Metcalf）傣语，探访傣族基督教徒。9月30日，杜德带领4名"Nong Luang"村的青年傣族基督徒前往景洪，接受神学教育。②1921年，美国长老会传教士到达红河流域元江、漠沙傣族地区传教。长老会曾选派一批玉溪花腰傣中年信徒到西双版纳学习傣文，用傣语祷告，读傣文《圣经》，唱傣语赞美诗。美国长老会在泰国北部选拔了一批工作人员，辅助传教士工作。在红河流域花腰傣地区开拓宣教的经费是由泰国15所教堂筹集的。这些教堂绝大多数是在泰国北部。③从1933年开始，红河流域长老会在花腰傣的教务转交德国内地会接替，长老会传教士离开红河流域的傣族地区。

---

① George Bradley McFarland, *Historical Sketch of Protestant Missions in Siam 1828—1928*, Bangkok Times Press, 1928, pp.186—189.
② William Clifton Dodd, *Tai Race-Elder Brothers of Chinese*, Whiter Lotus Co. Ltd, 1997, pp. 29-48.
③ George Bradley McFarland, *Historical Sketch of Protestant Missions in Siam 1828—1928*, Bangkok Times Press, 1928, pp.186—189.

以杜德为代表的西方传教士将中国与东南亚的百越支系泛化为傣泰民族，执着地在这些民族地区传播基督教，也成为后来泰国政府一时鼓吹"大泰族主义"的思想来源。在研究东南亚傣泰民族基督教本土化和傣族基督教中国化时，不仅要考察基督教对民族文化、中国社会的适应，更要以批判精神辨析西方传教士的"民族—国家"主张。长老会外国传教士在西双版纳景洪培养当地傣泐和楚雄武定傣族传道人，由其作为向导、翻译到傣族、壮族等百越支系地区传教。武定籍傣族李茂昌和李鸿恩跟随翰兰勒牧师几乎走遍了傣族地区，还去过广西壮族地区，甚至到过泰国曼谷。李鸿恩在新平漠沙找了当地傣族姑娘结婚，留在当地辅助长老会牧师传教。1935年，李茂昌携妻儿与文姓、黄姓三家一起从武定来到漠沙生活，租种当地地主的土地。这三家是武定县万德镇扣己村的，当时在老家都已经皈信了基督教。20世纪30年代，美国长老会离开漠沙，退回西双版纳傣族地区。这几家武定籍傣族信徒没有跟随长老会迁往西双版纳，而是归入德国内地会，在漠沙定居下来。

> 柯兰德专门到傣族地区传教，来漠沙的时候都70多岁了。先从泰国到西双版纳景洪，又来到这里。柯兰德一口的傣族话，他们非常有毅力，走来走去。还有杜德夫妇，杜德既是医生，又是传教士。我父亲（李茂昌）就是帮传教士拉马，给他们做小工，从武定到西双版纳。一共两个人，还有我父亲的一个老表，也是从武定去西双版纳学傣文的。一种是从泰国引进的文字，一种是西双版纳当地的傣文，然后学《圣经》。
> 那个时候，在武定苗族信基督教的更多，傣族信仰的很少。传教士到东坡乡傣族村寨传一下福音就走了。解放前那里的傣族没有建立教堂。解放后才有教堂。我们老家武定有几户人家信基督教，我爷爷那一代就已经信基督教了，都是跟着苗族的教会礼拜。
> （访谈对象：李志诚，男，武定籍傣族，1932年出生；访谈时间：2017年4月18日）

基督教在红河流域花腰傣社会的发展史

　　借助长老会的宗教渠道，元江、新平地区的花腰傣从1928年就开始向西双版纳、缅甸北部和泰国北部迁移。首先，有两位花腰傣为传教士做挑夫，往返于泰国、缅甸和西双版纳等地，然后带领当地花腰傣陆续搬迁过去。第一批有十多个家庭。1935年前后，几十家花腰傣基督徒跟随巴克太太（Mrs. Cark）从新平、元江搬到西双版纳曼允村居住，后来又陆续返回了，只留下二三户。① 第二次世界大战时期，为躲避国民政府抓丁，出现迁移高潮，200多人（主要为青壮年）搬迁到了泰国北部。目前，泰国北部清莱府有6个从新平、元江搬迁过去的花腰傣聚居村，普遍信仰基督教。中华人民共和国成立后，这些外迁人口与国内亲友断绝了音信。直到中泰恢复正常外交关系，研究花腰傣文化的中国云南学者在清莱府找到了这批移民，并牵线搭桥实现了两地亲友的互访。清莱地区花腰傣在融入泰国社会的过程中，逐步接纳了泰国文化，并创造了新的群体文化，淡忘了传统文化。清莱花腰傣文化精英来到新平漠沙找寻傣族传统文化元素，以漠沙傣雅传统服饰为模板，借鉴泰国文化元素，创造出泰国花腰傣特色服饰。两地教会也重新建立了联系，但没有后续的交往。

　　基督教传到漠沙以后，大批的花腰傣才迁到泰国。当时漠沙小学第一期或者第二期的学生白思发给西双版纳傣王做师爷，这边的花腰傣到西双版纳，就打着白思发的名号，当地土匪也不敢抢他们。从新平漠沙搬迁到西双版纳、缅甸景栋和泰国清莱的花腰傣（以傣雅为主）不是仙鹤村的，有几家是周围几个村子的。这些人是跟我父亲一辈的，我都记不清了。当时国民党抓兵，有些是躲兵役出去，有些是打工出去，多数是青年人。因为也没有什么文化，多数是帮当地人种地，种咖啡。以前是封闭的，因为这些传教士来到这里，就跟着出去，后来发现能走通，更多人出去了。去泰国清

---

① 《中国少数民族社会历史调查资料丛刊》修订编辑委员会：《西双版纳傣族社会综合调查（一）》，民族出版社2009年版，第114页。

迈、清莱、缅甸景栋，到了 20 世纪 30 年代出国的就少了，多数是到思茅普腾、小勐养、景洪等地。小勐养有一个花腰傣村子，就是从我们这里搬迁过去的，都是全家人整体搬过去的。曼龙村有几家亲戚在那个村子。花腰傣的南迁历史是一个反反复复的过程，搬过去了，又回来，回来几年又搬过去。是在留恋和融入中不断地抉择。那里没有熟田，都是野草地，就开荒种地。他们回来后，讲起当时迁移寻找生存空间的情况。以前西双版纳、新平、武定傣族基督教传播是一条线，但是现在已经不联系了。

（访谈对象：李志诚，男，武定籍傣族，1932 年出生；访谈时间：2017 年 4 月 18 日）

花腰傣南迁并非只跟基督教传播有关，最重要的是考虑到生活问题。花腰傣从漠沙向普洱、西双版纳迁移，进而又迁往缅甸、泰国北部，是为了寻找更好的生存空间，肥沃的土地。这也应和了千百年来多个民族由北向南的迁移、挤压趋势。中国与东南亚的基督教传播，为傣泰民族南迁提供了一条渠道。

（三）德国内地会在红河流域的发展

美国长老会跟德国内地会交接时期，红河流域傣族信徒日益减少。1934 年德籍吴牧师接替新平县漠沙教会工作时，星期日参加礼拜的信徒仅有七八十人。杨思敏、白长春负责学校教务工作。曼蚌、戛洒两地分堂和学校均已停办，教堂场地荒草丛生。同年 9 月，漠沙镇仙鹤教堂的牧师住房失火，房屋皆化为灰尘。当时内地会已经在坝多、平掌老白寨、镇远新寨等哈尼族聚居地区建立教会；曾用哈尼（卡多）文字编创过赞美诗。1932 年德国籍韦牧师到达平掌柏权老白寨，以医病救人的方式在当地哈尼族中传教，初见成效。1934 年德国籍司牧师接替韦牧师的工作，着手建立基督教堂和教会小学，吸引了大批哈尼族入教。1939 年，传教士内部产生分歧。同年，美国籍贝克牧师和德国籍徐牧师到来，把老白寨教堂分为神召会教堂和内地会教堂。内地会教堂设在老白寨，由当地信徒白宗友负责；神召会教堂建在柏枝树，由倪春富和廖应祥负责。1935 年，内地会德国籍牧师荻世宏夫妇负责元江和新平地区教务。他们与贝理泰牧师等居住于坝多，建盖了礼拜堂和牧师住房。漠沙仙鹤教堂由李鸿恩长老和白长春负责管理，由荻世宏牧师协助。德国内地会在红河流域哈尼族、傣族等多个民族中宣教，没有仅仅拘泥于傣族事工，与专注于傣泰民族事工的美国长老会形成鲜明区别。

1938 年冬，贝理泰牧师和贝理德师母从坝多来到漠沙仙鹤教堂，在原址上重建了牧师住房。房屋是一楼一底的土掌房，建筑面积约 300 平方米。由于第二次世界大战，内地会差会经费来源断绝，只能依靠本地信徒的奉献支持，被迫走向基督教中国化的经济"自养"。数年内，教会工作停滞。学校教员以微薄薪俸维持，继续办好明诚小学，甚至于 1942 年恢复了曼蚌分校。1945 年，抗日战争胜利，又是明诚小学建校 25 周年校庆。由教师刀丕训负责组织了 40 多人的学生唱诗班，演唱内容除赞美诗外，还包括《黄河大合唱》等爱国进步歌曲。学生自背行李，从漠沙步行，途经新平县城、峨山、玉溪、昆阳、海口、安宁到达昆明，往返历时 20 多天，所到之处，受到当地信徒的热情接待。为了解决贫困家庭没钱送子女小学毕业后到外地读中学的问题，1946 年漠沙教会增办一所中学，名为"明圣中学"，校徽为三角形内上面是十字架，下面是"明圣中学"字样。明圣中学聘请昭通籍王瑞照和大理巍山杨永安为教师，其他教师均为当地傣族。教会又从丙冒村地主白世尧家买得三亩多田地，取名"孤儿田"，招收十多个孤儿，以勤工俭学的方式供他们食宿和读书。教会还将优秀学生送到昆明天南中学、上智中学或圣经学校继续深造。

贝理德师母曾与刀丕训共同研究漠沙花腰傣语言，用老汉语的注音字母拼成花腰傣文字，并编创了花腰傣语的诗歌集和《圣经》故事，尝试在妇女信徒中推广。笔者在田野调研过程中，在李志诚家看到一本铅字版的花腰傣文《约瑟的故事》，由贝理德和刀丕训编译。1991 年，刀丕训去世，自此无人识花腰傣文。教堂设有医务室，牧师通过诊病卖药，医治病人，同时给予病人及家属精神慰藉，借此途径宣讲《圣经》。为了协助牧师管理教会事务，组建了包括李鸿恩、李茂昌、刀丕训、杨永清等十二人的理事会。贝理泰夫妇于1950年12月离开漠沙教会回国。中华人民共和国成立之前，漠沙教会傣族信徒有1583人，其中男性1125人，女性458人。①

20年代美国人在的时候，原来很没有人来，他们就用钱收买，凡是来做礼拜的每人一个半开。做礼拜的时候，就敲大铓锣，周围寨子的人听到声音就来了。听我母亲说，做礼拜的信徒有800到1000人。那时候来礼拜的都是傣族，因为周围都是傣族寨子。但是德国内地会就不搞这个。30年代以后红河流域一带基本就是内地会的了。像老白寨的哈尼族教堂、新平教堂和景东的教堂都是德国牧师了。德国内地会一直在这里办到1950年，回国了。我们漠沙的很多信徒都舍不得他走。他们在漠沙还是做了好多事情，一个是学校，一个是医务室。以前漠沙没有医院。他们办了一个医务室，卖药，尤其是治疗疟疾的药。因为傣族地区湿热，容易得疟疾，就是"打摆子"。

李鸿恩跟随柯兰德来到漠沙，并找当地花腰傣结婚，担任教会的长老。美国人离开以后，他就主持了一段时间教会。德国人来了，对他有些冷淡。因为他毕竟是长老会的，教派之间有一些隔阂。1945年，教会25周年庆典写简报，大家就有争执，内地会的牧师就想写内地会的内容多一些，长老会的就想写长老会的东西多一些。李鸿恩名义上是长老，但是没有实权。一直做长老到1950年，教会停办。他被拉出去劳动改造。1958年去世（1902年出生），留下了3家人。他的儿女们已经不信基督教了。

国民党时期这个教会曾经关闭过一段时间，来了一个区长不准做礼拜，对信徒罚款。我父亲（李茂昌）他们到昆明去找三一圣堂，从省上拿着文件下来，国家是准许信仰基督教的。把罚款退回信徒，才准许做礼拜。有过这么一段周折。

---

① 仙鹤教会堂委会：《漠沙基督教会简历》，内部打印资料。

1945年抗日胜利，我们组织了一个30多人的唱诗班，从漠沙唱到昆明，到三一圣堂、锡安教堂、云南大学，卢汉的夫人还接见了我们。又从昆明唱回来。

（访谈对象：李志诚，男，武定籍傣族，1932年出生；访谈时间：2017年4月18日）

二 中华人民共和国成立后基督教在花腰傣的发展

中华人民共和国成立之后，在云南边疆民族地区少数民族基督教信仰消除了教派界限和民族界限，进入了"后宗派时代"，实现了多民族联合礼拜，成为云南基督教信仰的一个特色，是中国独立自主的宗教治理模式的最显著成果。

（一）基督教在"后宗派时代"走上"三自"道路

中华人民共和国成立之前，中国基督教受到国外各种差会的支持和掌控，教派林立，界限分明。红河流域傣族基督教也经历了美国长老会和德国内地会的前后交替；而德国内地会又与神召会在红河流域哈尼族中展开争夺。所以，中国基督教宗派化是受外国差会牵制所致，缺乏自主性的体现。中华人民共和国成立后，开展"三自"爱国运动，隔断了与国外的供养、附属关系，实行属地管理模式，消除了宗派分立的局面，走出了云南基督教发展道路。

1951年，漠沙教会仙鹤教堂和其他房产由政府收管，作为漠沙乡政府办公用房和储存公粮的仓库。明诚小学由政府接管改为漠沙中心小学。漠沙教会停止了集体礼拜活动。1982年，新平县统战部通知，漠沙基督教会可以恢复集会礼拜。信徒们聚集在刀丕训和李志高家中商谈。当时没有集会场所，就暂时在李志高家做礼拜，有二十多位信徒参加礼拜。随着信徒人数增多，私人住房已经容纳不下。当地政府依据国务院118号文件精神落实所占用原教会的房地产，将仙鹤村旁原新平糖厂下属的水泥厂办公楼赔还给教会。但因楼房是土木结构，又建盖日久，被白蚁蛀蚀严重。玉溪市委统战部和新平县政府拨款，重新建盖了一幢钢筋混凝土结构的平房。1986年,教会逐步获批了《房屋产权证》《土地使用证》,办理了宗教活动场所登记手续。

1986年,经过省、市基督教三自爱国会、基督教协会审批,按立李志高为漠沙教会长老,刀丕漠为传道员。同时,设立了漠沙基督教会仙鹤教堂领导小组,由刀丕漠任组长,刀家兴、刀东升、白兆光、李继先、李梅芳、刀家林等为组员。刀丕漠、刀家兴历年被推选为乡镇人民代表和县政协委员,积极参政议政,为社会主义建设建言献策。到2000年,漠沙教会信徒增加至一百余人,以女性为主,但大多数女信徒是文盲。在省两会的帮助下,漠沙教会委任李梅芳为妇女事工委员会联络员到昆明学习。学成归来,担负起教导女信徒读书识字。当学完第一册《基督教简易读本》时,有些女信徒已能翻找《圣经》章节,不再需要别人代翻了。漠沙教会坚持独立自主、自办教会的"三自"(自主自养自传)方针,积极参与社会发展、经济建设和政治治理,走上基督教中国化的探索之路。①

我们这里是1982年恢复。平掌那边1980年恢复,就拿一本《天风》过来给我们。因为当时我们这里还没有活动。他们就知道政府恢复宗教信仰。他们老一辈的,有五六个吧,包括我父亲,我叔叔,李明宽姑姑和姑父,李志高,就在路边的大树下聚会,唱赞美诗。然后,附近村子的老一辈的信徒听说这里有聚会了,也跟着来。人慢慢就多起来,十多个,二十多个,就来我家里聚会(老屋,现在是我弟弟刀家富在那个地基翻新的房子)。原来没有宗教局,统战部管宗教,就来看看,落实情况,就允许聚会。当时的教会负责人是我叔叔刀丕漠。因为我家房子很窄,聚会的人多,就到李志高家聚会了一段时间。李志高家有院子,能容纳更多人聚会,然后才归还那里的房产。原来是糖厂下设的水泥厂,水泥厂把矿石用完以后就搬走了,把厂房转给种子站,种子站迁走以后,房子就

---

① 仙鹤教会堂委会:《漠沙基督教会简历》,内部打印资料。

空出来。政府就安排落实在这个地方做教堂。可是，那是瓦房，白蚂蚁多，把木梁和木椽吃空了。1991年就盖了下边这个钢筋水泥的平房（老教堂）。但是，老一辈信徒不懂得混凝土的比例，被建筑老板耍马虎，刚盖好就漏雨。买了一些石棉瓦盖在上面，随便就应付了十多年。现在才盖起了这座新教堂。很多浙江的（教会），沿海这些地方来赞助，我们教堂的兄弟姊妹努力（奉献）一点，通过兄弟姐妹祷告，通过两会的关心，就盖起了这座新教堂。

（访谈对象：刀家兴，男，傣族，1946年出生；访谈时间：2019年12月25日）

（二）基督教跨越民族界限，实现多民族信徒共同礼拜

在独立自主、自办教会过程中，红河流域傣族基督教跨越了民族界限，实现了多民族基督徒共聚同一教堂，进行联合礼拜。根据2005年12月25日圣诞节登记的新平县漠沙仙鹤教堂信徒名册，共有信徒166人，其中男性48人，女性118人；傣族128人，汉族30人，哈尼族6人，彝族2人；涵盖了仙鹤、帕纳、小谷田、那引、丙冒、丙乙、小沐浴、曼竜、安典、他旦、曼费、坡哈、曼攀、曼憨、新云盘等十多个村寨和漠沙镇大街。仙鹤教会吸纳多个民族基督徒，进行联合礼拜，促进了教会内多民族团结；但傣族信徒占大多数，在信仰礼拜、节日庆典中始终突出了傣族文化特色。少数民族基督教中国化已经与目前中国多民族共同团结进步的社会现实相适应，进行联合礼拜。漠沙镇没有一个傣族村寨全体村民信仰基督教，都是在傣族传统信仰的村寨内出现几位甚至十几位基督教信徒。傣族原始宗教信仰与基督教信仰共存于同一个村寨成为漠沙地区的普遍现象，既有传统的赶鬼祭龙活动，又有基督教的祷告礼拜仪式。这有别于西双版纳傣族自治州傣族村寨整体改信基督教的状况，究其原因，是与两地傣族村寨结构、经济制度、文化背景的差异有关。

现在新平县傣族地区只有漠沙（镇）有教堂，戛洒（镇）有个

聚会点。漠沙街上没有教堂，只有仙鹤村这个教堂。现在仙鹤教堂不仅有仙鹤村的傣族，各个民族都有。漠沙街上的多个民族信徒都来这个教堂礼拜，已经变成一个多民族联合礼拜的教堂。教堂全部参加礼拜的有80多人，傣族也就四五十人。平时参加礼拜的有四五十人，农忙时就20多人。仙鹤村有40多户人家，200多人，有7户基督徒，1户安息日会信徒。村子里没有祭竜活动。村子里土生土长的人原来只有几户，大部分都是迁移过来的。

（访谈对象：李志诚，男，武定籍傣族，1932年出生；访谈时间：2017年4月18日）

现在教会没有牧师，只有两个传道人，还有长老。恢复信仰后，刀丕漠是第一位被按立的传道员，曼蚌的刀国忠、仙鹤村的李志高（被按立为长老）、纳允的白义诊虽然没有圣职，《圣经》读得多一点，也负责讲道。接下来，就是我来讲道，但是当时我对《圣经》了解得还比较少。然后就是我堂弟（刀家林）和董家忠（汉族，外地人，在此承包土地，38岁）负责讲道。因为董家忠是外地户口，不能成为教会负责人。在这种情况下，教会重点培养当地傣族年轻信徒。其实几个当地傣族年轻人也虔诚地信仰基督教，但是不愿意出来服侍。传道员每年去县两会进行一周的培训，老师来自云南神学院，政府培训法律法规，神学院培养神学知识，二者兼容一下。除了在县两会进行集中培训之外，一般是在农闲的时候县上的牧师还会到下面各个教堂进行单独培训。没法用傣语讲《圣经》，有些《圣经》里的词语不能用傣语翻译出来，所以讲道的时候都是用汉语。

（访谈对象：刀家兴，男，傣族，1946年出生；访谈时间：2019年12月25日）

三　社会大潮中家族信仰基督教历程的佐证

（一）武定籍傣族基督徒在新平漠沙的社会融入

陈述人：李志诚，傣族，男，1932年出生，原籍楚雄州武定县万德镇扣己村人。

李志诚的爷爷是内地会在武定县传教成功的第一代傣族基督徒。1918年，美国长老会传教士杜德夫妇应内地会邀请，到楚雄洒普山探访傣族村寨，带领李志诚的爸爸李茂昌等青年傣族基督徒到西双版纳景洪，进行《圣经》和傣族文化培训。李茂昌大概1901年出生，在西双版纳景洪接受完培训以后，跟随翰兰勒到红河流域漠沙、元江傣族地区传教。1921年，李茂昌与李鸿恩辅助翰兰勒牧师在漠沙建立了教会，被长老会按立为传道人。李鸿恩在漠沙找了当地傣族姑娘成婚，继续留在漠沙传教。李茂昌因在楚雄武定还有家人，在新平工作几年就回武定老家结婚生活了。20世纪30年代，美国长老会已经离开红河流域花腰傣地区，交由德国内地会负责。1935年，李茂昌携弟弟、妻子、女儿和儿子搬迁到新平漠沙，受内地会指派传教。其好友李鸿恩因与美国长老会渊源过深，受到内地会的排挤。由此可以看出，中华人民共和国成立之前，中国本土传道人的圣职命运都由外国差会掌控，没有真正的自治权。

> 后来我父亲（李茂昌）又到普洱市镇沅县恩乐教会（以哈尼族信徒为主），去了以后，跟德国内地会梅牧师发生矛盾。梅牧师不让我们在教会住，我父亲在教会旁边建了一个小窝棚。我们全家就住在那里，租地主家的田来种。我们在那里住了三年，神赐给我们恩典，我们种的粮食年年丰收，吃不完，养了十多头水牛和黄牛，已经富裕了。后来我母亲说，这里没有学校，孩子接受不到教育，还是要回到漠沙去住。明诚小学建了以后，还是培养出一批人才。解放后的第一任县长就是从明诚小学走出去的嘛。教会学校还是为

我们国家培养了一些人才的。我母亲是 1960 年去世，当时请假都请不下来，要求严格。我叔叔十七八岁跟我爸爸来这里，感觉天气太热，就到山上的哈尼族坝多盖教堂。之后，他去思茅做邮差，再后来到江城俫得定居。我们 1975 年才找到他。我爸爸 1980 年去世，活到 80 岁。

（访谈对象：李志诚，男，武定籍傣族，1932 年出生；访谈时间：2017 年 4 月 18 日）

李志诚原籍楚雄州武定县，跟随父母来到红河流域漠沙傣族地区，在教会学校读书，并受洗。中华人民共和国成立之后，积极投身社会主义教育事业，成为国家工作人员。宗教信仰恢复以后，李志诚没有参与基督教活动；其妻子李梅芳参与教会活动，并担任妇女事工委员会联络员和管委会成员。在世俗生活和神圣信仰的交织中，李志诚一家完全融入了漠沙傣族社会。目前，近 90 岁高龄的李志诚俨然成为漠沙傣族基督教历史文化的代言人和名片。在访谈中，老人的言谈中透露着基督教情怀与国家政策的良好切合，也是基督教中国化在一位傣族老信徒的生命史中的体现。

我 1932 年在武定出生，1935 年 9 月跟随父母搬到漠沙仙鹤村。我父亲（李茂昌）跟着翰兰勒到漠沙传教，在这里待了两三年，又才回去（武定）。我们全家搬过来的时候，这里已经由内地会接管了。1942 年，我 10 岁，在明诚小学读书，上到 1947 年。我们读书的时候，有 100 多名学生。白天学生都要做礼拜，成年傣族信徒跟现在差不多，所以主要是学生做礼拜。1948 年这里成立了明圣中学，我就开始上中学。从昆明天南中学毕业的两个学生和以正与吴良栋来这里教书，把革命的道理带到了漠沙。后来这两位老师都参加了边纵，到普洱去了。我当时也准备去参加边纵，但是我妈妈哭着不让我去。1950 年 9 月，我去云南圣经神学院读过一年的预科神学，就在西山区车家壁。早上做礼拜，读一段时间的

《圣经》，还学一些语文、数学，吃完早饭就去放牛放羊；星期天去传道。我是1950年受洗的，当时17岁。那时候，我就去马街教那些小孩唱赞美诗。等德国人回去之后，没有资金，我们就自养，想了很多办法。外国人走了，留下很多牛马，我们就去昆明把牛马赶到西山圣经学校，这样就能解决一部分资金。后来，没有办法就停掉了。1951年9月，我去天南中学读高中，先读了一年的预科班。1954年9月回来，在戛洒中心小学教书，后来调到新平县教育局。1955年下半年，调到玉溪地委党校、钢铁厂。1962年，玉溪地委党校要办大专，我们这种水平就不适应了，就回来新平漠沙小学，一直到退休。我以前是漠沙小学的校长。

（访谈对象：李志诚，男，武定籍傣族，1932年出生；访谈时间：2017年4月18日）

目前，李志诚的儿子李明宽是仙鹤教会堂委会主任，是教会实际负责人。李明宽有两个儿子，都不信基督教。大儿媳妇皈信了基督教，在新平县教会参加诗班服侍。陈述人李志诚的爷爷、父亲李茂昌、儿子李明宽、长孙媳妇传承五代的基督教家族史见证了云南金沙江流域、澜沧江流域和红河流域傣族基督教的发展和交流状况，更成为红河流域花腰傣基督教发展的主导力量。

（二）本地花腰傣基督徒的家族史

陈述人1：刀家兴，傣族，男，1946年出生，原仙鹤教堂负责人，漠沙镇仙鹤村人。

陈述人2：刀家林，傣族，男，1949年出生，原仙鹤教堂负责人，漠沙镇仙鹤村人。

刀家兴和刀家林两位陈述人是堂兄弟。他们的爷爷是曼勒村民，到丙冒村一户刀姓地主家做上门女婿，就跟着改姓刀。等有了一定积蓄，就在仙鹤村购买土地，从丙帽村搬到仙鹤村，全家皈信了基督教。两个儿子刀丕训和刀丕漠在教会学校——明城小学读书。后来，大儿子刀丕训成为了明城小学的教员。中华人民共和国成立之后，刀丕训和弟弟刀丕漠在历次政治运动中接连遭到不公平对待，改革开放后得到平反。宗教信仰政策落实过程中，刀丕训、刀丕漠、李志高和李梅芳（李志诚的妻子）一起召集老基督徒，恢复了教会活动。刀丕训因身体原因没有参与教会管理和讲道工作。刀丕漠成为恢复信仰后的第一任讲道人，负责讲道和牧养工作。后来，刀丕训的大儿子刀家兴接替叔叔刀丕漠成为教会负责人，并负责讲道。再后来，刀丕漠的儿子刀家林又接替刀家兴成为教会负责人，被按立为传道人。等到李志诚的儿子李明宽和刀丕训的小儿子刀家富等"文化人"退休后，进入基督教堂管委会，李明宽接替刀家林成为管委会主任，刀家富负责教会财务，刀家林继续参与讲道。刀家下一代有些迁到城镇工作生活，或者长年在外打工，多数都放弃了基督教信仰。

我们老祖公从曼勒到丙冒一个地主家上门，就跟着上门的这家姓刀。等有了一些钱就过来这边（漠沙）买地，带着一家人搬过来。我大爹（刀丕训）和我父亲（刀丕漠）就在这里跟外国牧师读书。那些外国牧师在这边建了学校，建医院。我父亲一边打工，一边学习。到三反五反时（1955年前后），他们就说我父亲通外，就把我父亲拉去劳改。1960年前后才释放回家。到1966年"文化大革命"，又被批斗。1982年，才平反。改革开放后，我父亲（刀丕漠）、我大爹（刀丕训）、李志高和李明宽的母亲（李梅芳）等几个人组织起来，恢复了教会。

开始没有教会，就在李志高家聚会，分享神的话语。1985年，政府给我们划拨了一个教堂。那个地方以前是糖厂下设的水泥厂的房屋，后来又交给种子公司，最后政府划给我们做教堂。第一个任教会主讲的就是我的父亲，是传道人。通过我父亲的牧养，人就慢慢多起来了，大概有一百二三十人。解放前在这里信过的那些老人都来参加。这些老人又去他们自己村子传教，年轻的也来参加，这样人就多起来。解放前，周围很多村寨就已经有基督徒了，都来仙鹤教会礼拜的。老信徒不在以后，就慢慢减少了。2010年，我父亲去世后，由刀家兴负责了三四年，信徒人数就慢慢落下去了。换届时，大家都不愿意做，就让我来做。我就成立了一个探访组，星期六晚上到寨子去探访。通过探访传教，（信徒）又增多起来，到160多人。现在有180多人。不过，人数是多了，信仰还是不纯。有些人这个星期来，下个星期不来。名义上有100多人，实际聚会的只有三四十人、五六十人，最多就是70多人。过圣餐、过节啊，人数就会多一点。从我做负责人时，到现在都是这样子。现在这个探访组都是年轻人。要到哪里去探访，他们不愿意去，集中不起来，慢慢就落下去了。如果探访组能去探访，有病啊，有什么事情啊，可以去慰问，能帮助就帮助一点，这样（信徒）就会多起来。

我是1949年出生，一直没有接触过基督教，是1982年信仰恢复以后，我爸爸带领着我们去聚会。他们（老年人）聚在一起礼拜，我们也跟着去。我1964年结婚。我老婆也是傣族，之前一家人都信主的。她的爸爸妈妈都信仰基督教。她父亲也是在明诚小学毕业，然后去昆明读的师范学院，又回来漠沙当老师。我们认识时，都在糖厂上班。我们结婚的时候，她的父亲就已经不在了。她是老大，还有两个弟弟。她没有嫁给我之前也是很累，当时是集体生产，挣工分，大人做什么，她也跟着做什么。那时候身体就不好，当时还年轻，撑得住。恢复信仰之后，我们也参加了教会活动。但是病太多，因为太劳累了。原来我们是做餐馆的，早起晚睡，把身体搞垮了。2007年前后，那些师娘婆就说有魔鬼整你了。起先（请师娘婆）做了三次，病还是不好。那个师娘婆跟她（老婆）说，"你的病不会好了，还是转回去跟你们的主耶稣吧"。从那以后，我们就跟定了。大概是她胃收缩了，吃不进饭，住院三年。2010年，回到家三天死了。现在，我的大儿子是党员，不能参加我们信仰。我的小儿子每天去戛洒打工，没有参加。我是去说给他们了，他们这样说，"我们没有时间去搞那种！"

（访谈对象：刀家林，男，傣族，1949年出生；访谈时间：2019年12月25日）

1951年，贝理泰牧师和贝理德师母离开时，是从教会的正门骑马走的。回国后，贝理泰好像是车祸去世了。1955年肃反，父亲被抓去昆明坐牢，1958年被释放。刚改革开放，贝理德师母就来看望我们。但是，这里还很不开放，我们就去昆明见她。去了四五次，我和我叔叔都去了。原来宾馆只有翠湖旁边几家。我们就去翠湖那里见她。她来过两次了，她是想见我父亲（刀丕训）。但是我父亲已经半身不遂，不方便行走。第二次又见不到，她就说，"那就去天堂见吧"。她年龄大，很难有机会再来中国了。1991年我父亲去世。

　　我叔叔刀丕漠负责教会时，我是仙鹤生产队的队长，主要精力在生产队里边，就不怎么参加聚会，但心里边也有福音。1995年，我叔叔生病了，由我来接替他的教会工作。2001年我被按立为执事。2008年当选县两会常委，每届五年，已经做了两届。去年（2018年）应该换届，但是到现在还没有进行换届选举。今年年底还叫我去参加常委会。2001年，我孙子出生（现在19岁了）。2003年，因为小孙子在新平上幼儿园，我要去照顾孙子，就由堂弟刀家林负责教会。2010年，刀家林被按立为传道员。2013年，李明宽当选教会管委会主任，每三年一届，现在已经两届期满。管委会是由教会选举产生，目前有7名成员。李明宽是组长，还有两三名副组长。探访组也主要由管委会来做，年前去探访一下老信徒。2015年，刀家兴被按立为传道员。我弟弟刀家富跟李明宽同一年退休。目前在教会负责财务。爷爷、父亲都信教，到自己，已经是三代人，两个儿子不信教，也不信别的，都在外面讨生活。

　　（访谈对象：刀家兴，男，傣族，1946年出生；访谈时间：2019年12月25日）

（三）漠沙仙鹤教会发展与傣族信徒家族史

漠沙基督教是在美国长老会和楚雄武定籍傣族传道人的宣教和牧养

下发展起来的。李鸿恩和李茂昌在漠沙定居下来,融入当地傣族社会生活,长期参与教会管理和牧养工作,成为第一代宗教领袖。李茂昌的儿子李志诚和当地傣族刀丕训、刀丕漠在漠沙教会学校接受知识教育和基督教培养,逐渐成长为知识精英和宗教领袖。在宗教政策恢复后,刀丕训、刀丕漠和李志诚的妻子李梅芳担当教会管理、讲道和妇女事工等重要工作,成为第二代宗教领袖。在教会的发展过程中,刀丕训的儿子刀家兴、刀家富、刀丕漠的儿子刀家林和李志诚的儿子李明宽或者担当教会的传道人,或者担任教会管理者,是第三代宗教领袖的中坚力量。刀家和李家的后代多数不信基督教或者已经外迁,不再参与仙鹤教会的信仰活动和管理工作。一位长期在漠沙镇经商的外地汉族被按立为传道人,担负起教会的讲道和牧养。教会也着力培养一位当地傣族青年成长为传道人。在仙鹤教会的第四代宗教领袖中没有了刀家和李家成员,家族传续断裂;出现了汉族和傣族宗教领袖并存,也体现了多民族基督徒联合礼拜的教会现实。

四 多民族交往交流交融进程中的基督教中国化

红河流域新平、元江地区居住着花腰傣、彝族、哈尼族和汉族等多个民族群体。哈尼族、彝族占据着山林,花腰傣栖息于河坝,汉族在城镇经营生活,形成了多民族立体式居住模式。各个民族探索出不同的生计方式和传承着特色鲜明的宗教文化,由此营造出彼此之间交往交流交融的格局。美国长老会在泰国一直致力于在傣泰民族中传教,并由泰国清迈向中国西双版纳、玉溪等地的傣族群体传教,开拓了一条跨越国界面向傣泰民族的基督教传播带。德国内地会在红河流域哈尼族、傣族等多个民族中宣教,其宣教策略并不拘泥于傣族事工,因此,与专注于傣泰民族事工的美国长老会表现出鲜明差异。中华人民共和国成立之后,红河流域傣族聚居区的基督教实行属地管理模式,消除了宗派分立的格局;跨越民族界限,实现了多民族基督徒共聚同一教堂,进行联合礼拜,走出了基督教中国化的坚实一步。宗教政策落实后,红河流域花腰傣民众中的基督教信仰恢复呈现出家庭代际传承的路径,既有信仰文化的熏陶和引导,也有文化资本的掌控和继承。近年来,在其基督教发展中,家庭代际传承的趋势逐渐消退,呈现出多民族基督徒共同参与管理教会事务的局面。在红河流域的花腰傣社会中,基督教中国化的历史进程成为国家民族政策正确性和宗教治理科学性的有力佐证。

伊斯兰教跨国宣教运动的本土化：泰国南部的塔布利吉·贾马阿达瓦宣教团与穆斯林社会*

Alexander Horstmann 著　杨少娣 译

一　引言

塔布利吉·贾马阿（The Tablighi Jamaat，下文简称"TJ"[①]）是1927年兴起于印度的伊斯兰跨国虔信派运动，它广泛扩展到有穆斯林居住的国家，成为世界上最成功的宣教运动之一。TJ的成员花三天以至一年的时间离开自己的家，以小组的形式（贾马阿，Jamaat）规劝穆斯林同胞转信自宗。TJ在像泰国那样的世俗国家得到了蓬勃发展，穆斯林在那里居于少数派地位。尽管对这个主题已经有了少数民族学研究，人们对于TJ人员与泰国南部或者说东南亚的普通村民们之间的互动交流，还是知之甚少。

本文重点探讨了一神教的伊斯兰与泰国文化的关系，并借此引申

---

*　本文摘自 Journal of Social Issues in Southeast Asia（《东南亚社会问题研究》），Vol. 22, No. 1 (2m7), pp. 107—130。
①　Tablighi Jamaat 常被研究者简称为"TJ"，为阅读方便，此译文亦使用简称"TJ"。——译者注

讨论了东南亚乡村社会对TJ的理念和价值观的吸收情况。特别关注了在原本传统的穆斯林社会中对伊斯兰仪式所作的交涉。通过聚焦于标准化的仪式而不是经文教育，TJ把普通穆斯林的首要关注点扭转向伊斯兰的虔信和宗教领域，而远离马来人的灵魂崇拜和祖先崇拜。本文对位于泰国南部东海岸泰国湾（The Gulf of Thailand）和德林达伊山脉（Tenasserim Mountain）之间、和平的、讲泰语的洛坤（Nakhon Sri Thammarat），和位于动乱中的北大年（Patani）、讲马来语的梅奥（Mayo）两个地区内，TJ造成的巨大影响进行了比较。这两地的穆斯林村庄都毗邻泰国的佛教村庄。泰国的穆斯林在洛坤只占人口的少数，而马来的穆斯林在梅奥占绝大多数。梅奥暴力事件频发，自2004年冲突升级以来有大量的泰国军队驻扎。由于TJ持非政治立场并对宗教虔诚的高度关注，泰国政府对其行动往往睁一只眼闭一只眼。

洛坤有个港口与印度、斯里兰卡、中国、柬埔寨和马来世界都有贸易往来，从印度教、大乘佛教，到伊斯兰教和南传上座部佛教，世界宗教多年来一直在此寻找信徒。穆斯林和南传上座部佛教至少从阿瑜陀耶王朝时期（The Ayutthaya Period）就在洛坤共存。

在当代东南亚，TJ经常主动拜访穆斯林社区，在每个省份都建立了马卡兹中心（Markaz），并逐渐在清真寺和当地穆斯林公众中产生影响。尽管位于伊斯兰世界的边缘，洛坤的塔沙拉（Tha Sala）已成为TJ的成功典范。2003年，一位来自南亚发祥地泰国哈吉（Haji）成功地协调了众多来自印度、巴基斯坦和斯里兰卡来访的贾马阿（Jamaat），在塔沙拉举行了一场盛大的集会，聚集了来自南亚和东南亚的近10万人。集会在Nod佛寺举行，那里宽阔的场地表明TJ是如何地受欢迎。集会不需要任何特别的基础设施，伊斯兰世界的任何地方都可以成为TJ的一块新飞地。

梅奥的公共领导人们同样喜欢TJ，每天穿着宣教团的服装，周五去位于也拉（Yala）的大马卡兹中心（Markaz）。

这两个地区展示了TJ自20世纪80年代以来短时间内产生的巨大影响力。作者在研究泰国南部伊斯兰教和伊斯兰教草根运动在仪式方面的融合和分裂时，有留在塔沙拉和梅奥的特权，那里早已成立了 TJ，也同时存在关于宗教权威的激烈争议。TJ 的思想体系似乎将村民们两极化了，他们要么热心致力于这项运动，要么反对它，有时甚至是激烈反对。这两地被选中的村民晋升至领导层；一位来自塔沙拉的当地知识分子成为毛拉（Maulana），他的时间都花在当地的马卡兹中心和也拉的大马卡兹中心，也会前往中国和柬埔寨、印度、孟加拉国、巴基斯坦、法国和美国游访（Travel）。这名男子是在巴基斯坦接受的 TJ 教育，能够跨越印度穆斯林和泰国穆斯林之间语言和文化上的鸿沟。世界各地的 TJ 成员普遍使用的语言是乌尔都语，而不是阿拉伯语。

在塔沙拉和梅奥，我的两位受访者都是当地备受尊敬的男性穆斯林，一位讲泰语，另一位讲马来语。我在塔沙拉的受访对象是 TJ 的成员，他认为自己是出于宗教的缘故而帮助我。第二位受访者是一位非常有魅力的马来人领袖，他曾经和 TJ 一起游访，但在对此运动感到失望后就停止了。通常会有很多人和 TJ 一起游访，尽管一些保守派宗教领袖非常抵制他们的邀请，其中还有部分人持强烈反对态度。

通过把话语、修行和身份认同与新兴的跨国主义联系起来，TJ 成功地超越了现实伊斯兰世界无数的时空层面，并对宗教的本质进行了重新定义。尽管热衷于怀念原始而正统的乌玛（Umat），TJ 又矛盾地代表了现代性和理性的力量。能够成功动员数以千计的当地穆斯林，表明 TJ 是当地穆斯林领导的一个有力替代。TJ 成员的高度流动使任何人都有可能穿着宣教团的典型外衣，来表明自己的虔诚。每周五身着白色外衣、戴伊斯兰头巾、留着长须的人比比皆是，他们步行或搭乘皮卡车前往最近的马卡兹中心。成员资格给他们提供了一个进入庞大的全球网络的机会。

然而 TJ 的成员因为丢下他们的母亲、孩子，以及逃避现实的态度而遭到不满。传统的伊玛目们（Imams）也认为宣教团成员既不了解传统知识，又不重视他们的祖先。

在这一点上,最近关于 TJ 的政治性质的讨论很有启发[1][2]。虽然 TJ 不允许参与政治,因为他们的领导人意识到这可能会危及宣教运动的扩张,但它对村民日常生活的影响不得不说是深远的。有趣的是,TJ 的意识形态大致与泰国南部文化中的根本思想,即累积功德(merit)的观念大体一致。[3]泰国的穆斯林和佛教徒都认为,人应该积累尽可能多的功德以确保在天堂有个位置,而做到这点的最佳机会是促成宗教仪式。TJ 还为成员的宣教之旅、祷告和大声朗诵宣教团学者的文章等行动分配分数。一个人积累的分数越多,就越能酬补过去的罪恶。这个运动也不重视今生,而是把全部精力集中在为永生做准备上。

TJ 在反对传统的价值观和思想观念,以及试图破除诸如传统疗愈、精神信仰和印度教——佛教传承方面,是原教旨主义者。宣教团的马卡兹中心集清真寺、学校和市场于一体,是伊斯兰教宣教(Tabligh)活动的中心。领袖每周五召集当地的穆斯林到马卡兹中心参加共同祷告,并预定下一个传教之旅。一旦接受了达瓦(Dawa),村民们就把他们所有的时间、金钱,甚至生命都奉献给 TJ 所理解的"伊斯兰教"。

达瓦的支持者们在传统社会和现代社会之间寻求对比并遇到了问题,原因有二:首先,传统社会的许多元素仍继续存在,TJ 定义的那种向伊斯兰社会的转变无法完全实现。其次,达瓦运动并不是存在于宗教真空之中,改良主义思想在穆斯林社区形成时就存在了。事实上,苏菲兄弟会也曾实现过伊斯兰教的扩张和改革派思想的转移。但与苏菲派的理念和实践相比,TJ 相当务实。由于 TJ 定位于正统,它的苏菲倾向被指向于与它的自我完善(islah)特质明显一致的部分。为了获得潜在追随者的接受,TJ 也吸收了许多苏菲派的祷告和神秘主义技巧。从这个角度来看,当地人与伊斯兰教中心的联系的确有长期的持续性。

---

[1] Gaborieau, Marc, "Transnational Islamic Movements: Tablighi Jama'at in Politics?", *ISIM Newsletter* 3 (1999): 21.
[2] Sikand, Yoginder, "The Tablighi Jama'at and Politics". *ISIM Newsletter* 13, (2003): 42-43.
[3] Tambiah, S.J., *Buddhism and the Spirit Cults in North-Fast Thailand*, Cambridge: Cambridge University Press, 1970, p. 141.

然而，TJ确实挑战了伊斯兰的教育基础和组织模式，并寻求推翻等级制度。

二 塔沙拉的穆斯林社区

塔沙拉静静地躺在泰国湾，从各方面看都是处于伊斯兰世界的边缘。泰国南部沿东岸延伸的沿海地区曾经是一个文明的中心，这个文明涵盖了东南亚大陆和半岛的大部分地区，曾受到孟—高棉语族和爪哇人的影响。考古发现表明，该地区有非常早期的婆罗门定居点。

随着时间的推移，马来半岛受到了佛教王国暹罗的霸权统治，以及转运口岸马六甲的影响。通过纳格什班迪耶教团（Naqshbandiya）苏菲派传教士的艰苦努力，由马六甲把伊斯兰教带到了整个半岛。室利佛逝（Srivijaya）衰落后，南传上座部佛教和伊斯兰教取代了大乘佛教，这些内陆地区伟大传统的基础是由传教士和商人（为伊斯兰教）、朝圣者和森林僧侣（为佛教）奠定的。在平原上，不断扩展的层级机构有助于提供必要的基础设施，特别是在该地区建立稳定和占主导地位的社会政治制度。宗教通过对历法的组织和贯穿生命周期的仪式，为管理组织人口提供了理想的工具。正如历史学家石井（Ishii）所指出的那样，泰国政府付出了巨大努力，用一套与泰国权力中心有联系的规范化的寺院体系来取代原来的僧侣体系，即使这个权力中心已经从大城府（Ayutthaya）转向了吞武里（Thonburi）[①]。

穆斯林的社区记录了来自印度移民的漫长历史，以及来自印度的伊斯兰思想的传播对泰国南部早期的伊斯兰化至关重要。许多传教士可能依附于德奥班德（Deoband），与当地妇女结婚，并成为讲泰语的马来——印度社区的一分子。[②] 东南亚一直是印度商人和传教士的聚集地，

[①] Ishii, Yoneo, *Sangha, State and Society: Thai Buddhism in History Translated by Peter Hawkes*, Honolulu: University of Hawaii Press, 1986.

[②] Metcalf, Barbara Daly, *Islamic Revival in British India: Deoband, 1860-1900*, Princeton: Princeton University Press, 1982.

印度教、佛教和伊斯兰教思想都是通过来自印度的知识分子、民众和书籍传播的。

当今泰国南部的穆斯林人口仍然很多，佛教徒和穆斯林生活在彼此分离但又相邻的村庄。

洛坤和泰国南部的其他地区一样，佛教徒和穆斯林有着共同的民间文化。虽然坚信自己的宗教，宋卡湖（The Songkhla Lake）区域的人们[包括宋卡、洛坤和博达仑府（Patthalung）]也承认他们是在祖先的威势之下共同宇宙秩序的一部分。仪式中会邀请祖先的灵魂来更新佛教徒和穆斯林家庭之间，以及生者和死者之间的关系。村民们认为丈夫和妻子要住在同一座房子里，应该有相同的宗教信仰。正是这种宇宙观使不同宗教间的婚姻和两个方向的皈依在洛坤成为可能。相比之下，梅奥的马来村民要求未来女婿必须皈依伊斯兰教才能结婚。因此，在梅奥改信伊斯兰教的压力要比在塔沙拉大得多。在梅奥，由 TJ 推动的伊斯兰化通常不鼓励穆斯林村民参加被认为是违背教义的传统仪式。有人拥护 TJ，也有人抵制它。然而宗教话语已经发生了变化，尊重祖先的旧有方式已经被推翻在地。

由于宗教信仰的不同，佛教徒和穆斯林村民尽管仍在某些方面存在团结，却生活在越来越不同的世界。南部的穆斯林发现自己在经济上被边缘化了，他们中的大多数以橡胶、园艺、渔业和贸易为生。由于失去土地的现象在穆斯林青年中越来越普遍，而捕鱼又不能为家庭带来足够的收入，于是越来越多的人移居到种植园和城市。比如在梅奥，他们就搬到邻近的马来西亚，把孩子留给祖父母照料。因此，似乎伊斯兰文化资本的交换对 TJ 的信徒来说就显得至关重要，当他们完全献身于自己的宗教使命后，实际上就停止了工作。他们的资金来源是捐款，作为全球事业的一部分，获得曼谷中心庞大层级机构的支持。

这场生机勃勃的运动通常被称为"达瓦"（Dawa）或"达瓦宣教团"（a Dawa Tabligh），在泰国常被视为一种地方现象。然而深层地看，它是一场动态的、高度全球化的社会运动，延伸到了穆斯林生活的每个国家。①②

尽管伊斯兰学校和清真寺处于泰国政府的监督之下，但达瓦宣教运动仍享有相对的自治和自由。③④⑤ 马来西亚的伊斯兰化是由校园的学生组织推动的。泰国的达瓦宣教运动，除了农村地区，也在小城镇和曼谷等大城市传播开来，有效地跨越了规模、阶级、种族、身份、语言的界限。权威观念被质疑，年长的伊玛目被年轻的更具进取性的领导者取代，后者成为了权威人物。

有趣的是，祷告和与真主交流的连接交流的表现在清真寺内外并不相同（Parkin and Headley, 2000）。⑥ 在泰国南部和东南亚的其他地区（Horvatich, 1997），达瓦复兴主义群体对当地的伊斯兰体系施加压力，将本土的传统和价值观与苏菲主义神秘的世界观结合在一起。TJ 通过成立贾马阿（Jamaat）挨家挨户布道，并在当地的清真寺里组织永久讲道团体，成功地在清真寺内外间架起了桥梁。

雷茨（Reetz）指出，尽管借鉴了北印度德奥班德（Darul-ulum Deoband）衍生的纯粹的东南亚伊斯兰传统，TJ 在重复的、精心控制的仪式和集会中也纳入了受苏菲主义启发的仪式⑦。TJ 的成功可以归因为很多原创的巧妙策略。首先，该运动在南亚有一个稳固的中心，创

---

① Masud, M.K., *Travellers in Faith: Studies of the Tablighi Jama'at as a Transnational Islamic Movement for Faith Renewal*, Leiden, Boston: Brill, 2000.
② Reetz, Dietrich, "Sufi Spirituality Fires Reformist Zeal: The Tablighi Jamaat in Today's India and Pakistan," Paper Presented to the Workshop "Modern Adaptations of Sufi-Islam" at Zentrum Moderner Orient, Berlin, 4-5 April, 2003.
③ Shamsul, A.B., "Inventing Certainties: The Dawa Petsona in Malaysia," in *The Pursuit of Certainty: Religious and Cultural Formulations*, edited by Wendy James, London: Routledge, 1995, pp. 112-133.
④ Horstmann, Alexander, *Class, Culture and Space: The Construction and Shaping of Communal Space in Southern Thailand*, Bielefeld: Transcript, 2002.
⑤ Shamsul, A.B., "Inventing Certainties: The Dawa Petsona in Malaysia," in *The Pursuit of Certainty: Religious and Cultural Formulations,* edited by Wendy James, London, Routledge, 1995, pp. 112-133.
⑥ Parkin, David and Stephen c. Headley, eds., *Islamic Prayer across the Indian Ocean: Inside and Outside the Mosque*, Richmond, Surrey: Curzon, 2000.
⑦ Reetz, Dietrich, "Sufi Spirituality Fires Reformist Zeal: The Tablighi Jamaat in Today's India and Pakistan," Paper Presented to the Workshop "Modern Adaptations of Sufi-Islam" at Zentrum Moderner Orient, Berlin, 4-5 April, 2003.

始人的家族在那里牢牢控制着该运动在全球的运作。尽管瓦哈比派（Wahhabi）学者高度关注经文的权威性和学术思想的正统性，从而把自己限制在瓦哈比资助的清真寺和图书馆里研究学问，TJ 以一种创新的、令人信服的方式把道统与神秘主义相结合，运用独创的战略通过广大的马卡兹中心和宣教之旅结成的网，牢牢占领清真寺，并在其中实现提升存在感与宽松控制的结合。由于大部分资金来自稳定的捐赠，TJ 可以持续展现其宗教虔诚，并将宗教和世俗生活严格分离。事实上，其成员的苦行僧生活方式与森林僧侣的佛教传统并没有太大的差别，尽管 TJ 并没有把自己限制在森林里传教。与佛教的哲学类似，TJ 认为妻子可以通过容忍丈夫长期外出传教而积累大量的功德。

三 泰国伊斯兰话语中的达瓦

雷蒙德·斯库宾（Raymond Scupin）在他关于曼谷穆斯林社会的改革主义和复兴主义倾向的著作中认为，达瓦宣教运动代表了泰国社会中伊斯兰教发展的多重倾向。[①] 其主线是对早期的改革主义或伊斯拉（islah，自我提升）倾向的延续。除了《古兰经》中"达瓦"的基本含义（对祷告或布道的召唤）外，"达瓦"在泰国改革派伊斯兰话语中也意指"内化"的过程。在这种改良主义者的观念中，达瓦的目标是减少如今影响现代泰国社会穆斯林生活的物质主义和世俗化进程，而不是向外去改变他人。

斯库宾（Scupin）指出，在泰国南部达瓦运动也已成为争取宗教自治斗争的一种手段。泰国政府担心伊斯兰基层运动复苏，积极寻求被认为忠于泰国政府的乌莱玛（ulama）的支持。这导致官方达瓦运动和非官方达瓦运动并行发展，两者都受到泰国当局的密切监测。

TJ 通过他们的行动改变了"达瓦"的真正意义。虽然这个词在阿

---

① Scupin, Raymond, "Muslim Accommodation in Thai Society", *Journal of Islamic Studies* 9, No. 2 (1998): 229-258.

拉伯语中仅限于动词"召唤",但其引申的意思可译为"祷告的邀请"。后来,达瓦在伊斯兰激进主义的框架内被重新定义。与宣教(tabigh)和伊斯拉(islah)概念一起,TJ 的创始人穆罕默德·伊利亚斯在使用"达瓦"时赋予了明确的传教意义。现在达瓦派的教导还包括辩论和辩论技巧,这使 TJ 非常受欢迎,并抵消了印度教和基督教的传教工作。

TJ 是最近才来到了泰国南部的。印度裔商人尤素福·汗(Yusuf Khan)在将 TJ 引入曼谷—敏布里(Bangkok-Minburi)的过程中做出了重要贡献,而阿巴斯(Khru Abbas)则在 20 年前将达瓦引入了洛坤。从那时起,TJ 成功地在泰国的每一个省府都获得了追随并建立了中心。2004 年 11 月,为庆祝开斋节,在曼谷附近的郎岗(Rangsit),新佛教派系泰摩契(Thammakei)派的场地,马卡兹中心举行了一场集会,来自整个伊斯兰世界的近百万人参加了这场集会。

四 泰国南部的伊斯兰化

伊斯兰教在泰国中南部如董里府(Trang)、攀牙府(Phang Nga)、普吉府(Phuket)、博达仑府(Phattalung)、宋卡府(Songkhla)和洛坤的历史鲜为人知。我们都知道,洛坤的穆斯林处于地峡边境地区马来——伊斯兰文化的边缘,马来海员是宋卡古城萨丁弗拉区(Satingphra)最早的定居者之一。传说这些祖先是船只失事的海员,他们无法回到南边的家乡吉兰丹(Kelantan)和登嘉楼(Terengganu)。也有传说与当地的女王们有关,她们嫁给外国武士,但仍保留着权力,遗产由母系家族继承。尽管少数讲马来语的穆斯林社区幸存下来,但洛坤的穆斯林却使用泰语。然而,许多家长把孩子送到讲马来语的北大年的伊斯兰学校。对清真寺的管理牢牢纳入朱拉拉差莫日(Chularajamontri)领导的伊斯兰事务委员会议程。伊斯兰的正规教育是由私立伊斯兰学校提供的,其中有所著名的伊斯兰学校,是由前外交部长素林·比素万(Surin Pitsuwan)的母亲开办的。虽然素林的学校致力于用阿拉伯语进行古典教学,但其他学校的教职工都是来自南亚和埃及的回国人员,他们中的许多人是宣教团的衷心支持者和传教士。

反过来，梅奥的伊斯兰教 13 世纪就树立了良好地位，并自此再未与伊斯兰世界分离。传统的伊斯兰学校庞多克（Pondok）过去用当地语言和阿拉伯文字（kitab Jawi）教授伊斯兰文学。北大年出现了一些当时东南亚最知名的乌莱玛。如今北大年庞多克学校的地位进一步推动了伊斯兰教育的转型。在海湾国家（the Gulf States）的赞助下，北大年、也拉和陶公府已然成为宣教运动的一个巨大市场。在这种背景下，TJ 是迄今为止最有影响力的填补权力真空的运动，它从传统结构的崩溃中崛起，并支持非暴力圣战（吉哈德，jihad）。到目前为止，TJ 的行动仅限于穆斯林，从未涉足佛教村庄。虽然在 TJ 看来皈依伊斯兰教能产生巨大的好处，但政治原因阻碍了 TJ 向非穆斯林布道。TJ 极不可能与针对平民或泰国政府的暴力袭击有任何关系，因为这与他们的通常做法完全矛盾。

TJ 还建立了元级别的伊斯兰话语，有可能将来自不同地区的穆斯林团结起来。该运动组织了一个庞大的资助网络，对该地区的亲情和友谊的人文理解提出了挑战。梅奥的马来族穆斯林往往瞧不起讲泰语的穆斯林，认为他们不参与争取自治和自我决定的斗争，是被泰国的宇宙观污染了的暹罗人。

五　TJ 的现代技能

TJ 到达马来半岛的时间相对较晚，大约在 1952—1962 年间。[1] 作为融合了城市和农村元素的改革运动，它积极在泰国南部参与创建跨国社区、激发自我意识并塑造语言，是一个在 150 个国家运作的网络。

马苏德（Masud）[2] 指出，该运动的核心目标是恢复宗教传统，他

---

[1] Caborieau, Marc, "Transnational Islamic Movements: Tablighi Jama'at in Politics?", *ISIM Newsletter* 3 (1999): 21.

[2] Masud, M.K., *Travellers in Faith: Studies of the Tablighi Fama'at as a Transnational Islamic Movement for Faith Renewal*, Leiden, Boston: Brill, 2000.

们的团队从一个地方到另一个地方,"没有漏掉一所房子"。强调生活方式、祷告,以及把世俗追求转变为宗教关注。成员们服从贾马阿临时领导人阿米尔(ameer)的权威。阿米尔要么从贾马阿的成员中选出,要么从地方分会的高级成员中选出。TJ 谴责崇拜伊斯兰对圣徒和圣地的崇拜为盲目的偶像崇拜,而使用苏菲派的虔信和灵性技能来控制新成员的心理和行为。①

如加博里欧(Gaborieau)②指出的,想要留下或甚至获得提升的成员必须能证明他们的奉献,并表现出愿意为整个运动花费自己的时间和金钱。最重要的是,他们必须证明自己有能力按照先知及其追随者所希望的,过着简朴无华的生活。在这个过程中,他们改变了自己的穿着,甚至在公共场合的肢体语言。

这场运动的推动力在于其目标在于自我完善,并激励那些懈怠穆斯林的游访小组(travelling groups)。这些人住在当地的德奥班德清真寺(Deoband mosques),然后把那里作为行动的基地,尤其是把志愿者输送到新团体的行动。此外,当地的、全国的和全球的会众(ijtima)是 TJ 运动内部的组织特征,正如雷茨(Reetz)③指出的那样,全国性的大规模集会成为了仅次于麦加朝圣(hajj)的第二大集会。

因此,志愿者和游访团体产生的动能把南部各省的穆斯林社区之间,甚至也与国外的穆斯林社区联系了起来。一个被苏菲派称为"奇拉"(chilla)的旅行,在一年中持续 40 天至 6 个月,延伸到了国内的其他省份或到达了南亚。如今,几乎所有的泰国穆斯林社区每周都要接待一个为期三天的贾马阿。他们可能来自附近的省份,也可能来自遥远

---

① Reetz, Dietrich, "Sufi Spirituality Fires Reformist Zeal: The Tablighi Jamaat in Today's India and Pakistan," Paper Presented to the Workshop "Modern Adaptations of Sufi-Islam" at Zentrum Moderner Orient, Berlin, 4-5 April, 2003.
② Gaborieau, Marc, "Transnational Islamic Movements: Tablighi Jama'at in Politics?", *ISIM Newsletter* 3 (1999): 21.
③ Reetz, Dietrich, "Sufi Spirituality Fires Reformist Zeal: The Tablighi Jamaat in Today's India and Pakistan," Paper Presented to the Workshop "Modern Adaptations of Sufi-Islam" at Zentrum Moderner Orient, Berlin, 4-5 April, 2003.

的印度、巴基斯坦和斯里兰卡。

六　TJ 游访世界

近年来，随着当地穆斯林越来越多地参与到全球的联系和交流网中，泰国南部穆斯林的思维和生活方式发生了巨大变化。想象一下，在一个乌托邦式的平等主义穆斯林乌玛中，一个穆斯林社区将他们所有人都包围起来。20 世纪 90 年代，宗教的权威移交到了当地人手中，这些人在南亚接受多年启蒙后成为 TJ 领袖。

游访中的生活与世界非常广阔。伊斯兰世界对政治发展的意识非常高，来自远方的穆斯林参加群众会议，加强了边缘地区穆斯林的参与度。每个成员承诺每年都参加泰国各省或国外的游访团，这取决于志愿者的财力。这大大增加了花了相当长时间在国外的当地穆斯林的曝光度，他们就有机会获得新的资源接近新的中心。

对一些村民来说，TJ 开启了真正的宗教生涯。财富或者受到的伊斯兰教育程度都不是成为阿米尔（ameer）的必要条件。一些选择以此作为宗教生涯的人进入中心，获得成为哈菲兹（hafiz）、毛拉（maulana）和穆夫（mufti）的资格。这些阿米尔在贾马阿中心担任职务，协调地方级的活动，接待国外的贾马阿中心，联络地方、国家和国际分会，甚至可能在很年轻的时候就在当地清真寺领祷。指定的阿林（alim）与当地伊玛目（Imam）有时互补，有时竞争。无论如何，现在当地的伊玛目只能与 TJ 共享权力。

七　泰国南部穆斯林仪式的转变

伯尔（Burr）[①] 认为，萨辛帕拉村（Sathing Phra）讲泰语的穆斯林

[①]　Burr, Angela, "Buddhism, Islam and Spirit Beliefs and Practices and their Social Correlates in Two Southern Thai Coastal Villages", Ph.D. dissertation, School of Oriental and African Studies, London, 1974.

深受祖先崇拜的影响。北大年负责疗愈和巫术的巫师（Bomoh）和灵性医生（khru mor 或 mor phi）同时存在，他们可以是佛教徒也可以是穆斯林。正如弗雷泽（Fraser）在他有关鲁森比兰（Rusembilan，位于北大年）的民族志中描述，伟大传统的教义，与早期的印度教形式，以及当地的精神信仰和实践共存。儿童在很小的时候就置身于伊斯兰教的规矩中，每天早上和下午接受《古兰经》的教育。泰国 Satingphra 的穆斯林践行祖先崇拜，他们会在农历五月第五天或第六天去墓地祭拜祖先。他们会带着煮鸡或蒸淡水鱼与甜食，和亡人一起食用。

另外，TJ 的领导人则希望在 24 小时内埋葬死者。任何熟悉马来宇宙观的人都很清楚，让亲人们对死去的人置之不理是多么痛苦，他们有多恐惧游荡的灵魂可能给自己的生活造成的伤害。后代们需要待在死去的亲人旁边，并在墓地附近建造小茅屋，在那里住上 7 晚。死亡仪式的转化有力地说明了 TJ 引入的新话语。来自泰国的穆斯林曾在爪哇—马来人的散居地多年学习经文，这必然带来知识的转变。伊斯兰寄宿学校的教师，凭借在巴基斯坦或埃及的伊斯兰学习中心多年的学习而拥有相当大的权威。这些教师通常出身低微，但父母选择让他们学习伊斯兰教，而不是从事小农经济。他们不同于早期留在麦加跟随著名谢赫（Sheikhs）学习的马来朝圣者。这些朝圣者在生命周期的仪式中被奉为领袖。①

在 20 世纪 90 年代，宗教专家既不回归自己的社区，也不参加宗教仪式，只是在学校里担任改革者的工作。他们往往瞧不起传统的民间知识，认为这是过去杂糅的残余。需要进一步研究的关键问题之一，是"普通"穆斯林对改革派思想和制度的看法。②一些村民觉得被"外来人"疏离了，这些外来人敦促他们摆脱自己旧有的生活方式。然而，随

---

① Fraser, Thomas M., *Rusembilan: A Malay Fishing Village in Southern Thailand,* Ithaca: Cornell University Press, 1960.
② Peletz, Michael, "Ordinary Muslims and Muslim Resurgents in Contemporary Malaysia: Notes on an Ambivalent Relationship", in *Islam in an Era of Nation-State: Politics and Religious Renewal in Muslim Southeast Asia,* edited by Robert W. Hefner and Patricia Horvatich, Honolulu: University of Hawai'i Press, 1997, pp. 231-273.

着达瓦运动的发展，这种趋势愈演愈烈，尽管宣教团的存在已经导致了与世俗穆斯林的激烈争论。这些穆斯林称达瓦支持者是狂热的毛拉，这些毛拉把时间都花在宗教活动上，忽略他们的家庭并放弃了现实世界。

尽管有人担心对符咒、农耕仪式、狩猎和疗愈的信仰，正在逐步嵌入伊斯兰的框架中，[1]比如迦约人（Gayo）的情况，伊斯兰的现代主义思想还远不能取代本土仪式。然而，在迦约社会中的确存在关于宗教修行和差异的激烈争议。在泰国南部也有类似的辩论。对旧方式的彻底背离确实强烈地影响着日常生活，虽然达瓦并不是宗教生活唯一的影响因素，但对穆斯林有着决定性的影响。

在泰国南部，最近才出现了以宗教信仰为界对社区进行严格分离的情况。正如一位村民所说，三十年前，人们根本无法区分佛教徒和穆斯林，因为每个人看起来都一样。但是现在，随着宗教意识的增强，穆斯林更加注重他们的宗教服装。男人们为了进行祷告和举行宗教仪式，把纱笼和头巾收了起来，取而代之的是留起了胡子、穿上了白色长袖。这明确标记了全球伊斯兰消费社会的出现。另外，妇女加入贾马阿后，用阿拉伯深色的布料遮住全部身体，只露出眼睛，这是塔沙拉最近出现的现象。在某种程度上，这种新式服装是泰国、马来西亚和阿拉伯文化元素的融合，而达瓦宣教运动则将其变成表达自己是虔诚的穆斯林群体的一个方面。对于女性来说，她们的公共空间被 TJ 限制的同时也得到了扩展，限制在于她们被束缚在琐碎的家务和生儿育女中，扩展则在于提供给了她们表达和在世界范围内交流的机会。

八 继续宣教之旅

尽管起点不高，泰国已经成为 TJ 的成功典范之一。现在领导权掌握在当地人手中，他们向在印度、巴基斯坦和孟加拉国的穆斯林教长报

---

[1] Bowen, John R., *Muslims Through Discourse: Religion and Ritual in Gayo Society*, Princeton, New Jersey: Princeton University Press, 1993.

告。塔沙拉的一位伊玛目哈吉·瓦哈卜（Haji Wahab）说，一名来自也拉的 TJ 成员大约在二三十年前访问过这个村庄，在穆斯林中布道。这名来访者说他来自也拉，他的游访出于宗教使命，并邀请村民们进行祷告。他告诉聚集在一起的村民，只做名义上的穆斯林是不够的，还必须效仿先知穆罕默德，传播伊斯兰教。这位年轻的伊玛目对这位来访者印象深刻，他自带食物和餐具，并鼓励村民们以他为榜样，开始游访。如今 80 岁出头的哈吉·瓦哈卜正准备去孟加拉国游历，他终于攒够了所需的钱。

这位伊玛目是名疗愈师和占星师，他说在 TJ 到来之前，伊斯兰教被局限在旧有的方式之内，而达瓦运动引入了活生生的伊斯兰教、准则和秩序。然而在口头上支持 TJ 的意识形态同时，他远没有放弃旧的传统。作为一位年轻的伊玛目和黑魔法师（Nakleng），他以其对黑巫术的运用而闻名。他给我讲了一个事例，说有个恶灵占据了一所房子，说自己曾是一位失去了幼子的女人。这个灵体伤害了村民，伊玛目瓦哈卜应人们的请求处理了这个灵体，并把房子解救了出来。

这位伊玛目，宣布忠于达瓦的准则同时，又以这种方式来继承旧传统，而且似乎没有为这种矛盾而痛苦。这种张力在塔沙拉举行的传统葬礼的例子中也很明显。正统宗教不鼓励家人花时间与死者在一起，但葬礼同时是按照古老的方式进行的。在墓地旁修建一个小房子（sala）为伊玛目、他的助手和亡者的近亲提供遮蔽，他们诵读七天七夜的《古兰经》，也睡在里面。请亲近的家庭成员、亲属和当地权威人士为葬礼唱圣歌。当天晚上，一位受尊敬的领袖也是 TJ 的坚定支持者公开表明，他们没有必要再回到墓地。对重要仪式的坚持表明，TJ 的意识形态远没有完全取代村民的宇宙观。

在塔沙拉，由当地穆斯林组成的 TJ 已经有效地控制了清真寺，他们中的许多人都有去中心和巴基斯坦的经历。清真寺的日历上列出了贾马阿的来来去去。TJ 的成员已经取代了一位拒绝他们新方式的当地伊玛目，引领祷告，并在所有场合接管了在当地清真寺对祷告者的号召。至少有一名成员留在清真寺，负责安全，确保那里有干净的水供应。

地方清真寺中正在发生严重的斗争，那里的社区逐渐被传统的瓦哈比派和 TJ 分裂开来。这可以从当地一位伊玛目的例子中看出，他在北大年一个传统的庞多克学校接受教育，他的弟弟成为了一名毛拉，是南亚的团体领导人的助手。当地的伊玛目对来自 TJ 不断增长的压力感到非常挫败，他在自己的房子后面建立起自己的小清真寺，觉得只有在那里才能继续教书。

我曾经跟随一个贾马阿，参加其从塔沙拉到附近一个村庄的培训。显然无论这种访问在哪儿举行，它的组织方式都没有多大差别。[①] 在这个特殊的村庄里，贯穿其中的主要运河已经不能为村庄提供补给了，所以人们开始去外边寻找工作。我们团队中年轻的阿米尔说，这些穆斯林很可怜，因为他们忽视了他们的清真寺。当贾马阿到达村庄时，村民们正为他们的孩子们准备一场泰拳比赛。他们就这样怀着复杂的感情观察着宣教团。

当地的伊玛目参加 TJ 的第一次会议，并对村子里伊斯兰教的现状进行论述。在第一次聚会后，贾马阿的领袖任命 10—12 位成员参加当地社区第一次巡游（gasht）之旅。阿米尔已经通过仪式提前确认，他们是来向人们传播先知（Nabi）的讯息。他们由事先已被告知的当地伊玛目引领，毫无错漏挨家挨户敲门，请村民参与辩论并邀请他们参加下一个祷告会。

TJ 的来访者们与村民没有任何亲友关系，村民们并不知道贾马阿已经是一场世界性运动中的小单元。一些村民来到清真寺，听一场鼓舞人心的演讲，背诵宗教准则，摘录《古兰经》和《圣训》。接下来的宗教教育来自一本书，这本书是 TJ 的创始人之一毛拉·穆罕默德·扎卡里亚（Maulana Mohammad Zakari,1898—1982）的著作《善行的美德》（*The virtues of good deeds*），这本书已经成为该运动标准的教育参

[①] Reetz, "Keeping Busy on the Path of Allah: The Self-Organization (Intizam) of the Tablighi Jamaat," Institute per l'Oriente CA. Nallino: Roma, 2004.

考书。①

第一次接触后的第二天，贾马阿成员和村民之间便开始艰难地交涉。TJ 成员希望村民参与宗教辩论，指出他们对伊斯兰教的理解的不足。一些村民对这些来访者想要改变他们的生活感到愤怒，声称他们很自豪能让自己的儿子参加拳击比赛，而这被 TJ 认为是一种大罪。

希望加入贾马阿的村民的姓名和当地关系都记录在一份专门的登记册上保存在清真寺。根据贾马阿的创始人穆罕默德·伊利亚斯（Mohammad Ilyas）的描述，贾马阿的主要目标是对新志愿者准则、谦逊和虔诚的教诲。② 任何人只要他们表现出良好的道德品质和对关键经文的充分了解，都可以成为贾马阿的一名阿米尔，但他们必须严格服从阿米尔的命令，而且绝不能对教育内容提出批判和质疑。

村子里的 TJ 成员献身于这项运动，他们参与到"地方清真寺贾马阿"（masjidwar jamaat）的运作中。清真寺被当成运作和活动的基本单位，因此被整合到一个密集的马卡兹中心和清真寺网络中，形成了泰国全国清真寺协会的一个替代。

定期参加全部五个祷告会的人有个特殊的工作，即建立一个清真寺委员会舒拉（shura），每天碰面，至少花费两个小时会见穆斯林同胞，通过宣读扎卡利亚的文卷主持教育部分，并每周在固定的一天在毗邻的清真寺区域内进行两轮宣讲。

TJ 的存在对村民的仪式，尤其对当地清真寺和仪式的功能进行产生了巨大的压力。比如一位在北大年的传统清真寺接受教育的当地伊玛目，对新的意识形态和权威的丧失感到非常挫败，于是在自己房子后面建造了一座替代的清真寺，在那里他还可以保留一些控制权。

---

① Zakaria, M. Faza'il-i A mal [Urdu: The Virtues of Good Deeds]. New Delhi: Idara Isha'at-iDiniyat, 1994.
② Nadwi, S. Abul Hasan Ali, *Life and Mission of Maulana Mohammad Ilyas*, 2nd edition, Lucknow: Academy of Research and Publications, 1983.

九 对泰国南部全球化的反思

达瓦宣讲团人员和思想的跨国流动对泰国伊斯兰的全球化做出了不小的贡献。对于住在洛坤讲泰语的马来裔穆斯林来说，最重要的连接是通往印度、巴基斯坦和孟加拉国之路。①

非阿拉伯的南亚在世界新秩序中具有中心地位。TJ 通过组织当地属于贾马阿的穆斯林，在或大或小的奇拉（chilla）中有时花费数月的时间游访各省府或海外，对改变穆斯林的践行方式做出了很大贡献。在过去，是来自波斯、阿拉伯和印度的苏菲主义传教士发挥作用转变了马来半岛人们的信仰。②

随着时间的推移，TJ 的领导权被在巴基斯坦 TJ 的马卡兹中心学习过的当地人夺取，他们说乌尔都（urdu）语，继续为他们的南亚资助人工作，自己也成为持续的宗教全球化的重要中介。该运动目前处于高度活跃状态，在全国各地和国外进行持续稳定的人员交流，持续塑造着南亚、东南亚和世界之间的跨国社会空间。很多想要打破传统的人被深深吸引了。他们献身于游访文化，并因对自我的赋权和自我神圣化而日益热衷。③

跨界的移民正在开启另一种构想中的图景和道德地图，纵横交错，超越国界。迁移到南亚的中心是一种精神朝圣，创造了多重跨国资产：在达瓦宣教之旅中的朝圣者扎根于塔沙拉或者梅奥，是泰国穆斯林社区的一分子，也是跨国宣教运动的成员，到宣教团的任一飞地里都宾至如归，在那里他们拥有同样的修行实践和国际身份。因此，尽管关于全球

---

① Munro-Hay, Stuart, *Nakhon Sri Thammarat, The Archeology, History and Legends of a Southern Thai Town,* Bangkok: White Lotus Press, 2001.
② Al-Attas, Syed Naguib, *Some Aspects of Sufism as Understood and Practised Among the Malays*, Singapore: Malaysian Sociological Research Institute, 1963.
③ Stauth, Georg and Helmut Buchholt, eds., "Investigating the South-South Dimension of Modernity and Islam: Circulating Visions and Ideas, Intellectual Figures, Locations", *Yearbook of the Sociology of Islam,* No. 2, Munster/Hamburg/ London: LIT, 1999.

化的学术著作无误地指出了世界宗教形成中的地方差异，我们也观察到了一个也许有细微不同的、全球性的、拥有霸权的宗教图景，但这在很大程度上就是伊斯兰教的全球特征。在这个跨国的社会领域，地方和全球的界限变得模糊并分崩离析。汉纳兹（Hannerz）[1]关于地方性和世界性的区分，对参加去邻近省份、曼谷、孟加拉国或英国的传教之旅的村民有多大意义？我们应该将依然与村庄的亲戚和社会群体保持密切联系的村民，视为当地人还是国际主义者？事实上，TJ只能通过既地方性又世界性的人在地方层面扎根并维持下去。正是凭借这一点，TJ才能够迫使追随者进行无休止的自我完善活动。

TJ也改变了亲戚和朋友的概念，以及外来者融入祖先建立的可信的道德共同体时应遵循的一般原则。在泰国南部社区，来自印度、孟加拉国和巴基斯坦的外国人传统上被视为陌生人，在成为可接受的一员之前，他们要先通过融入宗教仪式，与团体及他们的祖先建立联系。然而，TJ从遥远的约旦引进了高度流动的贾马阿，当地人一夜之间成为了世界主义者，称他们的穆斯林客人为拥有相同信仰的兄弟。亲属的本地概念扩展到了全球穆斯林层面，因此泰国南部已成为TJ跨国伊斯兰版图的一部分。

十 运动中的当地穆斯林

因此，泰国南部的许多村民离开了对被边缘化的穆斯林几乎没有任何帮助的旧生活，加入全球化中的TJ，他们从中可以获得令人兴奋的发展前景。让我们回到先前提到的帕金（Parkin）和黑德利（Headley）[2]，他们指出印度洋地区伊斯兰祷告的特征正在发生变化。兰

---

[1] Hannerz, Ulf, *Cultural Complexity: Studies in the Social Organization of Meaning*, New York: Columbia University Press, 1992.
[2] Parkin, David and Stephen C. Headley, eds., *Islamic Prayer across the Indian Ocean: Inside and Outside the Mosque*, Richmond, Surrey: Curzon, 2000.

贝克（Lambek）①在讨论马约特（Mayotte）的伊斯兰祷告时指出，伊斯兰在马约特成功实现本土化，是通过对经文的实践融入日常生活的互动中来实现的，与亲缘关系和社区场景保持一致。他提出了一些至关重要的问题，例如："伊斯兰教的出现在哪些方面改变了社会互动的情景？"以及"我们可以从哪些方面说当地的社会秩序被伊斯兰化了？"正如他指出的，在激烈的传教活动和快速的社会变革时期，还有些其他的社会伊斯兰化的例子。TJ的到来似乎是一个这样的时机，而作者认为这是一个转变，从兰贝克所说的伊斯兰教本土化到社会秩序伊斯兰化的转变。宣教运动的内部组织及其意识形态强加了一种跨国主义，这种跨国主义与长期以来遍及日常生活的当地伊斯兰伦理道德是脱节的。

过去苏菲派修道会的入会、道德教育、严明的纪律、信徒的忠诚、对谢赫（sheikh）权威的尊重等，都有助于伊斯兰教的传播。内部的组织、祷告的特点，以及坚信与真主合一的观念被认为促成了苏菲派传教团的成功，而苏菲派在内陆地区如此成功是因为他们与当地信仰的妥协。正如黑德利（Headley）指出，说是接受伊斯兰教比说是皈依伊斯兰教更有效，因为接受伊斯兰教并不排除旧有信仰。这并不意味着当地人是不合格的穆斯林，事实上，他们往往是非常虔诚的。

TJ与苏菲传教团一样，是一种跨国宣教运动。然而，前者构成了一种革命性的文化介入，因为它引入了一种新的宗教实践和规则制度，有效地取代了地方宗教。这一制度涉及伊斯兰祷告的性质、与神的联系以及世俗和宗教的关系。因此，与TJ一起巡旅是永久的朝觐。TJ的追随者在任何飞地都和在家一样，有效地模糊了当地和全世界的区别。

TJ是否能巩固他们在当地的存在仍是一个悬而未决的问题。这个运动存在于北大年的20年中，就是依靠贾马阿游访团（travel groups）

---

① Lambek, Michael, "Localising Islamic Performances in Mayotte", in *Islamic Prayer across the Indian Ocean: Inside and Outside the Mosque*, edited by David Parkin and Stephen Headley, Richmond: Curzon, 2000, pp. 63-97.

在伊斯兰世界每个地方的来来去去，把当地村庄的清真寺转换成了全球的清真寺。

对当地宇宙观毫不妥协的立场和对当地伊斯兰权威的挑战，为宣教团的本土化提供的机会微乎其微，尽管仍有迹象表明 TJ 会有进一步的扩张。无论如何，如果没有来自南亚的支持，这场运动将会很快消失。